COLABORAÇÃO PREMIADA:
do início polêmico à adequação aos direitos fundamentais

Paulo Adaias Carvalho Afonso

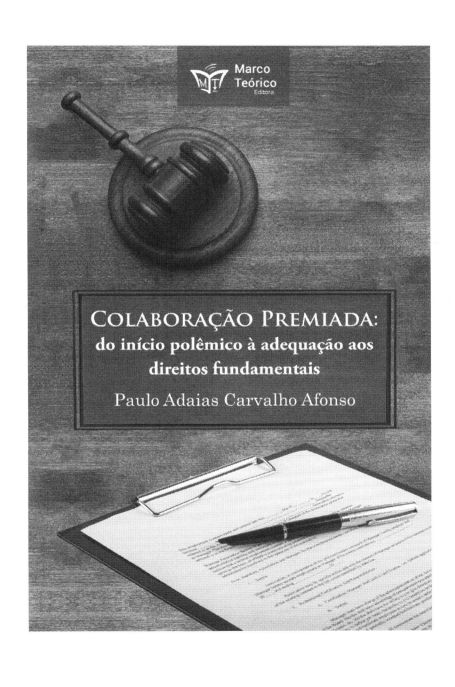

COLABORAÇÃO PREMIADA:
do início polêmico à adequação aos direitos fundamentais

Paulo Adaias Carvalho Afonso

Colaboração premiada:

Do início polêmico à adequação aos direitos fundamentais

Concepção	Paulo Adaias Carvalho Afonso
Elaboração, edição e revisão	Paulo Adaias Carvalho Afonso
Capa	Equipe Marco Teórico
Projeto gráfico e diagramação	Equipe Marco Teórico

Editora Marco Teórico
CNPJ/MF nº 41.239.994/0001-80
Avenida dos Ferreiras, 475, casa 631, Uberlândia – MG
CEP 38.406-136
www.marcoteorico.com.br

Dados Internacionais de Catalogação na Publicação (CIP)

A257
2023

Colaboração Premiada: Do início polêmico à adequação aos direitos fundamentais / Paulo Adaias Carvalho Afonso. Uberlândia: Marco Teórico, 2023.
272 p.

Inclui bibliografia.
ISBN: 978-65-85313-13-1

1. Direitos fundamentais. 2. Filtragem constitucional. 3. Colaboração premiada. 4. Operação Lava Jato I. Afonso, Paulo Adaias Carvalho.
CDD: 340 / CDU: 347.965:174

Catalogação na fonte

GEILSON NUNES

Doutor em Direito e Mestre em Direito pela Universidade de Marília – SP. Professor da UNIMAR e do Curso de Formação de Sargentos e Soldados da PMMG.

HELOISA HELENA DE ALMEIDA PORTUGAL

Doutora em Direito Constitucional pela PUC-SP, Mestre em Direito Negocial pela Universidade Estadual de Londrina. Professora da Universidade Federal do Mato Grosso do Sul - UFMS

KARLOS ALVES BARBOSA

Mestre em Direito Público pela Universidade Federal de Uberlândia. Professor da Universidade Federal de Uberlândia – UFU.

JOÃO VICTOR ROZATTI LONGHI

Pós-Doutor no International Post-doctoral Programme in New Technologies and Law do Mediterranea International Centre for Human Rights Research (MICHR - Università "Mediterranea" di Reggio Calabria), Itália. Pós-Doutor em Direito pela UENP. Doutor em Direito do Estado na Faculdade de Direito da Universidade de São Paulo - USP. Mestre em Direito Civil pela Universidade do Estado do Rio de Janeiro - UERJ. Defensor Público do Estado do Paraná.

LUIZ CARLOS DE MELO FIGUEIRA

Doutor em Direito Administrativo pela Universidade Federal de Minas Gerais. Professor de Direito Administrativo da Universidade Federal de Uberlândia - UFU.

MARCO AURÉLIO MACHADO DE OLIVEIRA

Doutor em História Social pela Universidade de São Paulo. Professor Titular da Universidade Federal de Mato Grosso do Sul.

MICHEL CANUTO DE SENA

Doutor com ênfase em *bullying* entre crianças e adolescentes: a questão dos direitos humanos e dos conflitos escolares (UFMS). Mestre com linha de pesquisa na Lei nº 11.196/05 - financiamento de pesquisas pela Universidade Federal de Mato Grosso do Sul – UFMS.

PHILIPE ANATOLE GONÇALVES TOLENTINO

Mestre em Direitos Humanos pela Universidade Federal de Goiás. Advogado e

Assessor Jurídico da Defensoria Pública do Estado de Goiás – DPE/GO.

RAFHAELLA CARDOSO
Doutora em Direito Penal pela Faculdade de Direito da Universidade de São Paulo - USP. Mestre em Direito Público pela Universidade Federal de Uberlândia - UFU. Advogada.

ROSIRIS CERIZZE
Mestre em Direito Empresarial pela Faculdade de Direito Milton Campos/MG. Mestre em Tributação Internacional pela Universidade de Lausanne – UNIL, Suíça. Advogada

TALES CALAZA
Mestrando em Direito pela UFMG. Advogado.

TIAGO NUNES
Doutor e Mestre em Direito pela Universidade de Marília-UNIMAR. Professor de Direito Administrativo na Faculdade ESAMC/Uberlândia.

VIVIANE RAMONE TAVARES
Mestranda em *Compliance* pela AMBRA *University*. Advogada.

WENDEL DE BRITO LEMOS TEIXEIRA
Mestre em Direito Público pela Universidade Federal de Uberlândia Professor da Pós-graduação de Direito Processual Civil da PUC-MG (Uberlândia). Advogado.

SOBRE O AUTOR

PAULO ADAIAS CARVALHO AFONSO

Com mais de 18 anos de experiência no Tribunal de Justiça de Mato Grosso do Sul (TJMS), Paulo se formou em Direito pela Universidade Católica Dom Bosco (UCDB) e cursou 2 pós-graduações *lato sensu* na área até ingressar no Mestrado em Direito pela Universidade Federal de Mato Grosso do Sul (UFMS), que concluiu com a honraria de ser o orador de sua turma de formandos. Com forte compreensão prática do processo, já trabalhou em diversas áreas, mas com maior intensidade na área criminal. Defende que o cotidiano forense precisa urgentemente ampliar seus horizontes para as novas tecnologias, não apenas como forma de prestação jurisdicional, mas principalmente para que eventual criminalidade digital encontre resposta judicial rápida e precisa. Além do trabalho e das pesquisas em Direito, o autor costuma se dedicar à família e ao esporte, especialmente influenciando a pequena Eduarda a seguir seus passos no ciclismo.

A maior riqueza do homem é a sua incompletude.

Nesse ponto sou abastado.

Palavras que me aceitam como sou – eu não aceito.

Não aguento ser apenas um sujeito que abre portas, que puxa válvulas, que olha o relógio, que compra pão às 6 horas da tarde, que vai lá fora, que aponta lápis, que vê a uva etc. etc. Perdoai.

Mas eu preciso ser Outros.

Eu penso renovar o homem usando borboletas.

(MANOEL DE BARROS, *Retrato do artista quando coisa*, 1998)

À minha amada e inesquecível Vozinha Universina Carvalho (in memoriam), pelo exemplo perene da necessidade de desempenhar todas as tarefas com afinco e dedicação, bem como, por maior que seja o sucesso, nunca esquecer sua origem humilde.

PREFÁCIO

O Presente trabalho denominado Colaboração premiada: do início polêmico à adequação aos direitos fundamentais, pelo título já se mostra de extrema importância jurídica e de relevância histórica, reafirmando que o direito é e sempre será um fator indissociável da evolução política e social de um estado democrático.

Essa obra foi realizada com imensa felicidade e lucidez decorrente de uma forte pesquisa, importante e corajosa, num momento turbulento da história política do país em que o tema da colaboração premial fruto do direito negocial, sob a vertente dos direitos fundamentais, sem em nenhum momento pender por manifestações políticas, mantendo-se focada unicamente na técnica, na hermenêutica.

Mesmo que parte do trabalho seja construído em torno da denominada Operação Lava Jato, o estilo apartidário, exclusivamente devoto ao Direito, não deixa a obra ter qualquer viés que não seja o jurídico, uma linha técnica muito tênue, entretanto respeitada em todo momento. Não podendo ser diferente em se tratando de um grande jurista, sensato e honesto.

Conheci o autor na universidade, e desde então nunca mais perdemos o contato, pertencíamos a uma turma plural, questionadora, porém seu bom senso e tranquilidade no trato e sua forma linear de interpretar o direito sempre me chamaram a atenção, somado à simplicidade do agir e a honestidade do ser.

A amizade foi uma decorrência lógica, eis que como ser humano e falível, busco conviver com pessoas que possam sempre agregar – o que literalmente é o caso do autor, que agrega como jurista, pois é um exímio pesquisador, somado a um senso de justiça incomum, além de ser um exemplo de neto e filho, um irmão presente, esposo dedicado e o melhor pai que a Eduarda poderia ter.

E para mim, em especial, essa obra, fruto de sua dissertação de mestrado, coroa a trajetória profissional de um grande amigo, e, como é lugar comum nas verdadeiras amizades, a realização de um contempla todos, então hoje me sinto contemplado por um amigo ter o fruto do seu trabalho prestigiado por todos.

Campo Grande-MS, março de 2023

RICARDO SOUZA PEREIRA

Advogado exercendo a função de Conselheiro Federal da OAB pelo MS (2022-2025), Doutorando e Mestre em Direito Penal pela PUC-SP.

APRESENTAÇÃO

Esta obra é fruto de uma exitosa pesquisa para a elaboração de dissertação no Programa de Mestrado em Direitos Humanos da Universidade Federal de Mato Grosso do Sul.

O primeiro capítulo apresenta um embasamento teórico, colhido em rica doutrina nacional e estrangeira, para tratar dos Princípios Constitucionais que tocam ao Direito Processual Penal, tais como Princípio do Devido Processo Legal, Princípio do Contraditório, Princípio da Ampla Defesa, Princípio da Presunção de Inocência ou da não Culpabilidade e Direito ao Silêncio, todos garantidos na Constituição de 1988.

Contudo, a análise de tais princípios não foi feita de forma estanque, mas sim, contextualizada no processo histórico brasileiro, levando em conta que nosso Código de Processo Penal, de 1941, foi elaborado com forte influência do código italiano fascista, e que pós Constituição de 1988 precisou ser reinterpretado com os preceitos da Constituição Cidadã.

Também foi objeto de estudo aprofundado, a influência de institutos americanos do Common law, em institutos negociais que vem sendo adotados no Brasil, dentre eles a Colaboração Premiada, objeto da presente obra. Inegavelmente a simples importação de tais institutos provoca choque entre estruturas de direito completamente diferentes, assim, demandam uma filtragem constitucional para que, de fato, possam ser aplicados no Brasil.

É sabido que a Colaboração Premiada foi antecedida por vários dispositivos legais, espalhados em diversas Leis Penais Especiais. Entretanto, teve um maior destaque na Lei de Organizações Criminosas (Lei

12.850/13) onde, pela primeira vez, passou a ter regramento para a sua aplicação e não só a previsão de benefícios para o delator/colaborador.

O novo texto legal foi colocado à prova com a Operação Lava Jato, pois, dezenas de envolvidos no "Esquema da Petrobrás" fizeram acordos de colaboração premiada para evitar a prisão preventiva ou até mesmo como condição para que a mesma fosse revogada.

O que se percebeu, quando os acordos de colaboração premiada vieram a público, é que muitas das regras contidas na Lei 12.850/13, estavam sendo violadas e que, na prática, o regramento quanto ao procedimento da Colaboração Premiada, até então existente, não era suficiente.

Em muitos acordos, constaram as chamadas "cláusula de performance", com previsão de destinação de patrimônio ou dinheiro ao colaborador ou a seus familiares, a depender da relevância dos fatos delatados.

O autor desta obra, então, em riquíssima pesquisa de campo, se debruçou sobre as cláusulas de acordos de colaboração premiada firmados na Lava Jato, analisando os limites e reflexos do direito à não autoincriminação, a imunidade penal a familiares do colaborador e a posição processual do colaborador.

Com certeza, o instituto da Colaboração Premiada deve muito à experiência advinda com a Operação Lava Jato, assim como, a Operação Lava Jato deve muito ao instituto da Colaboração Premida. A experiência dos acordos firmados na República de Curitiba, com seus erros e acertos, serviu de justificativa para que o chamado Pacote Anticrime (Lei 13.964/2019) mudasse e acrescentasse dispositivos legais sobre o regramento da Colaboração Premiada na Lei 12.850/13. O que não deixou de ser objeto de análise nesta obra.

Por fim, o momento exige uma confissão: Me sinto honrada duplamente: primeiro, por fazer parte da Banca de Qualificação e da Banca de Defesa, do agora Mestre Paulo Adaias Carvalho Afonso, e, segundo, por ser carinhosa e generosamente convidada para fazer a Apresentação da Obra. Com ela aprendi e refleti. Essa é a magia da docência, quando o aluno passa a ensinar ao professor, devolvendo conhecimento e o enchendo de orgulho.

Sem mais delongas, passemos ao que interessa: a leitura do livro Colaboração premiada: Do início polêmico à adequação aos direitos fundamentais.

Campo Grande-MS, março de 2023

ANDRÉA FLORES

Doutora e Mestra em Direito pela Pontifícia Universidade Católica de São Paulo (PUC/SP). Professora de Direito da Universidade Católica Dom Bosco (UCDB), da Universidade Federal de Mato Grosso do Sul (UFMS) e da Escola Superior da Magistratura (Esmagis/MS). Advogada com atuação no Conselho Federal da Ordem dos Advogados do Brasil (OAB), representando o Mato Grosso do Sul (MS).

LISTA DE ABREVIATURAS E SIGLAS

AM	Amazonas
ANPP	Acordo de Não Persecução Penal
Art.	Artigo
BA	Bahia
CADH	Convenção Americana sobre Direitos Humanos
CC	Código Civil
CEDH	Convenção Europeia para Proteção dos Direitos Humanos e Liberdades Fundamentais
CF	Constituição da República Federativa do Brasil de 1988
CIDH	Comissão Interamericana de Direitos Humanos
Corte IDH	Corte Interamericana de Direitos Humanos
CP	Código Penal
CPC	Código de Processo Civil
CPP	Código de Processo Penal
CPPM	Código de Processo Penal Militar
DADH	Declaração Americana dos Direitos e Deveres do Homem

DF	Distrito Federal
DOI	Digital Object Identifier
DUDH	Declaração Universal dos Direitos Humanos
EUR	Euros
Gaeco	Grupo de Atuação Especial de Combate ao Crime Organizado
ISBN	International Standard Book Number
ISSN	International Standard Serial Number
MG	Minas Gerais
MS	Mato Grosso do Sul
OEA	Organização dos Estados Americanos
ONU	Organização das Nações Unidas
Org.	Organizador(es)
PF	Polícia Federal
PR	Paraná
RJ	Rio de Janeiro
RS	Rio Grande do Sul
RT	Revista dos Tribunais
R$	Reais
S/A	Sociedade anônima

SC	Santa Catarina
SP	São Paulo
STF	Supremo Tribunal Federal
STJ	Superior Tribunal de Justiça
TRF	Tribunal Regional Federal
UFMS	Universidade Federal de Mato Grosso do Sul
USD	Dólares
US$	Dólares

LISTA DE ILUSTRAÇÕES

Figura 1: Fases e procedimento com acordo de colaboração premiada — 72

Figura 2: Capas da Folha de São Paulo (mar/2014 a mar/2015) — 100

Figura 3: Ônus da prova - Processo tradicional — 118

Figura 4: Proposta de divisão conceitual do processo penal — 176

Figura 5: Proposta para ações penais com delator e delatado — 208

SUMÁRIO

SOBRE O AUTOR IX

PREFÁCIO XV

APRESENTAÇÃO...XVII

LISTA DE ABREVIATURAS E SIGLAS XXI

LISTA DE ILUSTRAÇÕES XXV

SUMÁRIO 27

INTRODUÇÃO 31

CAPÍTULO 1

CONSTITUIÇÃO DE 1988: NOVOS PARADIGMAS.. 35

1.1. Código de Processo Penal e Constituição de 1988: uma adequação necessária..41

1.1.1. Devido processo legal...48

1.1.2. Contraditório e ampla defesa 53

1.1.3. Presunção de inocência ou de não culpabilidade.......................57

1.1.4. Direito ao silêncio 63

1.2. Colaboração premiada: instrumento de persecução penal 68

1.2.1. Inspiração no common law e ampliação da Justiça Criminal Negocial 73

1.2.2. Necessidade de adequação ao sistema jurídico brasileiro..........79

1.3. Pressupostos de admissibilidade e requisitos de validade 84

CAPÍTULO 2

OPERAÇÃO LAVA JATO E REFLEXOS EMPÍRICOS NA APLICAÇÃO DA LEI N.º
12.850/13 95
2.1. Breve histórico em comum entre a Operação Lava Jato e a evolução
jurisprudencial da Lei n.º 12.850/13 107
2.2. Colaboração premiada como método sistêmico de persecução penal
.... 113
2.3. Possíveis benefícios ao colaborador 125
2.3.1. Adequação de benefícios previstos em lei 131
2.3.2. Possibilidade de benefícios não previstos em lei 138
2.4. Delimitação do estudo 144

CAPÍTULO 3

CLÁUSULA DE PERFORMANCE 147
3.1. Tratamento legal de produtos e proveitos do crime 150
3.2. Princípio da legalidade e justiça negocial criminal 154
3.3. Barganha como estímulo ao colaborador 164

CAPÍTULO 4

PARTICIPAÇÃO DO COLABORADOR NO POLO PASSIVO E REFLEXOS NO
PROCEDIMENTO DA AÇÃO PENAL 174
4.1. Direito ao silêncio e não autoincriminação 180
4.2. Benefícios a terceiros ou a familiares 186
4.3. Posição processual do réu-colaborador 193
4.3.1. Prazos para a prática de atos processuais 194
4.3.2. Momento do interrogatório do réu-colaborador na audiência
.... 201

CONCLUSÃO 211

Rᴇғᴇʀᴇ̂ɴᴄɪᴀs.. **223**

Aɴᴇxos.. **251**
Anexo 1: Acordo de Paulo Roberto Costa....................................251
Anexo 2: Acordo De Alberto Youssef..268
Anexo 3: Acordo De Pedro José Barusco Filho.............................285

Introdução

A Constituição de 1988, carinhosamente apelidada de "cidadã", é fruto da união de esforços para que o país superasse o último período ditatorial que lhe precedeu. Após mais de duas décadas de regime autoritário, foi natural a incorporação no texto constitucional de direitos humanos que eram estudados e convencionados no sistema internacional.

Isso faz com que a Constituição de 1988 seja alvo de críticas por ser prolixa, entretanto, basta esta pequena contextualização histórica para a compreensão do porquê de tantos direitos e garantias fundamentais. Não bastasse, é importante lembrar que a legislação infraconstitucional vigente sempre teve como paradigma textos constitucionais distintos e não exatamente democráticos.

Para o direito processual penal, o texto constitucional de 1988 apresentou uma diretriz completamente distinta da aplicação legal então vigente, buscando a ruptura do processo inquisitorial e a aproximação com um sistema acusatório e democrático. Ocorre que o Código de Processo Penal de 1941 segue vigente, embora tenha sido modificado ao longo dos anos, e precisa ser sempre avaliado à luz dos direitos e garantias fundamentais, sob pena de perda de pressuposto de validade.

Direitos garantidos pela Constituição de 1988 como devido processo legal, contraditório, ampla defesa, presunção de inocência e silêncio devem encontrar reflexos concretos na legislação infraconstitucional, inclusive quando se pensa em colaboração premiada.

Sob a mesma diretriz deve ser analisada a justiça criminal negocial brasileira, que possui forte inspiração no *common law*, especialmente o direito estadunidense, pois sua introdução na legislação federal deve também contar com a mesma filtragem constitucional, a fim de alcançar o mesmo pressuposto de validade: compatibilidade com a Constituição de 1988.

Assim, a incorporação de instrumentos e mecanismos de justiça criminal negocial no Brasil não pode ser feita como se fosse um bloco independente, mas pressupõe sua compatibilização com o texto constitucional, naquilo que esta pesquisa denomina de filtragem constitucional.

Daí que o presente estudo se justifica pela necessidade de fixação de "balizas" para a atuação da acusação, da defesa e do magistrado, o que é absolutamente imprescindível para que o ambiente negocial não desvirtue a prestação jurisdicional atrelada à colaboração premiada, a fim de que não haja posição excessivamente vantajosa ou desvantajosa.

Assim como é necessária a observância de limites durante a negociação, também é imprescindível a limitação estatal no destino do colaborador, a fim de que sejam coibidas cláusulas de natureza meramente potestativa, em que o réu fique à mercê da acusação sem uma definição exata de sua situação jurídica.

A partir da compreensão do real enquadramento da colaboração premiada no ordenamento jurídico brasileiro, devem ser estruturados os pressupostos de admissibilidade da medida e os requisitos de validade do acordo.

Somente a partir daí é possível passar ao segundo eixo da pesquisa: a Operação Lava Jato. Notoriamente conhecida tanto por juristas quanto pela opinião pública em geral, referida operação foi objeto de incontáveis elogios e críticas desde sua deflagração, mas – para estudo científico – o presente trabalho busca se concentrar em seus reflexos empíricos específicos.

Isso porque a operação foi deflagrada na sequência da aprovação da Lei n.º 12.850/13, que acabou regulamentando a natureza de negócio jurídico da colaboração premiada e, reconhecidamente, se utilizou do expediente em grande número de processos, tornando-se um laboratório do novel instrumento de persecução penal. Neste ponto, faz-se um estudo sobre os limites de prêmios estabelecidos por lei e a prática forense sobre cláusulas além de previsões (restrições) legais.

Estabelecidos os principais eixos teóricos, ao término do capítulo 2 é esclarecida a delimitação do estudo empírico que é realizado nos capítulos 3 e 4, com explicação sobre o recorte metodológico e a abordagem empregada.

Na sequência, apresenta-se o estudo sobre o que os juristas convencionaram chamar de "cláusula de performance", em que o acordo prevê destinação de patrimônio ou dinheiro ao colaborador, conforme a produtividade de sua colaboração. O problema central deste estudo é compreender os limites da negociação sobre possíveis efeitos da condenação, bem como o efeito que esta barganha causa ao processo penal.

Por fim, no último capítulo deste trabalho, avalia-se as consequências da participação do colaborador no polo passivo da mesma ação penal em que consta o delatado. A análise se desdobra em três vertentes sobre as cláusulas do acordo e seus reflexos processuais: os limites e reflexos do direito à não autoincriminação, a imunidade penal a familiares do colaborador e a posição processual do colaborador.

Para a realização do trabalho é utilizado o procedimento de pesquisa bibliográfica em especial sobre artigos científicos, livros, jurisprudência, Tratados Internacionais e legislação interna, bem como acordos de colaboração premiada assinados no curso da Operação Lava Jato, que auxiliem a compreensão da evolução histórica convencional, legislativa e jurisprudencial da colaboração premiada no Brasil.

Para tanto, a abordagem é dividida em duas frentes. A primeira, de caráter dogmático, contará com a análise qualitativa dos principais textos pertinentes aos direitos e garantias fundamentais e à colaboração premiada, com objetivos exploratórios para adequado aprofundamento sobre os pontos relevantes. E a segunda, de caráter empírico, buscará elementos em que o trâmite da Operação Lava Jato contribuiu para a adequada filtragem constitucional da colaboração premiada.

Tendo em vista que a abordagem parte primordialmente da análise de casos de colaboração premiada na referida operação e seus reflexos ao sistema constitucional e processual penal como um todo, a pesquisa adotará o raciocínio indutivo.

1

CONSTITUIÇÃO DE 1988: NOVOS PARADIGMAS

O comportamento humano em sociedade foi se moldando ao longo do desenvolvimento social com forte influência da moral, preceituando normas de conduta – instituindo deveres ou proibições – e recorrendo a sanções para evitar ações não desejadas. Neste sentido, Bobbio lembra que:

> No início, as regras são essencialmente imperativas, negativas ou positivas, e visam a obter comportamentos desejados ou a evitar os não desejados, recorrendo a sanções celestes ou terrenas. Logo nos vêm à mente os *Dez mandamentos*, para darmos o exemplo que nos é mais familiar: eles foram durante séculos, e ainda o são, o código moral por excelência do mundo cristão, a ponto de serem identificados com a lei inscrita no coração dos homens ou com a lei conforme à natureza. Mas podem-se aduzir outros inúmeros exemplos, desde o *Código de Hamurabi* até a *Lei das doze tábuas*[1].

Esta atividade de previsão de regras de comportamento para a coletividade deu origem à atividade legislativa, desenvolvida ao longo da história humana em meio ao jogo de poder decorrente da ascensão e

---

1   BOBBIO, Norberto. **A era dos direitos**. Tradução Carlos Nelson Coutinho. Rio de Janeiro: Elsevier, 2004, p. 28–29, destaques originais.

declínio de Impérios e classes dominantes.

A concepção de vingança privada como forma de punição, prevalente num primeiro momento, começou a ser superada pela intervenção da Igreja, com a concepção de que esta mediava os conflitos em nome de Deus, mas especialmente como moderadores de punições exageradas:

> Por esto, en el período teocrático y en el semiteocrático vemos a los sacerdotes (que empezaron por constituírse em protectores del delincuente contra los excesos de las venganzas privadas) convertirse en jueces únicos del delito y en distribuidores de los castigos, primero como moderadores y mensuradores de la venganza privada, pues dos ideas comenzaron por asociarse, y luego como libres determinadores de la venganza divina .[23]

Diante da constatação da necessidade de maior precisão nos parâmetros e da separação entre Igreja e Estado, Montesquieu idealizou a clássica divisão de poderes de governo como forma de autocontenção, lembrando que, para evitar o abuso do poder, é preciso que "o poder limite o poder. Uma constituição pode ser tal que ninguém seja obrigado a fazer as coisas que a lei não obriga e a não fazer aquelas que a lei permite"[4].

Esta concepção de limitação do poder estatal é a semente para o surgimento do que hoje se conhece como direitos humanos. Não por acaso os conhecidos como direitos de primeira geração ou dimensão são também descritos como **liberdades negativas**, ou seja, limitações ao poder estatal

---

2   Carrara, 1985, p. 270.

3   Tradução do autor: "Por isso, nos períodos teocrático e semiteocrático vemos os padres (que começaram por se constituir como protetores do delinquente contra os excessos da vingança privada) tornarem-se juízes únicos do crime e distribuidores da pena, primeiro como moderadores e medidores da vingança privada, já que as ideias começaram por se associar, e depois como livres determinantes da vingança divina."

4   Montesquieu, 1996, p. 166–167.

perante o indivíduo.

Novamente, é importante rememorar[5] para lembrar que os direitos humanos não são fruto da natureza, mas nascem da luta em defesa a novas liberdades contra velhos poderes e isso ocorre de forma gradual e não linear. Assim, é possível que uma liberdade já conquistada seja alvo de ataques de nova tendência autoritária.

Certo é que, com a organização dos Estados ao longo dos séculos, a vingança privada foi sendo superada como forma de tratamento para delitos e delinquentes, pois gerava um estado de beligerância permanente cada vez mais insuportável, eis que prestigiava unicamente aqueles que fossem mais fortes e poderosos. Assim, a superação da pena como vingança privada foi um dos primeiros elementos concebidos para a organização de pessoas socialmente agrupadas:

> Cansados de só viver no meio de temores e de encontrar inimigos por toda parte, fatigados de uma liberdade que a incerteza de conservá-la tornava inútil, sacrificaram uma parte dela para gozar do resto com mais segurança. A soma de todas essas porções de liberdade, sacrificadas assim ao bem geral, formou a soberania da nação; e aquele que foi encarregado pelas leis do depósito das liberdades e dos cuidados da administração foi proclamado o soberano do povo[6].

A partir do momento em que o Estado se organiza e as pessoas passam a aceitar seu papel no contrato social[7], a concepção de vingança privada vai sendo superada pela necessidade de estabelecer procedimentos e penas aos infratores.

Dentro de todo este contexto, deve-se reconhecer que a história humana traz inúmeros exemplos dos mais criativos – e, não raras as vezes, cruéis –

---

5   Bobbio, 2004.

6   Beccaria, 2002, p. 19.

7   Rousseau, 2002.

tratamentos da sociedade para os delitos e delinquentes.

Inicialmente, o exercício deste direito de punir evidencia previsões atrozes, tanto com a previsão de tortura como meio lícito de obtenção de provas como com pena capital para os mais diversos delitos. Ainda que tais procedimentos sejam vistos por muitos como desumanos, deve-se mencionar que a pena de morte ainda segue amplamente utilizada no mundo e a abolição da tortura é algo que ganhou relevância somente em meados do Século XX:

> Junto con el genocidio, el *apartheid* y la esclavitud, la tortura constituye una de las preocupaciones más antiguas del derecho internacional de los derechos humanos. Los intentos de la comunidad internacional para eliminar las prácticas de tortura se remontan a las consecuencias inmediatas de la Segunda Guerra Mundial.[8]

Após a 2ª Guerra Mundial, com a criação da Organização das Nações Unidas (ONU) (1945) e a Declaração Universal de Direitos Humanos (DUDH) (1948), houve o florescimento dos direitos humanos como forma de se evitar a repetição de atrocidades vivenciadas naquele período.

À época da criação da Organização dos Estados Americanos (OEA) (1948) como meio regional de proteção dos direitos humanos e da assinatura da Convenção Americana dos Direitos Humanos (CADH) (1969) como instrumentos para aquela finalidade, o Brasil vivia período autoritário, com pouco apreço dos governantes por limitação ao poder do Estado frente ao indivíduo.

Com o processo de redemocratização ocorrido na década de 1980, que incluiu a transição do governo dos militares aos civis e a convocação de uma

---

8   Tradução do autor: "Juntamente com o genocídio, o apartheid e a escravidão, a tortura constitui uma das preocupações mais antigas do direito internacional dos direitos humanos. As tentativas da comunidade internacional de eliminar as práticas de tortura remontam ao período imediatamente posterior à Segunda Guerra Mundial." De Sá E Silva, 2020 a. p. 60–91.

Assembleia Constituinte, o Brasil saiu de mais de duas décadas de regime ditatorial e objetivava se tornar um verdadeiro Estado Democrático de Direito.

Em decorrência desta necessidade política da época, o desenho constitucional de 1988 foi significativamente diferente das constituições anteriores do Brasil. Ao invés de começar o texto pela organização política do Estado – como ocorreu nas demais constituições – em 1988 o constituinte iniciou a estrutura com os princípios fundamentais (Título I) da República Federativa do Brasil) e, logo na sequência, com os direitos e garantias fundamentais.[9]

Esta mudança de abordagem é significativa para evidenciar a importância em se adotar como um dos fundamentos do Estado brasileiro "a dignidade da pessoa humana" (art. 1º, III, da CF) e enunciar como princípio de regência das relações internacionais a "prevalência dos direitos humanos" (art. 4º, II, da CF).

Na sequência, no art. 5º, da CF, o constituinte incorporou ao direito interno – como **direitos fundamentais** – diversas previsões de direitos humanos já disseminadas em Tratados Internacionais sobre o tema. Mesmo com um rol tão extenso, o constituinte teve o cuidado de prever que "os direitos e garantias expressos nesta Constituição não excluem outros decorrentes do regime e dos princípios por ela adotados, ou dos tratados internacionais em que a República Federativa do Brasil seja parte" (art. 5º, § 2º, da CF), reforçando a necessidade de adoção dos direitos humanos como vetor de orientação ao novo Estado.

Dentre os direitos e garantias fundamentais do art. 5º, da CF, existem diversas previsões atinentes ao trâmite processual com reflexos diretos na interpretação e aplicação de leis infraconstitucionais, como é o caso do Código de Processo Penal (CPP) e a legislação esparsa aplicável ao processo

---

9   Brasil 1988.

criminal brasileiro.

Exemplo disso é a **duração razoável do processo**, garantia processual já prevista nos art. 7, item 5[10], e art. 8. Item 1[11], ambos da CADH, e consequentemente em vigência desde a promulgação do Decreto n.º 678, de 6 de novembro de 1992 [12]. Apesar disso, o Congresso Nacional houve por bem incluir tal previsão de modo explícito no art. 5º, LXXVIII[13], da CF, a fim de demonstrar a preocupação política com a morosidade processual.

Assim, ainda que o Código de Processo Penal e a legislação processual esparsa tenham sido produzidos antes da promulgação da Constituição de 1988, adotando-se a supremacia do texto constitucional como premissa, deve-se modificar a sua diretriz:

> A função diretriz da Constituição consiste em assumir esses cânones[14] e – sobretudo, nos direitos fundamentais – dotá-los de força vinculante para todo o ordenamento jurídico. Por sua vez, esta Constituição contribui, seja como escalão intermediário, seja como traço de união, para garantir a existência de um ordenamento jurídico *moralmente reto* (destaques

---

10 Toda pessoa detida ou retida deve ser conduzida, sem demora, à presença de um juiz ou outra autoridade autorizada pela lei a exercer funções judiciais e tem direito a ser julgada dentro de um prazo razoável ou a ser posta em liberdade, sem prejuízo de que prossiga o processo. Sua liberdade pode ser condicionada a garantias que assegurem o seu comparecimento em juízo. (grifo nosso)

11 Toda pessoa tem direito a ser ouvida, com as devidas garantias e dentro de um prazo razoável, por um juiz ou tribunal competente, independente e imparcial, estabelecido anteriormente por lei, na apuração de qualquer acusação penal formulada contra ela, ou para que se determinem seus direitos ou obrigações de natureza civil, trabalhista, fiscal ou de qualquer outra natureza. (grifo nosso)

12 Brasil, 1992.

13 A todos, no âmbito judicial e administrativo, são assegurados a razoável duração do processo e os meios que garantam a celeridade de sua tramitação; (grifo nosso)

14 Neste ponto, o autor classifica como cânones do ordenamento jurídico: ser moralmente reto e sem valor racial ou vital.

originais) [15].

Assim, a mudança de paradigma faz com que o processo penal brasileiro como um todo seja reinterpretado, declarando a não recepção de todo e qualquer texto legal incompatível com direitos e garantias previstos na Constituição de 1988 ou em Tratados Internacionais sobre Direitos Humanos.

1.1. Código de Processo Penal e Constituição de 1988: uma adequação necessária

O Código de Processo Penal ainda vigente no Brasil é de 1941, portanto, muito anterior ao texto constitucional de 1988. Naquela época, o Brasil era uma República com pouco mais de meio século e contava com um cenário político bastante turbulento, com sucessivos Golpes de Estado – como a própria Proclamação da República e a autodenominada "Revolução de 1930", que conduziu Getúlio Vargas ao poder – e coalizões políticas pouco republicanas – como a chamada "República do Café com Leite" (de 1894 a 1930).

Getúlio Vargas assumiu o poder como revolucionário (Governo Provisório de 1930 a 1934), posteriormente foi eleito (indiretamente, conforme a Constituição de 1934) e, posteriormente, tornou-se ditador (Estado Novo, de 1937 a 1945), com poderes totalitários. Importante lembrar que o Código de Processo Penal brasileiro é oriundo deste último período.

O Estado Novo coincide, em grande parte, com a 2ª Guerra Mundial. Neste período, e ainda antes, a Europa (que sempre representou enorme influência política e ideológica para o Brasil) viu florescer os regimes

---

15   Hesse, 2009, p. 6–7.

políticos autoritários: nazismo (Alemanha) e fascismo (Itália).

Apesar de não se envolver com a beligerância inicial do conflito, é inegável que o governo brasileiro simpatizava fortemente com o fascismo italiano, sendo confessada a inspiração naquele regime para a redação do Código de Processo Penal, conforme declarado na própria Exposição de Motivos daquele diploma[16].

Aliás, Francisco Campos, famoso jurista associado aos períodos totalitários do Brasil, como o Estado Novo e a Ditadura Militar de 1964 a 1985, dava sustentação jurídica ao período autoritário com a concepção de que o regime autoritário seria fruto de inconsistências da democracia liberal, como uma forma distorcida de solução para a democracia[17].

Durante o Estado Novo, com forte aproximação ao regime fascista, surgiram tanto o Código Penal[18] como o Código de Processo Penal[19] brasileiros, ambos com a natureza jurídica de Decreto-Lei, portanto sem participação democrática do Congresso Nacional em sua elaboração.

Somente em 1942, após o torpedeamento de navios brasileiros por submarinos do Eixo (Alemanha, Itália e Japão), é que o Brasil ingressou no conflito, ao lado dos Países Aliados, que se sagraram vencedores do conflito. Ainda assim, o regime autoritário brasileiro seguiu até 1945, não havendo – entretanto – modificação política significativa para a maior concretude dos direitos humanos no Brasil no período subsequente.

Com o término da 2ª Guerra Mundial, foram criadas a Organização das Nações Unidas (ONU), em 1945, e a Organização dos Estados Americanos (OEA), em 1948, como formas de estabelecimento de sistemas de proteção

---

16   Campos, 1941.

17   Campos, 2001.

18   Brasil, 1940.

19   Brasil, 1941.

aos Direitos Humanos, em nível global e regional.

Apesar da criação da OEA em 1948, nesta época as atenções do mundo estavam voltadas à reconstrução da Europa, bem como se iniciava a Guerra Fria, em que se formavam os blocos capitalista e comunista, numa luta política pela expansão de influências e poder. Disso decorre a pouca e lenta atividade convencional no continente americano durante os primeiros anos da organização.

Desta forma, a Convenção Americana sobre Direitos Humanos estabelecendo diversas garantias básicas a serem respeitadas pelos Estados somente foi assinada em 1969. Ainda assim, o clima político no continente americano era tão avesso à ideia de assegurar Direitos Humanos que o início da vigência da CADH só ocorreu em 1978, com a ratificação dos onze primeiros países (mas sem a ratificação das principais economias do continente). Como já mencionado, a ratificação brasileira só ocorreu em 1992.

Convém lembrar que "a recusa e demora na ratificação implicou não apenas em um atraso na assunção dos direitos humanos à ordem jurídica interna dos países americanos, mas na dificuldade hodierna de conferir proteção concreta aos mesmos"[20]

Aliás, a violação de direitos humanos na América Latina era tão disseminada que resultou em:

> [...] nenhuma adesão inicial à competência da Comissão Interamericana de Direitos Humanos e uma única adesão à competência da Corte Interamericana de Direitos Humanos quando a CADH entrou em vigor, revelam que não havia interesse dos Estados em se submeterem a um controle externo dos atos de violação de direitos humanos previstos na

---

20 Santoro, 2015, p. 158.

CADH[21].

Somente após a redemocratização e a promulgação da nova Constituição brasileira, em 1988, foi possível a ratificação da Convenção Americana sobre Direitos Humanos, em 1992.

Estabelecidas estas premissas, assumindo o Brasil os contornos de um Estado Democrático de Direito, há que se superar a análise da legislação ordinária como algo desvinculado de orientação normativa superior. Atualmente, é inequívoca a necessidade de confrontação do texto legal com previsões tanto da CF quanto de Tratados Internacionais sobre direitos humanos para, somente em caso de harmonia, conferir validade e eficácia à lei. Lopes Junior bem sintetiza o raciocínio:

> Feito isso, é imprescindível marcar esse referencial de leitura: *o processo penal deve ser lido à luz da Constituição e da CADH e não ao contrário*. Os dispositivos do Código de Processo Penal é que devem ser objeto de uma releitura mais acorde aos postulados democráticos e garantistas na nossa atual Carta, sem que os direitos fundamentais nela insculpidos sejam interpretados de forma restritiva para se encaixar nos limites autoritários do Código de Processo Penal de 1941(destaques originais)[22].

Também nesta linha, Vasconcellos e Galícia sintetizam:

> Nesse sentido, impõe-se aos sujeitos processuais uma necessária filtragem constitucional e convencional do processo penal, voltando-se para (i) a efetivação do processo como limitação do poder estatal, (ii) uma normatividade convencional no plano internacional e (iii) a construção democrática do processo e da decisão criminal[23].

O cotidiano forense é pródigo em exemplos de previsões legais absolutamente incompatíveis com o texto constitucional. Veja-se o caso do

---

21 Santoro, 2015. p. 168.

22 Lopes Junior, 2020. p. 36.

23 Vasconcellos; Galícia, 2022, p. 1245–1258.

direito ao silêncio: a mentalidade inquisitória que deu sustentação ao CPP fez constar em sua redação original que "antes de iniciar o interrogatório, o juiz observará ao réu que, embora não esteja obrigado a responder às perguntas que lhe forem formuladas, o <u>seu silêncio poderá ser interpretado em prejuízo da própria defesa</u>" (art. 186, grifo nosso).

Desnecessário esforço para notar que esta previsão legal é absolutamente contrária às garantias do art. 5º, LVII[24] e LXIII[25], da CF. Ainda assim, a redação do art. 186, do CPP, só foi alterada em 2003, incorporando ao texto legal as garantias constitucionais mencionadas ao dispor que "o silêncio, que não importará em confissão, não poderá ser interpretado em prejuízo da defesa" (art. 186, parágrafo único).

Deste modo, entre 1988 até 2003, permaneceu no texto do CPP dispositivo legal contrário a direito fundamental de leitura clara e direta. É possível encontrar exemplo de desrespeito ao direito ao silêncio reconhecido pelo Supremo Tribunal Federal pouco antes da modificação legislativa, *in verbis*:

> *HABEAS CORPUS.* JUIZADOS ESPECIAIS CRIMINAIS. LEI Nº 9.099/95. ART. 72. AUDIÊNCIA PRELIMINAR. DESNECESSIDADE DE OFERECIMENTO PRÉVIO DA DENÚNCIA. DECLARAÇÕES DO ACUSADO. DIREITO AO SILÊNCIO.
>
> 1. O comparecimento do paciente ao Juízo para a audiência preliminar não depende do oferecimento de denúncia, mas, como é próprio do sistema dos Juizados Especiais Criminais, ocorre antes dela. As declarações prestadas pelo paciente nessa audiência não se confundem com o interrogatório de que trata o art. 81, *caput* da mencionada lei.
>
> 2. Não tendo sido o acusado informado do seu direito ao silêncio pelo Juízo (art. 5º,

---

24 LVII - ninguém será considerado culpado até o trânsito em julgado de sentença penal condenatória;

25 LXIII - o preso será informado de seus direitos, entre os quais o de permanecer calado, sendo-lhe assegurada a assistência da família e de advogado;

inciso LXIII), a audiência realizada, que se restringiu à sua oitiva, é nula.

3. Pedido deferido em parte[26].

O mesmo ocorreu com relação ao interrogatório do réu. Inspirado no modelo inquisitório, a redação original dos art. 185[27] e 394[28], do CPP, previa o interrogatório como o primeiro ato processual – e privativo do juiz – dispensando até mesmo a presença de advogado de defesa, conforme reiteradas decisões do Supremo Tribunal Federal e Superior Tribunal de Justiça[29][30].

Embora flagrantemente contrário a inúmeras garantias fundamentais, somente a partir da modificação introduzida pela Lei n.º 10.792/03[31] no art. 185[32], do CPP, é que a presença do defensor se tornou inquestionável para a realização hígida do ato. Por fim, somente com a Lei n.º 11.719/08[33] o interrogatório ganhou os contornos atuais, como último ato da instrução criminal, dando concretude aos direitos fundamentais do contraditório e da ampla defesa.

Ainda assim, persistiu celeuma jurisprudencial por anos em relação a processos criminais de legislação especial, como da Lei de Drogas e do

---

26 Brasil, 2002c, p. 745–748.

27 O acusado, que for preso, ou comparecer, espontaneamente ou em virtude de intimação, perante a autoridade judiciária, no curso do processo penal, será qualificado e interrogado.

28 O juiz, ao receber a queixa ou denúncia, designará dia e hora para o interrogatório, ordenando a citação do réu e a notificação do Ministério Público e, se for caso, do querelante ou do assistente.

29 Brasil, 2000b.

30 Brasil, 2002d.

31 Brasil, 2003.

32 O acusado que comparecer perante a autoridade judiciária, no curso do processo penal, será qualificado e interrogado na presença de seu defensor, constituído ou nomeado.

33 Brasil, 2008.

Código de Processo Penal Militar (CPPM), até o julgamento do *Habeas Corpus* n.º 127.900/AM pelo Supremo Tribunal Federal[34], ocasião em que a Corte fixou a orientação de que todos os processos criminais do Brasil – independente do procedimento – deviam seguir o art. 400[35], do CPP.

Os exemplos mencionados possuem contraste relativamente nítido entre a previsão legal e os direitos fundamentais, o que não impediu que o texto de lei – ainda que contrário à garantia constitucional – gerasse efeitos por anos.

Isso conduz à necessidade de aprimoramento constante do estudo sobre direitos fundamentais, a fim de que leis existentes ou projetos de lei que ofendem tais garantias sejam extirpados do mundo jurídico de modo mais célere possível. Neste sentido, há tempos Willis Santiago Guerra Filho alerta:

> A entrada em vigor de uma Carta constitucional no Brasil em outubro de 1988 representa um sério desafio para os estudiosos do Direito em nosso País, pois traz consigo um imperativo de renovação da ordem jurídica nacional, por ser totalmente nova a base sobre a qual ela se assenta. Tem-se, portanto, de re-interpretar o Direito pátrio como um todo, à luz da "Constituição da República Federativa do Brasil" (abrev.: CR), o que pressupõe uma atividade interpretativa da própria Lei Fundamental. O objetivo último das pesquisas de base que se precisa agora realizar seria o de fornecer subsídios teóricos para auxiliar a tarefa de interpretar (e concretizar) a Constituição, partindo do pressuposto de que se trata de um tipo de interpretação dotado de características e peculiaridades que o

---

34 Brasil, 2016b.

35 Na audiência de instrução e julgamento, a ser realizada no prazo máximo de 60 (sessenta) dias, proceder-se-á à tomada de declarações do ofendido, à inquirição das testemunhas arroladas pela acusação e pela defesa, nesta ordem, ressalvado o disposto no art. 222 deste Código, bem como aos esclarecimentos dos peritos, às acareações e ao reconhecimento de pessoas e coisas, interrogando-se, em seguida, o acusado.

distinguem claramente da inteligência de normas infraconstitucionais[36].

O cenário ganha contornos de maior aflição quando se cuida da Lei de Organização Criminosa, em que pela própria natureza o conjunto probatório costuma ser mais complexo que o hodierno. Ademais, não se pode esquecer que figuras jurídicas introduzidas no direito interno por inspiração estrangeira carecem de verificação local de sua compatibilidade com a Constituição de 1988 e os Tratados Internacionais de Direitos Humanos que o Brasil seja signatário.

Diante desta compreensão do processo penal como garantia do indivíduo em face do poder punitivo do Estado, surge a necessidade de avaliação de direitos e garantias fundamentais com importância significativa ao presente estudo, sem se olvidar que as diversas garantias processuais da Constituição de 1988, bem como Tratados e Convenções de Direitos Humanos, atuam de forma coordenada e integrada, formando verdadeiro "sistema circular" para a proteção do indivíduo[37].

1.1.1. Devido processo legal

O devido processo legal deriva da previsão do direito anglo-saxão do *due process of law*, tratando-se de princípio fundante da limitação legal ou constitucional ao poder do soberano. Comparato lembra que a *Magna Carta* – declaração solene que o rei João da Inglaterra, também conhecido como João Sem-Terra, assinou em 15 de junho de 1215, perante o alto clero e os barões do reino – buscou desvincular a pessoa do monarca tanto da lei quanto da jurisdição, estabelecendo:

> Nenhum homem livre será detido ou preso, nem privado de seus bens (*disseisiatur*), banido (*utlagetur*) ou exilado ou, de algum modo, prejudicado (*destruatur*), nem agiremos ou mandaremos agir contra ele,

---

36 Guerra Filho, 2005, p. 29–30.

37 Badaró, 2019.

senão mediante um juízo legal de seus pares ou segundo a lei da terra (*nisi per legale iudicium parium suorum vel per legem terre*) (destaques originais) [38].

Evidente que, pelos tempos vividos à época, tal previsão era restrita às pessoas de posses, inviabilizando que o Estado lhes privasse a liberdade ou a riqueza sem o julgamento e uma lei que amparasse este intento. Assim, embora com aplicação bastante limitada, imperioso reconhecer que nasce daí a semente da ideia de que apenas um processo com regras previamente estabelecidas poderia conter o poder estatal em punir os indivíduos.

Se para o direito inglês, o devido processo legal nascia como "lei da terra" direcionada aos barões, o cenário era outro no continente americano, eis que os colonizadores "ao chegarem nas Colônias Britânicas da América (futuro EUA), trouxeram consigo uma nova teoria do direito inglês: a supremacia do direito em face do absolutismo do rei e do Parlamento"[39].

Por questões políticas, a Constituição Americana não trouxe em seu texto uma relação de direitos fundamentais, entretanto, após severas críticas houve a aprovação de dez emendas essencialmente caracterizadas por direitos fundamentais. A 5ª emenda (1791) fornecia indicativos do que seria o devido processo legal com uma série de garantias quase de modo exemplificativo:

Amendment V (1791)

No person shall be held to answer for a capital, or otherwise infamous crime, unless on a presentment or indictment of a Grand Jury, except in cases arising in the land or naval forces, or in the Militia, when in actual service in time of War or public danger; nor shall any person be subject for the same offence to be twice put in jeopardy of life or limb; nor shall be compelled in any criminal case to be a witness against himself, nor be deprived of life, liberty, or property, without due process of law; nor shall private property

---

38 Comparato, 2019, p. 96–97.

39 Di Napoli, 2020, p. 191.

be taken for public use, without just compensation (USA, 1789).[40]

Ainda assim, parte dos Estados Unidos da América convivia com a escravidão no período, obviamente sonegando dos escravizados esta garantia fundamental. Após a Guerra de Secessão (1861-1865), com a promulgação da 13ª emenda (1865) proibindo a escravidão, a materialização do devido processo legal de modo indiscriminado surgiu no texto da 14ª emenda, em 1868, diante da necessidade de conferir efetiva cidadania e igualdade de direitos às pessoas:

Amendment XIV (1868)
Section 1. All persons born or naturalized in the United States, and subject to the jurisdiction thereof, are citizens of the United States and of the State wherein they reside. No State shall make or enforce any law which shall abridge the privileges or immunities of citizens of the United States; nor shall any State deprive any person of life, liberty, or property, without due process of law; nor deny to any person within its jurisdiction the equal protection of the laws[4142]

Com tais previsões, trazendo diversos exemplos, a doutrina e a

---

40 Tradução do autor: "5ª Emenda (1791) Nenhuma pessoa pode ser obrigada a responder por um crime capital ou infamante, salvo por denúncia ou pronúncia de um Grande Júri, exceto em casos que surjam nas forças terrestres e navais, ou na Milícia, quando em serviço ou em tempo de guerra ou de perigo público; nem se pode sujeitar qualquer pessoa, pelo mesmo crime, a ser submetida duas vezes a julgamento que lhe possa causar a perda da vida ou dano físico; nem será obrigada de forma alguma a depor contra si mesma, nem será privada de sua vida, liberdade ou propriedade, sem o devido processo legal; nem pode uma propriedade privada ser tomada para uso público sem justa compensação."

41 USA, 1789.

42 Tradução do autor: "14ª Emenda (1868) Seção 1. Todas as pessoas nascidas ou naturalizadas nos Estados Unidos, e sujeitas a sua jurisdição, são cidadãos dos Estados Unidos e do Estado no qual residem. Nenhum Estado deve editar ou executar qualquer lei que possa violar os privilégios a imunidades dos cidadãos dos Estados Unidos. Nem pode qualquer Estado privar nenhuma pessoa da vida, liberdade ou propriedade sem

jurisprudência passaram a reconhecer duas dimensões do devido processo legal: a processual e a material, enquanto a primeira se refere à limitação estatal para o trâmite processual, a segunda protege a liberdade de contratação (autonomia da vontade)[43], ou seja:

> O devido processo legal é, portanto, direito fundamental que pretende evitar, *no* e *pelo* processo, o abuso do Estado ou do particular na intromissão da esfera jurídica das pessoas de direito privado ou de direito público (o Estado também é titular desse direito fundamental). Sem que os fins justifiquem os meios, pretende-se que, não somente os fins, mas também os meios venham acompanhados de justiça e legitimidade.
>
> O âmbito de proteção do devido processo legal é amplíssimo. É que a doutrina majoritária compreende o devido processo legal como fonte normativa mais genérica de todos os demais direitos fundamentais processuais, explicitados ou não na CF, qualificando-o como *sobreprincípio* ou *superprincípio*, por amalgamar, em seu âmbito de proteção, diversos princípios processuais mais específicos. A força da tradição do devido processo legal faz-se sentir, na prática forense, na referência, bastante comum entre nós, de princípio processual específico (contraditório, ampla defesa e juiz natural, por exemplo) acompanhado da invocação do devido processo, e isso quando este não vem referenciado *isoladamente* (destaques originais).[44].

O devido processo legal foi incorporado no Direito Internacional na Declaração Universal dos Direitos Humanos[45] de modo diluído nos art. 5º, 8º, 9º, 10 e 11, que disciplinam uma série de regras contra possíveis arbitrariedades estatais contra pessoas. Já a Convenção Americana sobre

---

o devido processo legal; nem recusar a qualquer pessoa na sua jurisdição a igual proteção perante a lei."

43 Di Napoli, 2020.

44 Silva, 2016, p. 57.

45 ONU, 1948.

Direitos Humanos (CADH) [46] explicita o *due process* de modo mais direto no art. 8.1:

> Toda pessoa tem direito a ser ouvida, com as devidas garantias e dentro de um prazo razoável, por um juiz ou tribunal competente, independente e imparcial, estabelecido anteriormente por lei, na apuração de qualquer acusação penal formulada contra ela, ou para que se determinem seus direitos ou obrigações de natureza civil, trabalhista, fiscal ou de qualquer outra natureza.

Também no art. 8º, da CADH, existem diversas garantias ao indivíduo que demonstram cabalmente o caráter transcendente do devido processo legal. A partir daí, a interpretação feita pela Corte Interamericana de Direitos Humanos (Corte IDH) também compreende o devido processo legal sob dois aspectos:

> A análise do referido princípio está em número expressivo de casos contenciosos e consultivos da Corte Interamericana de Direitos Humanos. O *due process of law*, em seu sentido substancial, refere-se a razoabilidade e justiça das leis, como forma de conter o arbítrio do poder legislativo e executivo. Já em sentido adjetivo, o devido processo legal "que constitui um limite a atividade estatal, refere-se a um conjunto de requisitos que devem ser observados nas instâncias processuais para que as pessoas estejam em condições de defender seus direitos perante qualquer ato de Estado que possa afetá-las". Em resumo, como já dito, traduz-se no direito a um juízo justo (destaques originais)[47].

Destas premissas, extrai-se que a previsão da Constituição de 1988 de que "ninguém será privado da liberdade ou de seus bens sem o devido processo legal" (art. 5º, LIV) é uma garantia de amplo espectro, desde logo estendendo efeitos tanto na esfera cível quanto criminal e extrapolando a relação processual em si, alcançando – por evidente – as negociações da

---

46   OEA, 1969.

47   Proner; Ricobom, 2017, p. 79.

colaboração premiada.

No escopo do presente estudo, importa rememorar que o devido processo legal não pode significar uma cláusula constitucional aberta de tal forma a constituir verdadeira folha assinada em branco ao legislador infraconstitucional. Em verdade, dado o riquíssimo arcabouço constitucional – bem como de Tratados Internacionais sobre Direitos Humanos – há várias previsões que impedem a manipulação do processo a fim de que se torne um simulacro ou arremedo de processo[48].

Também sobre a importância do devido processo legal no processo penal, Aury Lopes Junior destaca:

> O processo não pode mais ser visto como um simples instrumento a serviço do poder punitivo (direito penal), senão que desempenha o papel de limitador do poder e garantidor do indivíduo a ele submetido. Há que se compreender que o *respeito às garantias fundamentais não se confunde com impunidade*, e jamais se defendeu isso. O processo penal é um caminho necessário para chegar-se, legitimamente, à pena. Daí por que somente se admite sua existência quando ao longo desse caminho forem rigorosamente observadas as regras e garantias constitucionalmente asseguradas (as regras do devido processo legal) (destaques originais)[49].

Assim, somente com a observância das regras processuais estabelecidas em conformidade com o texto constitucional é possível se concretizar a observância dos direitos humanos no Brasil.

1.1.2. Contraditório e ampla defesa

Estabelecidas as premissas pelas quais o processo deve se guiar (devido processo legal), o contraditório e a ampla defesa surgem como princípios de

---

48   Badaró, 2019.

49   Lopes Junior, 2020, p. 35.

concretização das regras pré-estabelecidas.

Importante lembrar que a conquista dos direitos humanos é algo recente à humanidade em termos históricos, tanto que são inúmeros os exemplos de julgamentos efetuados sem o mínimo respeito a regras e procedimentos pré-estabelecidos, *v.g.* como as passagens bíblicas do julgamento do Rei Salomão do caso em que mulheres reivindicavam a maternidade de uma criança (I Reis 3:16-28) ou o próprio julgamento de Pôncio Pilatos no caso de Jesus Cristo (Marcos 15:6-15)[50].

Ao iniciar a previsão de regras e procedimentos para sistema de jurisdição penal estatal, a concepção de contraditório – nos termos que possui atualmente – era algo muito distante. Assim, os primeiros regramentos dignos da classificação como sistema ficaram conhecidos como inquisitivos ou inquisitórios, que o jurista Alexandre Morais da Rosa lembra:

> (...) o modelo Inquisitório se desenvolveu, atendendo aos interesses da Igreja e de quem comandava a sociedade, em face da expansão econômica, exigindo que poder repressivo fosse centralizado, com atuação *ex officio*, independentemente da manifestação do lesionado. O juiz passa de espectador para o papel de protagonista da atividade de resgatar subjetivamente a verdade do investigado (objeto), desprovido de contraditório, publicidade, com marcas indeléveis (cartas marcadas) no resultado, previamente colonizado. Assume, para tanto, postura paranoica na gestão da prova, longe do *fair play*, presa fácil de armadilhas cognitivas (destaques originais)[51].

Com o declínio da Idade Média, especialmente com a percepção das atrocidades praticadas pela Inquisição, evidenciou-se a necessidade de remodelar a concepção do sistema processual, a fim de que o acusado deixasse o papel de objeto do processo e ocupasse seu lugar de sujeito

---

50 **A Bíblia Sagrada,** 1993.

51 Rosa, 2019, p. 306.

54

processual. É a concepção mais primitiva de dignidade da pessoa humana para fins processuais.

Destarte, a dimensão processual dos direitos fundamentais se materializa no direito ao contraditório, que garante ao acusado tanto o conhecimento da matéria acusatória que o Estado possui contra si, mas também o direito de resistir a ela. Trata-se de elemento essencial para solapar a visão inquisitorial do processo, em que o réu tinha dificuldade até mesmo em precisar do que era acusado, como tão bem descreveu a literatura de Franz Kafka[52].

Imperioso perceber que o conhecimento exato dos termos da acusação e a possibilidade de contraditá-la é apenas a primeira das dimensões do princípio do contraditório que, como tal, irradia efeitos para a adequada interpretação de todas as normas atinentes ao direito processual, seja cível, criminal ou administrativo.

Sobre o direito ao contraditório, Aury Lopes Junior destaca:

> O contraditório pode ser inicialmente tratado como um método de confrontação da prova e comprovação da verdade, fundando-se não mais sobre juízo potestativo, mas sobre o conflito, disciplinado e ritualizado, entre partes contrapostas: a acusação (expressão do interesse público do Estado) e a defesa (expressão do interesse do acusado [e da sociedade] em ficar livre de acusações infundadas e imune apenas arbitrárias e desproporcionadas). É imprescindível para a própria existência da estrutura dialética do processo[53].

A importância de se observar o contraditório em todo e qualquer processo judicial ou administrativo é de tal magnitude que Willis Santiago Guerra Filho leciona que "não há processo sem respeito efetivo do contraditório, o que nos faz associar o princípio a um princípio informativo, precisamente aquele político, que garante a plenitude do acesso ao

---

52 Kafka, 2019.

53 Lopes Junior, 2017, p. 97.

Judiciário"[54], e complementa que a visão mais atualizada de processo aponta "para uma concepção do contraditório não como mera possibilidade de participação no processo, mas sim como uma garantia de efetiva participação"[55].

Destarte, como já mencionado, há diversas previsões no CPP que se antagonizam com o princípio do contraditório; para a validade constitucional de referidas normas, é imprescindível a interpretação do texto de lei à luz da garantia constitucional, como é o caso do já mencionado interrogatório do réu, que foi deslocado para o último ato da instrução criminal, a fim de assegurar não apenas o respeito ao contraditório, mas especialmente da ampla defesa.

Grinover, Fernandes e Gomes Filho destacam a íntima relação entre contraditório e ampla defesa no plano teórico:

> [...] Defesa e contraditório estão indissoluvelmente ligados, porquanto é o contraditório (visto em seu primeiro momento, da informação) que brota o exercício da defesa; mas é esta – como poder correlato ao de ação – que garante contraditório. A defesa, assim, garante o contraditório, mas também por este se manifesta e a garantida. eis a íntima relação em interação da defesa e do contraditório[56].

Assim, enquanto o contraditório se funda em premissas do direito à informação e à participação, a ampla defesa engloba características mais práticas e concretas, como o direito à autodefesa, direito à representação por advogado livremente constituído e direito de não produzir provas contra si mesmo (*nemo tenetur se detegere*).

Como a face do contraditório engloba o direito de o acusado saber do que é acusado, a ampla defesa consiste também no direito genérico de se manifestar por último. Assim, por princípio, nos mais diversos

---

54 Guerra Filho, 1997, p. 168–169.
55 Guerra Filho, 1997, p. 170.
56 Grinover; Fernandes; Gomes Filho, 1992, p. 63.

procedimentos criminais, cabe à defesa a última manifestação, a fim de que não seja a acusação levada a julgamento sem oportunidade de manifestação ao réu.

Esta questão ganha especial relevância quando se trata de colaboração premiada, como será estudado nos capítulos seguintes, porquanto trata-se de negócio jurídico processual realizado entre a acusação e o colaborador, mas que atinge diretamente interesse de terceiro, que deve ter a oportunidade adequada de se defender.

1.1.3. Presunção de inocência ou de não culpabilidade

A presunção de inocência, ou de não culpabilidade[57] (conforme a doutrina ou a legislação considerada) é uma enorme conquista civilizatória. Embora haja reminiscência deste princípio no Direito Romano, com a aplicação do processo inquisitivo durante a Idade Média acabou encoberto e só retornou à relevância que deve possuir com a Constituição da Virgínia de 1776 e, na sequência, a Declaração Universal dos Direitos do Homem e do Cidadão de 1789, na França[58].

Por estar umbilicalmente identificada com o direito à liberdade, a presunção de inocência é – para fins didáticos – compreendida como da primeira dimensão (ou geração) de direitos humanos:

> Assim, pode-se situar o surgimento dos Direitos Humanos de primeira dimensão, quais sejam, os diretos de liberdade, igualdade formal, vida, e diversas garantias processuais como a presunção de inocência, no Estado Moderno Liberal, que nasce devido a busca de um limite ao poder soberano, sendo a razão desse limite os direitos inerentes ao homem, os quais

---

57 Embora se tenha conhecimento sobre a existência de celeuma doutrinária que busca diferenciar os conceitos, por não ser o foco central deste trabalho serão tratados como sinônimos.

58 Carvalho, 2014.

couberam ao Estado preservar, mesmo quando exerce o seu monopólio do direito/dever de punir [59].

No século seguinte, abriu-se intensa crítica sobre esta presunção "especialmente da Escola Positiva, por Garofalo, por Ferri e por Manzini, esse último considerando-o um verdadeiro absurdo"[60], não se podendo olvidar que a cultura humana seguia bastante influenciada pela noção inquisitiva.

Especialmente após a expansão dos Direitos Humanos com o pós-guerra, a presunção de inocência ou de não culpabilidade começou a ser incorporada em Declarações e Tratados Internacionais, a fim de que esta cultura jurídica passasse a ser incorporada no cotidiano dos Estados.

Assim foi feito na Declaração Universal dos Direitos Humanos (1948), em que a presunção de inocência traz três implicações explícitas: como regra de tratamento do acusado, regra de prova e como regra de juízo:

> Artigo XI
> Toda pessoa acusada de um ato delituoso tem o direito de ser presumida inocente até que a sua culpabilidade tenha sido provada de acordo com a lei, em julgamento público no qual lhe tenham sido asseguradas todas as garantias necessárias à sua defesa.
> Ninguém poderá ser culpado por qualquer ação ou omissão que, no momento, não constituíam delito perante o direito nacional ou internacional. Tampouco será imposta pena mais forte do que aquela que, no momento da prática, era aplicável ao ato delituoso.

Dentre diversas regras de tratamento atinentes a garantias processuais essenciais, o Pacto sobre Direitos Civis e Políticos (1966) consagra novamente a presunção de inocência ao dispor que "toda pessoa acusada de um delito terá direito a que se presuma sua inocência enquanto não for

---

59 Naspolini; Silveira, 2018, p. 860.

60 Carvalho, 2014, p. 109.

legalmente comprovada sua culpa" (art. 14, § 2º).

No mesmo caminhar, a Convenção Americana sobre Direitos Humanos (1969) – Pacto de San José da Costa Rica – traz uma descrição muito precisa sobre a presunção de inocência em conjunto com regras de tratamento do acusado, que são as Regras Judiciais do devido processo legal:

Artigo 8º - Garantias judiciais

1. Toda pessoa tem direito a ser ouvida, com as devidas garantias e dentro de um prazo razoável, por um juiz ou tribunal competente, independente e imparcial, estabelecido anteriormente por lei, na apuração de qualquer acusação penal formulada contra ela, ou para que se determinem seus direitos ou obrigações de natureza civil, trabalhista, fiscal ou de qualquer outra natureza.

2. Toda pessoa acusada de delito tem direito a que se presuma sua inocência enquanto não se comprove legalmente sua culpa. Durante o processo, toda pessoa tem direito, em plena igualdade, às seguintes garantias mínimas:

a) direito do acusado de ser assistido gratuitamente por tradutor ou intérprete, se não compreender ou não falar o idioma do juízo ou tribunal;

b) comunicação prévia e pormenorizada ao acusado da acusação formulada;

c) concessão ao acusado do tempo e dos meios adequados para a preparação de sua defesa;

d) direito do acusado de defender-se pessoalmente ou de ser assistido por um defensor de sua escolha e de comunicar-se, livremente e em particular, com seu defensor;

e) direito irrenunciável de ser assistido por um defensor proporcionado pelo Estado, remunerado ou não, segundo a legislação interna, se o acusado não se defender ele próprio nem nomear defensor dentro do prazo estabelecido pela lei;

f) direito da defesa de inquirir as testemunhas presentes no tribunal e de obter o comparecimento, como testemunhas ou peritos, de outras pessoas que possam lançar luz sobre os fatos;

g) direito de não ser obrigado a depor contra si mesma, nem a declarar-se culpada; e

h) direito de recorrer da sentença a juiz ou tribunal superior.

Na mesma trilha, a Constituição brasileira (1988) elenca como direito e garantia fundamental:

> **Art. 5º** Todos são iguais perante a lei, sem distinção de qualquer natureza, garantindo-se aos brasileiros e aos estrangeiros residentes no País a inviolabilidade do direito à vida, à liberdade, à igualdade, à segurança e à propriedade, nos termos seguintes:
> [...]
> **LVII** - ninguém será considerado culpado até o trânsito em julgado de sentença penal condenatória;

Neste caminhar, não deveria haver espaço para dúvidas atualmente sobre a vigência da presunção de inocência. Esta conclusão, entretanto, não se mostra coerente com a realidade. Em meados do século passado, Carnelutti já advertia sobre as agruras que mera suspeita causa ao acusado:

> O homem, quando sobre ele recai a suspeita de um delito, é jogado às feras, como se dizia num tempo em que os condenados eram oferecidos como alimento às feras. A fera, a indomável e insaciável fera, é a multidão. O artigo da Constituição, que se ilude ao assegurar a incolumidade do acusado, é praticamente inconciliável com aquele outro que sanciona a liberdade de imprensa. Apenas com o surgimento da suspeita, o acusado, a sua família, a sua casa, o seu trabalho são inquiridos, examinados, isso na presença de todo mundo. O indivíduo, dessa maneira, é feito em pedaços. E o indivíduo, assim, relembremo-nos, é o único valor que deveria ser salvo pela civilização[61].

Não se olvida, ainda, que recentes julgados do Supremo Tribunal Federal (STF) tiveram forte impacto na avaliação dos limites do princípio da presunção de inocência, especialmente acerca da possibilidade/necessidade

---

61 Carnelutti, 2013, p.26.

de execução antecipada da pena, após condenação em 2º grau de jurisdição.

Em 2016, em julgamento do *habeas corpus* n.º 126.292/SP, o Plenário do STF entendeu que "a execução provisória de acórdão penal condenatório proferido em grau de apelação, ainda que sujeito a recurso especial ou extraordinário, não compromete o princípio constitucional da presunção de inocência"[62].

Esta posição gerou forte abalo no cotidiano forense, porquanto considerável parcela dos Tribunais passou a emitir mandado de prisão automaticamente após a condenação em 2ª instância, sem avaliação de qualquer dos requisitos das prisões cautelares. Somente em 2019, com o julgamento das Ações Declaratórias de Constitucionalidade n.º 43, 44 e 54, ocorreu a revisão do posicionamento pelo colegiado:

> PENA – EXECUÇÃO PROVISÓRIA – IMPOSSIBILIDADE – PRINCÍPIO DA NÃO CULPABILIDADE. Surge constitucional o artigo 283 do Código de Processo Penal, a condicionar o início do cumprimento da pena ao trânsito em julgado da sentença penal condenatória, considerado o alcance da garantia versada no artigo 5º, inciso LVII, da Constituição Federal, no que direciona a apurar para, selada a culpa em virtude de título precluso na via da recorribilidade, prender, em execução da sanção, a qual não admite forma provisória[63].

Aliás, Greff e Flores já demonstraram que a antecipação da punição – e consequente fragilização da presunção de inocência – não contribuem com a dinâmica processual penal e representam enorme risco social:

> A antecipação de uma punição fere o princípio da anterioridade penal, e também o da alteridade, o que representa claro retrocesso em se tratando de direitos humanos internacionais, além de servir como instrumento de terror para eventuais ditadores, os quais tão logo assumam o poder de um país, acham-se no direito de definirem, subjetivamente, quem são os

---

62 Brasil, 2016a.

63 Brasil. 2019c.

61

inimigos da nação, quase sempre seus desafetos ou grupos rivais de poder[64].

Certo é que a presunção de inocência segue garantida por Tratados Internacionais de Direitos Humanos e pela Constituição de 1988, devendo ser observada como regra de tratamento do acusado, regra de prova e como regra de juízo.

A realidade cotidiana, entretanto, demonstra sua difícil aplicação quando se comunica com o instituto da colaboração premiada, eis que costumeiramente os delatados passam a ser percebidos como culpados, corriqueiramente exigindo-se deles a demonstração de inocência – numa velada e absurda inversão do ônus da prova na esfera criminal – e, caso tenha êxito nesta empreitada, com a opinião pública de que sua absolvição seria decorrente de falha do sistema judicial.

Exemplo cabal disso é a situação do Presidente eleito Luiz Inácio Lula da Silva. Notoriamente, foram ajuizadas cerca de 20 ações penais com as mais variadas acusações em diversos foros. Em sua maioria houve absolvição sumária, rejeição da denúncia ou absolvição, entretanto 2 processos que tramitaram na Justiça Federal de Curitiba resultaram em condenação, com base em colaboração premiada[65].

Nenhuma das condenações transitou em julgado. Ainda assim, Lula permaneceu encarcerado na capital paranaense por 580 dias[66], somente conseguindo a liberdade após o julgamento das Ações Declaratórias de Constitucionalidade n.º 43, 44 e 54, que deu concretude novamente ao princípio da presunção de inocência.

Após isso, as condenações da Justiça Federal de Curitiba foram anuladas pelo Supremo Tribunal Federal, por incompetência do juízo e pela

---

64 Brasil, 2022, p. 16.

65 Ramalho, 2022.

66 Baran, 2022.

demonstração de parcialidade do outrora Juiz Federal Sérgio Moro[67]. A presunção de inocência – garantia constitucional com que conta qualquer réu – não foi desconstituída em nenhum momento.

Ainda assim, durante toda a campanha eleitoral de 2022 e mesmo após o pleito eleitoral, o antigo coordenador da força tarefa da Operação Lava Jato e agora Deputado Federal eleito Deltan Dallagnol segue insistindo que Lula "não provou inocência"[68]. Na mesma trilha, o Senador eleito – outrora Juiz Federal – Sérgio Moro segue afirmando insistentemente que "Lula não foi absolvido"[69].

Não se trata de qualquer pessoa. Deltan Dallagnol e Sérgio Moro são pessoas com anos de bagagem jurídica, incluindo cursos de aperfeiçoamento e pós-graduação *stricto sensu* no Brasil e dos Estados Unidos da América. Têm pleno conhecimento de que diversos Tratados Internacionais de Direitos Humanos e a Constituição de 1988 garantem o *status* de inocente a qualquer pessoa que não tenha contra si uma condenação definitiva.

A manutenção de um discurso absolutamente contrário à conclusão decorrente da própria aplicação do direito fundamental da presunção de inocência apenas reforça a impressão de que tais indivíduos apenas buscam dar a qualquer instituto jurídico a interpretação que melhor se adeque a sua conveniência política.

1.1.4. Direito ao silêncio

No curso da evolução humana, o processo criminal conta com um passado nefasto em que a tortura foi utilizada como meio de obtenção de prova para que o acusado confessasse o delito que lhe era imputado, bem

---

67 Mendes, 2021.

68 Lopes, 2022.

69 Werneck, 2022.

como instrumento de punição do condenado, afinal:

> [...] desde as práticas judiciais, na Grécia antiga, até os ordálios, na Idade Média - em que provas corporais, físicas, consistiam em submeter uma pessoa a uma espécie de jogo, de luta com seu próprio corpo - e a pena de suplício no Antigo Regime, a violência direta sobre o corpo desempenhava um papel central na produção da verdade jurídica.
>
> Apenas com a modernidade, sobretudo no final do século XVIII e início do século XIX na Europa, com o advento de uma nova teoria penal, com autores como Beccaria e Bentham, mas sobretudo com a emergência da prisão como mecanismo generalizado de punição, é que os rituais tradicionais de tortura e punição corporal regridem ou perdem ao menos seu caráter público[70].

Embora o início do Século XX tenha sido marcado por episódios de tortura institucionalizada, especialmente com os horrores das duas guerras mundiais, bem como regimes fascista e nazista, com a criação da ONU e a Declaração Universal dos Direitos Humanos a cultura dos direitos humanos se expandiu pelos continentes a inadmissibilidade da tortura.

Superada (ao menos no plano ideal) esta barbárie, passou-se a compreender o direito ao silêncio ou de não produzir provas contra si mesmo (*nemo tenetur se detegere*) como um direito fundamental do réu. Em verdade, trata-se de garantia surgida com o Iluminismo e positivada pela primeira vez pela já citada 5ª emenda à Constituição dos Estados Unidos da América, garantindo que ninguém será obrigado a testemunhar contra si mesmo.

Embora não contida de forma explícita na Declaração Universal dos Direitos Humanos (1948), foi explicitamente inserida no Pacto sobre Direitos Civis e Políticos (1966), em que é arrolada como uma das garantias mínimas a toda pessoa acusada "não ser obrigada a depor contra si mesma, nem a confessar-se culpada" (art. 14, § 3º, 7). Posteriormente, no âmbito

---

70 ALVAREZ, 2008, p. 281

continental, a Convenção Americana sobre Direitos Humanos (1969) previu garantia similar no já citado art. 8º, item 2, alínea "g".

A Constituição (1988) consagrou este direito fundamental no art. 5º, LXIII, com a previsão de que "o preso será informado de seus direitos, entre os quais o de permanecer calado, sendo-lhe assegurada a assistência da família e de advogado".

Talvez por isso, ignorando completamente a complexidade envolvida no direito ao silêncio e também as convenções internacionais, Moro defende que "não há, como também demonstrado, argumentos jurídicos, históricos, morais e mesmo de Direito Comparado que autorizem a ampliação do direito ao silêncio para um direito genérico de não produzir prova contra si mesmo"[71].

A redação vigente do Código de Processo Penal à época da promulgação da Carta Magna, entretanto, continha redação que previa a possibilidade de o silêncio do réu ser interpretado em seu prejuízo (art. 186, *caput*), conforme já mencionado no início deste capítulo. A redação atual mostra-se consentânea com a garantia a ser respeitada pelo Estado brasileiro.

Ada Pellegrini Grinover[72] lembra que embora o Código de Processo Penal cuide do direito ao silêncio somente na fase processual, por se tratar de direito fundamental, deve ser assegurado em toda e qualquer fase da *persecutio criminis*, seja em mera abordagem na rua ou durante o trâmite do Inquérito Policial.

Aliás, embora haja alguma divisão doutrinária, a jurisprudência dos Tribunais Superiores é uníssona no sentido de que a pessoa pode optar pelo silêncio completo ou parcial em suas declarações, informando ao inquiridor aquelas que pretende responder. Neste sentido, o Superior Tribunal de Justiça conclui que "o interrogatório, como meio de defesa, permite a

---

71   Moro, 2006, p. 439.

72   Grinover, 2005.

possibilidade de responder a todas, nenhuma ou a algumas perguntas direcionadas ao acusado, que tem direito de poder escolher a estratégia que melhor lhe aprouver"[73]. Em verdade, este entendimento corrobora posição já manifestada pelo Supremo Tribunal Federal em diversas impetrações que permitiam ao paciente a escolha das perguntas que pretendia responder, *v.g. Habeas Corpus* n.º 79.589/DF[74].

Isso porque o interrogatório é um ato eminentemente de defesa e o direito ao silêncio é somente uma das dimensões de uma garantia muito maior, qual seja o princípio *nemo tenetur se detegere*[75].

Assim, induvidoso que o suspeito, o indiciado e o acusado podem silenciar-se sobre quaisquer questionamentos que lhe sejam direcionados, como consequência do direito de não produzir provas contra si mesmo. Algo que deve ser mencionado, ainda, é que não há consequência jurídica direta ao sujeito que se encontre nesta condição e minta ao responder às indagações sobre os fatos apurados.

O Código de Processo Penal (1941) divide o ato do interrogatório em 2 fases: a qualificação/individualização e o mérito (art. 187, §§ 1º e 2º). Em relação à primeira fase, o silêncio não acarretará sanções ao acusado, entretanto, a atribuição de falsa de identidade ou uso de documento falso como estratégia de defesa é bastante problemática.

Não se olvida que existe doutrina respeitável favorável à possibilidade de o acusado mentir sobre sua qualificação[76]. Em contraposição, contudo, em 2011 em regime de repercussão geral, o Supremo Tribunal Federal firmou tese reconhecendo a tipicidade desta conduta (Tema 478[77]). Aderindo a esta

---

73 STJ (6ª T.), HC 793.978/SC, rel. Des. Fed. conv. Olindo Menezes, DJ 07/04/2022.

74 STF (Tribunal Pleno), HC 79.589/DF, Rel. Min. Octavio Gallotti, 06/10/2000.

75 Lopes Junior, 2017.

76 Nucci, 2016.

77 O princípio constitucional da autodefesa (art. 5º, LXIII, da CF/88) não alcança aquele que atribui falsa identidade perante autoridade policial com o intento de ocultar maus

conclusão, em 2015, o Superior Tribunal de Justiça editou a Súmula n.º 522[78] no mesmo sentido.

Já na fase de mérito, o exercício da autodefesa é pleno, podendo o acusado optar pelo silêncio ou apresentar a versão que melhor lhe aprouver, ainda que não verdadeira, sem riscos. Neste momento, portanto, "o interrogante deve ser neutro, absolutamente imparcial, equilibrado e sereno (...) o momento é de autodefesa, primordialmente"[79].

Destarte, sopesados o direito ao silêncio, o princípio *nemo tenetur se detegere* e a atipicidade da versão falsa na fase de mérito do interrogatório, caso o acusado opte por se manifestar, pode exercer plenamente sua autodefesa sem o constrangimento de produzir provas contra si mesmo.

Também deve ser mencionado que a Lei n.º 13.869[80] (conhecida como Lei de Abuso de Autoridade) tentou solucionar um problema de viés psicológico do julgador bastante recorrente: o registro em ata das perguntas que a acusação pretendia fazer quando o réu exerce o direito ao silêncio.

Até então, ante a ausência de regramento específico, era corriqueiro que, exercido o direito ao silêncio, a acusação efetuava cada uma de suas perguntas, com o registro em ata, deixando ao acusado o constrangimento psicológico de não as responder e, em que pese a previsão legal o art. 186, parágrafo único, do CPP, influenciando o ânimo do julgador.

O art. 15, parágrafo único, I, da Lei n.º 13.869/19, estabelece pena de 1 (um) a 4 (quatro) de reclusão e multa a quem prossegue com o interrogatório "de pessoa que tenha exercido o direito ao silêncio".

A previsão delitiva em questão novamente tenta demonstrar à

---

antecedentes, sendo, portanto, típica a conduta praticada pelo agente (art. 307 do CP).

78 A conduta de atribuir-se falsa identidade perante autoridade policial é típica, ainda que em situação de alegada autodefesa.

79 Nucci, 2016, p. 391.

80 Brasil, 2019b.

autoridade judicial a importância de o réu ser visto como o personagem central do interrogatório, e não o juiz. Sendo o interrogatório o momento máximo do exercício da autodefesa, cabe ao réu definir suas condições; enquanto ao Poder Judiciário cabe simplesmente a oportunidade da realização, a fim de possibilitar um processo hígido.

Numa conjugação de tudo o que já foi mencionado, cabe ao réu optar se comparece ao interrogatório, se deseja se manifestar, se o quer fazer para todos os possíveis inquiridores, se pretende responder a todos os questionamentos, etc.

Questão delicada surge com a tecnologia atual, em que a maioria das audiências é gravada em arquivo audiovisual. Caso o magistrado mantenha uma conduta meramente protocolar, ordenando a prática sequencial de atos processuais, há risco de criação de entraves, como o caso do réu que pretende responder apenas a questionamentos de seu advogado, mas tem seu interrogatório interrompido com fundamento no delito em questão.

O CPC traz norma fundamental do processo civil que, pela própria natureza, não se restringe às ações cíveis, devendo seu escopo alcançar todo e qualquer processo. Trata-se da previsão do art. 6º de que "todos os sujeitos do processo devem cooperar entre si para que se obtenha, em tempo razoável, decisão de mérito justa e efetiva."

Como forma de melhor organização dos trabalhos em audiência, tendo em vista o delito em questão e a tecnologia atual registrando todos os momentos da audiência em audiovisual, mostra-se prudente que a advertência do direito ao silêncio seja sucedida de uma conversa proativa com o acusado e sua defesa técnica, em que fique absolutamente claro quais são eventuais restrições do réu para a prática do ato.

1.2. Colaboração premiada: instrumento de persecução penal

Até a Constituição de 1988, o processo penal brasileiro era orientado estritamente pelo princípio da obrigatoriedade, não havendo espaço para

68

negociação ou consenso. Em verdade, somente havia espaço para ação penal pública condicionada à representação ou ação penal privada. Em tais situações, a vítima podia optar por não buscar a persecução penal de seu ofensor.

Uma vez existente a ação penal, não havia nenhuma possibilidade de negociação na aplicação da lei penal, existindo como "medidas despenalizadoras" somente a substituição de pena privativa de liberdade por restritivas de direitos (art. 44, do Código Penal) e a suspensão condicional da pena (art. 77, do Código Penal), ambas posteriores a uma condenação (e, portanto, sem acordo).

Àquele que colaborasse com a tese acusatória, havia somente a possibilidade de aplicação da atenuante genérica da confissão espontânea, conforme art. 65, III, "d"[81], do Código Penal (1940). Ocorre que esta minorante possui característica individualista, pouco contribuindo para a solução de delitos praticados em concurso de agentes ou de associação criminosa.

A Constituição de 1988 semeou o surgimento da justiça criminal negocial ao impor a necessidade de criação de juizados especiais para cuidar das infrações penais de menor potencial ofensivo, em que seria permitida a transação (art. 98, I).

Daí que a Lei n.º 9.099 (1995b) positivou a transação penal (art. 76), a suspensão condicional do processo (art. 89) e a composição civil dos danos (art. 74) como figuras negociadas para a jurisdição criminal.

Tais institutos, todavia, foram inicialmente idealizados para as infrações penais de menor potencial ofensivo[82], não deixando espaço para negociação

---

81 Lembrando que, até a reforma de 1984, referida atenuante era prevista no art. 48, IV, "d", com a seguinte redação: "ter o agente [...] confessado espontaneamente, perante a autoridade, a autoria do crime, ignorada ou imputada a outrem" (grifo nosso); ou seja, jamais beneficiaria aquele que foi preso em flagrante.

82 Por definição legal do art. 61, da Lei n.º 9.099/95: Consideram-se infrações penais de

em delitos mais graves, à exceção da suspensão condicional do processo que prevê requisito objetivo distinto do art. 61, da Lei n.º 9.099/95, e pode ser aplicado a crimes com penas máximas superiores daquelas de menor potencial ofensivo, mas ainda bastante tímidos.

Entre o final da década de 1980 e o começo da década de 1990, diante das dificuldades inerentes ao desmantelamento do crime organizado, teve início uma série de tentativas legislativas de formação de instrumentos processuais tendentes a estimular criminosos a fornecer informações que auxiliassem na persecução penal.

No final da década de 1980, o Brasil presenciou a ocorrência dos primeiros crimes de apelo midiático, com grande comoção, como os sequestros dos empresários Abílio Diniz[83] (dezembro de 1989) e Roberto Medina[84] (junho de 1990).

Tais delitos históricos catalisaram a movimentação legislativa para a edição da Lei n.º 8.072 (1990) (Lei dos Crimes Hediondos) – que atendia exigência constitucional do art. 5º, XLIII, ao definir os delitos desta natureza – com diversas modalidades de recrudescimento da legislação penal e processual penal aos crimes que o legislador reputou mais odientos.

Referida lei previu uma causa de diminuição de pena para o participante ou associado que denunciasse a quadrilha ou bando (art. 8º, parágrafo único), todavia, o requisito – desmantelamento do grupo criminoso – para a incidência da moduladora constitui obstáculo bastante severo, dificultando sua caracterização no cotidiano forense. Também houve a previsão da possibilidade de oferecimento de benefício ao criminoso, em

---

menor potencial ofensivo, para os efeitos desta Lei, as contravenções penais e os crimes a que a lei comine pena máxima não superior a 2 (dois) anos, cumulada ou não com multa.

83   Há 20 anos, o empresário Abílio Diniz era sequestrado em São Paulo. Folha de São Paulo. 2009.

84   Duas semanas em cativeiro. Jornal O Globo. 1990.

troca de sua colaboração, mas somente em relação ao crime de extorsão mediante sequestro, desde que obtida a libertação do sequestrado (inclusão do § 4º ao art. 159, do Código Penal).

Desde então, vários diplomas legais – *v.g.* Lei n.º 9.034 (1995a) – buscaram meios legislativos de enfrentamento ao crime organizado, contudo ainda de forma bastante tímida prevendo a redução de pena do agente colaborador (art. 6º, da Lei n.º 9.034/95), mas sem nenhuma regulamentação processual.

Padecia da mesma dificuldade a Lei n.º 9.807 (1999) (Lei de Proteção de Vítimas e Testemunhas) que – embora tenha inaugurado a possibilidade de delação para todo e qualquer delito – não previa negociação, dependendo de reconhecimento de ofício ou a requerimento das partes, conforme convencimento do magistrado. A mesma dificuldade se repetiu nas leis que estabeleceram novas políticas contra as drogas no início do novo século: Lei n.º 10.409[85] e Lei n.º 11.343[86] (atual Lei de Drogas).

Nota-se que, até então, a colaboração do agente somente seria efetivamente premiada na sentença, ao talante do julgador, como destaca El Tasse "diversas das hipóteses previsivas da delação premiada a estabelecem como uma faculdade do juiz, que pode ou não aplicá-la ao caso concreto, com base em critérios puramente pessoais e subjetivos"[87]

Destarte, pelo histórico, nota-se que desde 1990 o legislador busca instrumentos para atrair a colaboração do infrator penal que se envolva em delitos de concursos de agentes ou associação criminosa. Também fica nítida a pouca organização das ideias, com normas em sobreposição e requisitos por vezes inalcançáveis. Neste sentido, Nefi Cordeiro pondera:

É a lei de drogas o último marco normativo da evolução legal até a vinda da

---

85   Brasil. 2002b.

86   Brasil. 2006b..

87   El Tasse, 2006, p. 276.

atual e ampla Lei de Criminalidade Organizada (Lei nº 12.850/13). A evolução das leis indicou titubeio na ampliação ou restrição de favores, na exigência maior ou menor de resultados úteis, na participação normalmente pequena do agente acusador como representante estatal na negociação, mas, uniformemente, estabeleceu critérios estáveis na caracterização da colaboração premiada: proporção de favores pelo interesse estatal, favor judicial e de resultado, utilidade e voluntariedade[88].

Com a Lei n.º 12.850/13, a colaboração premiada assume papel absolutamente distinto das leis que a precederam, com maior amplitude de negociação entre as partes e participação meramente formal do magistrado (homologação) na determinação do prêmio.

Até então o processo penal ordinário contava com uma trajetória muito linear e previsível em que até o momento da resposta à acusação a defesa técnica tinha muito pouco espaço. Com o fortalecimento do espaço negocial, caso haja adesão do suspeito, alteram-se substancialmente as fases e o procedimento:

Figura 1: Fases e procedimento com acordo de colaboração premiada

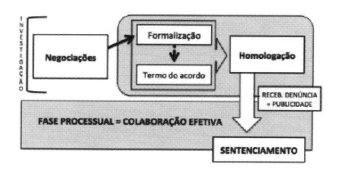

Fonte: [89].

---

88   Cordeiro, 2020, p. 109.

89   Vasconcellos, 2020, p. 222.

Trata-se de modificação sensível no processo penal brasileiro, em que o acusado mais uma vez caminha da condição de objeto da ação penal para a de sujeito de direito. Assume assim, caso queira, o protagonismo do trâmite da ação penal.

1.2.1. Inspiração no *common law* e ampliação da Justiça Criminal Negocial

Como mostra o breve histórico, com a percepção de evolução da criminalidade organizada, a legislação brasileira buscou implementar vários instrumentos que possibilitassem a colaboração de infratores com a persecução penal.

Isso porque a velocidade das relações sociais do novo século mostra-se incompatível com a morosidade constante do Poder Judiciário baseado apenas na jurisdição estatal sem nenhuma composição de interesses:

> O processo judicial como instrumento ético adequado, oferecido pelo Estado para a composição dos conflitos (art. 5.º, LIV, da CF), inobstante os infindáveis esforços dos operadores do direito, no sentido de tonificar sua eficácia, ainda sofre dos males corrosivos que a morosidade de julgamento lhe causa, como eternização das demandas e a angústia das partes ou seus sucessores envolvidos no conflito[90].

As tentativas também ocorriam no plano internacional, especialmente com a **Convenção de Palermo** (em vigor internacional, em 29 de setembro de 2003, e para o Brasil, em 28 de fevereiro de 2004)[91] e a **Convenção de Mérida** (em vigor internacional, bem como para o Brasil, em 14 de dezembro de 2005)[92]. Esses Tratados buscam uniformizar, no plano internacional, conceitos e instrumentos do combate a organizações

---

90 Costa, 2002, p. 23.

91 Brasil, **2004**.

92 Brasil, **2006a**.

73

criminosas e à corrupção, constituindo exemplos concretos do pluralismo jurídico[93].

Por exemplo, a Convenção de Palermo previu que os Estados tomariam medidas adequadas para encorajar integrantes de grupos criminosos organizados a fornecerem informações úteis às autoridades competentes, bem como conexões com outros grupos (art. 26, § 1º), inclusive abrindo a possibilidade de redução de pena ou de concessão de imunidade ao criminoso (art. 26, §§ 2º e 3º). A Convenção de Mérida conta com previsões muito assemelhadas no art. 37, §§ 1º a 3º.

Trata-se, em verdade, da exportação da justiça criminal negocial dos países centrais na geopolítica mundial para os periféricos, naquilo que Boaventura de Sousa Santos denomina de localismo globalizado, devendo-se cuidar que

> [...] enquanto forem concebidos como direitos humanos universais, os direitos humanos tenderão a operar como localismo globalizado – uma forma de globalização de-cima-para-baixo. Serão sempre um instrumento de 'choque de civilização', [...] como uma arma do Ocidente contra o resto do mundo[94].

Como consequência da ratificação dos Tratados mencionados, além das perspectivas internas de combate ao crime organizado, o Brasil assumiu perante a comunidade internacional a obrigação de adotar medidas eficazes de estímulo à colaboração de delinquentes, a fim de mitigar os danos causados pela criminalidade organizada e pela corrupção.

Assim, após anos de tramitação no Congresso Nacional, catalisados por movimentos da sociedade civil que tomaram as ruas naquele ano, surge a Lei n.º 12.850[95] que busca incorporar ao plano interno o conceito de organização criminosa, estabelecer delitos correlatos, dispor sobre

---

93 Wolkmer, 2001.

94 Santos, 1997, p. 111.

95 Brasil. 2013.

investigação criminal e meios de obtenção de prova não previstos no Código de Processo Penal.

Em especial, como objeto de estudo do presente trabalho, a colaboração premiada foi prevista originalmente nos art. 4º a 7º, da lei em questão. Posteriormente, a Lei n.º 13.964[96] – conhecida como "Pacote Anticrime" – acrescentou os art. 3º-A a 3º-C à Lei n.º 12.850/13 como elementos de regulamentação da colaboração premiada[97].

Neste cenário, forçoso reconhecer que a Lei n.º 12.850/13 rompeu o ciclo descrito de previsões genéricas de causas de diminuição cujo reconhecimento e quantificação ficavam a critério exclusivo do magistrado. A partir da lei em questão, cresce o espaço para a negociação direta entre órgão de acusação e defesa do colaborador, atribuindo ao Poder Judiciário a atividade de verificação formal da avença.

Além da influência dos Tratados mencionados, é inegável a inspiração na justiça criminal negocial amplamente adotada no *common law*, contudo é imprescindível a percepção de que a incorporação deste novo instituto no ordenamento jurídico brasileiro (de fortes raízes do *civil law*) deve ser avaliada com cautela, a fim de não se sobrepor à própria Constituição de 1988 (especialmente no que se refere a direitos e garantias fundamentais).

Pelo passado de extensos períodos ditatoriais no Brasil, a Constituição de 1988 foi pródiga na previsão de direitos e garantias fundamentais, buscando assegurar que os processos sigam balizas rígidas que o levem a um cenário legítimo e democrático.

Ocorre que, na era da informação rápida, aguardar o resultado da ação

---

96 BRASI, 2019d..

97 No que toca a colaboração premiada, o "Pacote Anticrime" foi essencial para incorporar à Lei n.º 12.850/13 várias questões já bastante difundidas na doutrina e na jurisprudência, mas que ainda despertava alguma resistência no cotidiano forense – como a Operação Lava Jato – v.g., a natureza jurídica de negócio jurídico processual, a pressuposição de utilidade e interesse públicos e a exigência de sigilo das negociações.

penal para reversão da presunção constitucional de não culpabilidade parece algo obsoleto aos olhos de uma sociedade sedenta de punição aos crimes. Desta forma, a abreviação consensual do processo penal advinda do *common law* passou a seduzir boa parte da comunidade jurídica, tomando-se o cuidado para não ciar uma presunção de culpa do réu[98].

Especialmente nos Estados Unidos da América[99], é notória a possibilidade de acordo entre acusação e defesa no processo penal, em que o investigado ou réu colabora com a acusação em troca de benefícios atinentes a seu processo ou a sua pena.

A Lei n.º 12.850/13 possui inegável inspiração no processo penal do sistema do *common law*, seja por conta dos Tratados Internacionais ratificados pelo Brasil ou da assimilação do Direito Comparado. Contudo, é importante perceber que a colaboração premiada se assemelha mais ao *bargaining for information* do sistema norte-americano, em que a acusação está interessada não apenas na abreviação do processo penal contra o acusado (*plea bargain*), mas principalmente nas informações que este pode fornecer sobre seus comparsas[100].

Há tempos a doutrina especializada recomenda cautela na importação de institutos jurídicos de um país para outro, especialmente considerando as bases do sistema de destino e a forma como o instituto é regulado no plano interno:

> Apesar da influência do *plea bargaining* americano nas jurisdições *civil law*, as diferenças culturais entre os sistemas adversarial e inquisitorial são muito profundas para serem sobrepujadas por uma simples reforma inspirada no modelo americano, ou até mesmo um número substancial de reformas. Além disso, considerando que cada uma dessas jurisdições *civil law*

---

98 Fabretti, 2018.

99 Cuja influência sobre o Brasil é inegável, especialmente em decorrência de filmes, séries e livros consumidos diariamente pelos brasileiros.

100 Pagliarini, 2019.

traduziu o *plea bargaining* de uma forma diferente, o efeito derradeiro desta influência estadunidense pode acabar sendo a fragmentação e a divergência, ao invés da americanização do processo penal *civil law* (destaques originais)[101].

Para início da compreensão do *plea bargain*, é imperioso esclarecer que, de modo geral, o processo penal estadunidense tem como um de seus primeiros atos (o primeiro do réu) uma declaração em que o acusado se declara culpado, não culpado ou (com o consentimento do juízo) *nolo contendere*[102]. É esta declaração que, genericamente, se denomina de *plea*, como lembra Ana Lara Camargo de Castro:

> Quando se fala em *plea* no direito estadunidense, não se está necessariamente referindo ao processo de negociação entre as partes. A expressão *plea* se refere especificamente à etapa processual obrigatória de declaração ou não de culpa perante o juízo bem como a todas as formalidades impostas ao ato. A *plea* pode ou não ser antecedida de *agreement*, que é o acordo entre a acusação e a defesa, resultante da negociação (*bargain*, barganha) e, quando ocorre, ele integra formalmente os autos (destaques originais)[103].

Desta forma, a declaração inicial do réu (*plea*) é ato processual ordinário (gênero) naquela legislação e – havendo acordo com o órgão acusador – torna-se ato de abreviação do julgamento (espécie) por aceitação de pena ou demais benefícios convencionados entre as partes (*plea bargain*). Langer lembra que:

> (...) o sistema adversarial contem simultaneamente o conceito de 'confissão'

---

101 Langer, 2020, p. 28.

102 Tanto as declarações de culpado como de nolo contendere possibilita a barganha sobre o conteúdo da acusação e da pena; a distinção reside substancialmente na responsabilidade civil, já que a declaração de nolo contendere exige que a vítima demande civilmente a reparação do dano causado (Rosa; Bermudez, 2019, p. 106–107).

103 Castro, 2019, p. 49.

– *i.e*, uma admissão de culpa perante a polícia – e o '*guilty plea*' – uma admissão de culpa perante a Corte que, se aceita, tem como consequência encerrar a fase de instrução processual e a fase de julgamento (*phase of determination of guilt or innocence*) (destaques originais)[104].

Traçadas essas premissas de raciocínio, ficam mais compreensíveis as definições dos institutos estrangeiro e nacional. O *plea bargain* é um acordo entre acusação e defesa para a abreviação processual com benefícios ao investigado ou réu (corriqueiramente efetuado ainda na fase investigativa ou no início do trâmite processual); já a colaboração premiada é um meio de obtenção de prova que pode ser utilizado em qualquer fase da persecução penal (art. 3º, *caput*, da Lei n.º 12.850/13).

Esta definição legal possui importância significativa, pois enquanto meios de prova são elementos aptos a servir diretamente ao convencimento do magistrado (como depoimento de testemunha ou escritura pública), os meios de obtenção de prova são instrumentos (como uma busca e apreensão) de colheita de elementos ou fontes de prova, ou seja, só indiretamente e a depender do resultado servirão para a comprovação dos fatos apurados em juízo[105].

Aliás, sobre o tema do presente trabalho, o Supremo Tribunal Federal bem distinguiu:

> Enquanto o acordo de colaboração é **meio de obtenção de prova**, os depoimentos propriamente ditos do colaborador constituem **meio de prova**, que somente se mostrarão hábeis à formação do convencimento judicial se vierem a ser corroborados por **outros** meios idôneos de prova. Nesse sentido, dispõe o art. 4º, § 16, da Lei nº 12.850/13 que "nenhuma sentença condenatória será proferida com fundamento **apenas** nas

---

104 Langer, 2020, p. 35.

105 Badaró, 2017.

declarações de agente colaborador"[106].

Destarte, observa-se que a colaboração premiada representa valioso instrumento de justiça criminal negocial (não o único), mas que foi introduzida no ordenamento jurídico com parca regulamentação, o que torna imprescindível o cotejo entre o instituto e direitos e garantias fundamentais da Constituição de 1988.

1.2.2. Necessidade de adequação ao sistema jurídico brasileiro

A Lei n.º 12.850/13 foi bastante clara ao elencar a colaboração premiada como um meio de obtenção de prova (art. 3º, I), contudo havia uma série de lacunas na redação original da lei em questão.

Logo em seguida à vigência da Lei n.º 12.850/13, a notória Operação Lava Jato se utilizou de vários acordos de colaboração premiada para avançar em direção a diversos núcleos de corrupção sistêmica[107]. Aliás, Moro reconhece que:

> Boa parte das provas consistiu na confissão de parte dos envolvidos. Por meio de acordos de colaboração premiada, foram ofertados benefícios legais a criminosos que se dispuseram a colaborar com informações e provas. A utilização de tal instrumento permitiu que as investigações dessem um salto significativo. É muitas vezes difícil descobrir e provar crimes complexos como a corrupção sem o auxílio de um dos criminosos envolvidos[108].

Assim, ainda que sujeita a inúmeras críticas, há que se reconhecer que o trâmite da Operação Lava Jato acabou se tornando um laboratório empírico sem igual para a delimitação de regras não escritas textualmente na legislação, especialmente pelas diversas vezes em que o Supremo Tribunal Federal (em grau recursal ou em razão de investigados com prerrogativa de

---

106 Brasil, 2015b, p. 1–154.

107 Dallagnol, 2017.

108 Moro, 2019, p. 189.

foro) foi chamado a apreciar diversas petições e *habeas corpus* oriundos da mesma.

Em especial, como consolidação de diversas teses, merece destaque o precedente paradigmático *Habeas Corpus* n.º 127.483/PR[109] em que o Plenário apreciou impetração contra a homologação do acordo de colaboração premiada de Alberto Youssef e definiu várias balizas teóricas à colaboração premiada:

> *Habeas corpus.* Impetração contra ato de Ministro do Supremo Tribunal Federal. Conhecimento. Empate na votação. Prevalência da decisão mais favorável ao paciente (art. 146, parágrafo único, do Regimento Interno do Supremo Tribunal Federal). Inteligência do art. 102, I, i, da Constituição Federal. Mérito. Acordo de colaboração premiada. Homologação judicial (art. 4º, § 7º, da Lei nº 12.850/13). Competência do relator (art. 21, I e II, do Regimento Interno do Supremo Tribunal Federal). Decisão que, no exercício de atividade de delibação, se limita a aferir a regularidade, a voluntariedade e a legalidade do acordo. Ausência de emissão de qualquer juízo de valor sobre as declarações do colaborador. Negócio jurídico processual personalíssimo. Impugnação por coautores ou partícipes do colaborador. Inadmissibilidade. Possibilidade de, em juízo, os partícipes ou os coautores confrontarem as declarações do colaborador e de impugnarem, a qualquer tempo, medidas restritivas de direitos fundamentais adotadas em seu desfavor. Personalidade do colaborador. Pretendida valoração como requisito de validade do acordo de colaboração. Descabimento. Vetor a ser considerado no estabelecimento das cláusulas do acordo de colaboração - notadamente na escolha da sanção premial a que fará jus o colaborador -, bem como no momento da aplicação dessa sanção pelo juiz na sentença (art. 4º, § 11, da Lei nº 12.850/13). Descumprimento de anterior acordo de colaboração. Irrelevância. Inadimplemento que se restringiu ao negócio jurídico pretérito, sem o condão de contaminar, *a priori*, futuros acordos de mesma natureza. Confisco. Disposição, no acordo de colaboração, sobre os efeitos extrapenais de natureza patrimonial da

---

condenação. Admissibilidade. Interpretação do art. 26.1 da Convenção das Nações Unidas contra o Crime Organizado Transnacional (Convenção de Palermo), e do art. 37.2 da Convenção das Nações Unidas Contra a Corrupção (Convenção de Mérida). Sanção premial. Direito subjetivo do colaborador caso sua colaboração seja efetiva e produza os resultados almejados. Incidência dos princípios da segurança jurídica e da proteção da confiança. Precedente. *Habeas corpus* do qual se conhece. Ordem denegada. 1. Diante do empate na votação quanto ao conhecimento de *habeas corpus* impetrado para o Pleno contra ato de Ministro, prevalece a decisão mais favorável ao paciente, nos termos do art. 146, parágrafo único, do Regimento Interno do Supremo Tribunal Federal. Conhecimento do *habeas corpus*, nos termos do art. 102, I, "i", da Constituição Federal. 2. Nos termos do art. 21, I e II, do Regimento Interno do Supremo Tribunal Federal, o relator tem poderes instrutórios para ordenar, monocraticamente, a realização de quaisquer meios de obtenção de prova (v.g., busca e apreensão, interceptação telefônica, afastamento de sigilo bancário e fiscal). 3. Considerando-se que o acordo de colaboração premiada constitui meio de obtenção de prova (art. 3º da Lei nº 12.850/13), é indubitável que o relator tem poderes para, monocraticamente, homologá-lo (art. 4º, § 7º, da Lei nº 12.850/13). 4. A colaboração premiada é um negócio jurídico processual, uma vez que, além de ser qualificada expressamente pela lei como "meio de obtenção de prova", seu objeto é a cooperação do imputado para a investigação e para o processo criminal, atividade de natureza processual, ainda que se agregue a esse negócio jurídico o efeito substancial (de direito material) concernente à sanção premial a ser atribuída a essa colaboração. 5. A homologação judicial do acordo de colaboração, por consistir em exercício de atividade de delibação, limita-se a aferir a regularidade, a voluntariedade e a legalidade do acordo, não havendo qualquer juízo de valor a respeito das declarações do colaborador. 6. Por se tratar de negócio jurídico personalíssimo, o acordo de colaboração premiada não pode ser impugnado por coautores ou partícipes do colaborador na organização criminosa e nas infrações penais por ela praticadas, ainda que venham a ser expressamente nominados no respectivo instrumento no "relato da colaboração e seus possíveis

81

resultados" (art. 6º, I, da Lei nº 12.850/13). 7. De todo modo, nos procedimentos em que figurarem como imputados, os coautores ou partícipes delatados - no exercício do contraditório - poderão confrontar, em juízo, as declarações do colaborador e as provas por ele indicadas, bem como impugnar, a qualquer tempo, as medidas restritivas de direitos fundamentais eventualmente adotadas em seu desfavor. 8. A personalidade do colaborador não constitui requisito de validade do acordo de colaboração, mas sim vetor a ser considerado no estabelecimento de suas cláusulas, notadamente na escolha da sanção premial a que fará jus o colaborador, bem como no momento da aplicação dessa sanção pelo juiz na sentença (art. 4º, § 11, da Lei nº 12.850/13). 9. A confiança no agente colaborador não constitui elemento de existência ou requisito de validade do acordo de colaboração. 10. Havendo previsão em Convenções firmadas pelo Brasil para que sejam adotadas "as medidas adequadas para encorajar" formas de colaboração premiada (art. 26.1 da Convenção de Palermo) e para "mitigação da pena" (art. 37.2 da Convenção de Mérida), no sentido de abrandamento das consequências do crime, o acordo de colaboração, ao estabelecer as sanções premiais a que fará jus o colaborador, pode dispor sobre questões de caráter patrimonial, como o destino de bens adquiridos com o produto da infração pelo agente colaborador. 11. Os princípios da segurança jurídica e da proteção da confiança tornam indeclinável o dever estatal de honrar o compromisso assumido no acordo de colaboração, concedendo a sanção premial estipulada, legítima contraprestação ao adimplemento da obrigação por parte do colaborador. 12. *Habeas corpus* do qual se conhece. Ordem denegada[110].

Trata-se de acórdão paradigmático cuja leitura evidencia que muitos pontos da Lei n.º 12.850/13 careciam de maior clareza na legislação, ainda que a colaboração premiada estivesse sendo plenamente aplicada.

Na ocasião, em exercício a seu papel de guardião da Constituição e conferindo organicidade ao sistema jurídico pátrio, o Supremo Tribunal

---

110 STF. HC 127.483/PR, Tribunal Pleno, rel. Min. DIAS TOFFOLI, j. 27/08/2015, DJe 04/02/2016

Federal buscou esclarecer vários pontos como, por exemplo, a natureza de negócio jurídico processual da colaboração premiada[111], a limitação da avaliação do magistrado de requisitos de ordem formal para a homologação do acordo[112], a impossibilidade de impugnação do acordo por coautores ou partícipes[113] e a possibilidade de previsão de cláusulas premiais de cunho patrimonial que flexibilizem a regra do confisco ou perdimento de produtos e instrumentos do crime.

Os pontos mencionados – que primeiro foram delineados pela jurisprudência a partir de caso concreto e depois se tornaram lei – bem demonstra o caminho da *dinamogenesis*, que se inicia com a observação sociológica dos **fatos**, avaliando-se os **valores** arraigados e desejados pela sociedade, para expressá-los nas **normas**. É evidente que a constante dinâmica da vida em sociedade torna a interação entre os elementos perene[114].

Nesta trilha, retomando a premissa de que o processo penal é uma garantia fundamental, é de fácil percepção o processo *dinamogênico* dos direitos envolvidos: **fato** (percepção social de dificuldade de punição da criminalidade organizada e anseio de adoção de ferramentas aptas a alcançar esta finalidade), **valor** (busca social por justiça, sem esquecer a necessidade de observância de direitos e garantias fundamentais) e **norma** (leitura dos dispositivos legais não de forma isolada, mas adequando-os à ordem constitucional e ao sistema processual vigente), evidenciando a constante evolução e interdependência dos elementos constitutivos do direito também defendida por Miguel Reale (1994).

Compreender a sociedade como um organismo vivo é essencial para

---

111 Posteriormente, inserida na Lei n.º 12.850/13 (art. 3º-A), pela Lei n.º 13.964/19.

112 Previsão na redação original do art. 4º, § 7º, da Lei n.º 12.850/13, mas aprimorada pela Lei n.º 13.964/19.

113 Por se tratar de negócio jurídico personalíssimo e simples meio de obtenção de prova.

114 Silveira; Rocasolano, 2010.

notar que o processo *dinamogênico* sempre encontrará espaço para mudanças e evolução, como já demonstrado pelas diversas leis que antecederam a Lei n.º 12.850/13, bem como pelas decisões judiciais que deram conformidade constitucional ao texto legal e, por fim, à Lei n.º 13.964/19 que buscou positivar diversas questões já consolidadas na jurisprudência (fornecendo segurança jurídica) e modificar o ordenamento (atividade inovadora do Parlamento).

É nítida, portanto, a integração da colaboração premiada como instrumento da persecução penal a ser utilizado pelo Poder Público. Também é relevante perceber que a colaboração premiada – embora tenha sido inspirada na negociação existente no *common law* – não pode ser interpretada como um mero "transplante" da norma para o Brasil, prevalecendo a ideia da "tradução"[115], a fim de que tenha organicidade com o sistema constitucional e legal vigente no país.

Neste sentido, imperioso não lhe atribuir o caráter de panaceia às dificuldades cotidianas do processo penal brasileiro. Isso porque, como qualquer negociação processual, especialmente quando atinente a direitos de terceiro (o delatado), sempre haverá espaço para questionamentos e falhas.

1.3. Pressupostos de admissibilidade e requisitos de validade

Inicialmente, lembrando do histórico legislativo já mencionado nos tópicos anteriores, deve-se recordar que existem previsões legais variadas sobre "delação premiada" num sentido amplo. A maioria dos institutos citados segue vigente, como por exemplo a delação do crime de extorsão mediante sequestro (art. 150, § 4º, do Código Penal), a da proteção de vítimas e testemunhas (art. 13 e 14, ambos da Lei n.º 9.807/99) e a dos

---

115 Langer, 2017.

agentes envolvidos com o tráfico de drogas (art. 41, da Lei n.º 11.343/06).

Conforme já mencionado, ainda que previsões legais anteriores tenham mencionado tangencialmente um ou outro aspecto procedimental da confecção do acordo de colaboração premiada entre acusação e defesa, esta via negocial foi realmente implantada a partir da Lei n.º 12.850/13.

Tendo em conta que o objeto de estudo desta pesquisa é o cotejo entre questões de direito processual com direitos e garantias fundamentais na concretização dos acordos de colaboração premiada, a avaliação dos pressupostos de admissibilidade e requisitos de validade deve considerar apenas aqueles atinentes aos acordos baseados na Lei n.º 12.850/13.

Aliás, importante perceber que embora existam diversas outras possibilidades de delação premiada no ordenamento jurídico brasileiro, "um dos principais avanços do regramento introduzido pela Lei 12.850/13 foi exatamente a segurança e previsibilidade para as partes, de modo a tornar mais confiável a obtenção do benefício após a efetivação da colaboração"[116].

Daí a relevância do acordo de colaboração premiada como forma de respeito aos direitos e garantias fundamentais na justiça criminal negocial.

Desde logo, deve-se lembrar que a colaboração premiada foi classificada[117] como "negócio jurídico processual" e, nesta condição, deve se apropriar de elementos definidores do negócio jurídico, distribuídos doutrinariamente nos planos da existência, da validade e da eficácia[118].

Analisando-se minuciosamente o acórdão paradigmático do *Habeas Corpus* n.º 127.483[119], observa-se que a Corte concluiu que os elementos do

---

116 Vasconcellos, 2020, p. 91.

117 Primeiro pelo STF, no julgamento do Habeas Corpus n.º 127.483/DF, e depois pela Lei n.º 13.869/19, que incluiu disposições novas na Lei n.º 12.850/13.

118 Azevedo, 2002.

119 STF (Tribunal Pleno), HC 127.483/PR. Rel. Min. Dias Toffoli. DJ 04/02/2016.

plano da existência do acordo estão disciplinados no art. 6º[120], da Lei n.º 12.850/13, e versam sobre avaliar se a colaboração premiada pode ou não ser proposta, aceita e homologada. Já os elementos do plano de validade do negócio estão ligados ao aspecto da voluntariedade do colaborador, bem como assistência adequada e exatidão das informações. Por fim, o plano da eficácia é condicionado pela homologação do acordo em juízo, condição imprescindível para que gere os efeitos avençados.

O primeiro ponto acerca do plano da existência a se considerar é a **adequação** da colaboração premiada ao caso concreto. Deve-se lembrar que a colaboração premiada foi prevista na Lei de Organização Criminosa, e não no Código de Processo Penal. Assim, embora não haja previsão legal restritiva, já se nota que tal instituto não foi pensado para todo e qualquer caso criminal, devendo ser utilizado como exceção, sob pena de subverter o sistema judicial criminal brasileiro.

Desta forma, ainda que este meio de obtenção de prova não se restrinja aos processos criminais atinentes a organizações criminosas, o caso concreto deve possuir alguma gravidade ou complexidade que justifique o órgão acusador lançar mão de prêmios a criminosos para a concretização da persecução penal.

No momento da celebração não é possível avaliar a efetividade da contribuição do delator, eis que somente no momento da sentença esta será auferida, todavia, para sopesar a adequação do instituto é necessário ao Estado (representado pelo membro do Ministério Público ou Delegado de Polícia) considerar a potencialidade da mesma, que indica a alta

---

120 Art. 6º O termo de acordo da colaboração premiada deverá ser feito por escrito e conter: I - o relato da colaboração e seus possíveis resultados; II - as condições da proposta do Ministério Público ou do delegado de polícia; III - a declaração de aceitação do colaborador e de seu defensor; IV - as assinaturas do representante do Ministério Público ou do delegado de polícia, do colaborador e de seu defensor; V - a especificação das medidas de proteção ao colaborador e à sua família, quando necessário. Brasil, 2013.

probabilidade de a persecução penal ser beneficiada com as informações do colaborador.

Durante as negociações, como já mencionado, não há produção probatória, mas somente uma análise de verossimilhança sobre a versão do colaborador. Torna-se imprescindível, desde o primeiro momento, uma análise cuidadosa da coerência das informações e da possibilidade de corroboração externa[121].

Sobre a **necessidade** da colaboração premiada, deve o órgão investigador ou acusador verificar o quão indispensável é a medida para se chegar ao elemento de convencimento pretendido, devendo seu uso ser excepcional, porquanto "os institutos negociais são prejudiciais ao sistema criminal de um modo amplo, aportando pesados gravames e relativizações de direitos fundamentais e elementos essenciais do processo penal"[122].

Neste ponto, deve-se considerar também a complexidade da trama criminosa que se pretende desbaratar, pois corriqueiramente tais delitos são praticados com estruturas complexas e de modo que "não há testemunhas presenciais e as únicas pessoas que podem fornecer informações são os próprios envolvidos"[123].

A **proporcionalidade** deve ser entendida como o terceiro pressuposto de admissibilidade à colaboração premiada, em que o intérprete da norma jurídica deve efetuar um sopesamento concreto entre os potenciais resultados da delação e os direitos fundamentais a serem atingidos no caso.

Sobre este ponto, Vinicius Gomes de Vasconcellos propõe a vedação da colaboração premiada aos delitos de menor gravidade e a restrição do expediente aos agentes de menor reprovabilidade na trama criminosa, concluindo que "deve-se estabelecer limitação abstrata à admissibilidade do

---

121 Brasil, 2018, p. 147–148.

122 Vasconcellos, 2020.

123 Mendonça, 2013, p. 2.

instituto"[124].

A doutrina não é pacífica sobre a necessidade de **confissão** do delator como pressuposto para a celebração do acordo de colaboração premiada. Isso porque embora a interpretação teleológica da Lei n.º 12.850/13 induza o raciocínio de que o delator será sempre alguém envolvido na trama criminosa, ainda existem dois cenários possíveis: daquele que busca a não autoincriminação e daquele que aponte delitos de que tem conhecimento, mas não tenha participação.

Sobre o primeiro ponto, embora exista doutrina defendendo a dispensabilidade da confissão[125], o Superior Tribunal de Justiça possui precedente anterior à Lei n.º 12.850/13 concluindo pela sua necessidade: "o instituto da delação premiada incide quando o Réu, voluntariamente, colabora de maneira efetiva com a investigação e o processo criminal. Esse testemunho qualificado deve vir acompanhado da admissão de culpa [...]" (2010).

Apesar disso, parece certo que a redação atual do art. 3º-C, § 3º, da Lei n.º 12.850/13 (incluído pela Lei n.º 13.964/19), exige que o colaborador efetivamente confesse o delito objeto de colaboração, sem a possibilidade de resguardar a autoincriminação, conforme lecionam Masson e Marçal:

> A confissão, como pressuposto elementar da colaboração premiada, já era prevista em outras leis que tratam da matéria, mas a Lei do Crime Organizado era silente a esse respeito. Entrementes, com a Lei 13.964/2019 (Pacote Anticrime), inseriu-se na Lei 12.850/2013 o art. 3.º-C, § 3.º, segundo o qual: "No acordo de colaboração premiada, o colaborador deve narrar todos os fatos ilícitos para os quais concorreu e que tenham relação direta com os fatos investigados"[126].

Aliás, o mesmo dispositivo indica a direção a ser adotada quanto ao

---

124 Vasconcellos, 2020, p. 151.
125 Essado, 2013.
126 Masson; Marçal, 2021, p. 267.

segundo grupo de delatores (aquele que aponte delitos de que tem conhecimento, mas não tenha participação). Isso porque o conteúdo da colaboração premiada deve ter relação direta com os fatos investigados, ainda que o colaborador não tenha participado efetivamente do objeto da delação, como alerta Jardim "o 'prêmio' previsto no acordo não fica dependente da ajuda do colaborador na investigação de outras organizações criminosas ou de outros crimes estranhos ao seu inquérito ou processo"[127].

A necessidade de **incriminação de terceiros** com a colaboração premiada é outro ponto de celeuma, eis que embora os resultados previstos nos incisos do art. 4º[128], da Lei n.º 12.850/13, não sejam cumulativos, a essência do instituto costuma ser definida pelo ato de delatar o comparsa, já que o processo penal brasileiro – ao menos até o presente momento – não admite a justiça criminal negocial em sentido amplo, onde acusação e defesa negociam condenação e pena, independentemente das provas de autoria e materialidade.

Neste ponto, convém mencionar que além de tratar da colaboração premiada a Lei n.º 13.964[129] também criou novo mecanismo de justiça negocial: o Acordo de Não Persecução Penal (ANPP), regulado pelo art. 28-A, do CPP. Trata-se de instrumento processual que busca ampliar a possibilidade de negociação para a criminalidade não violenta, todavia não há condenação e nem pena, sendo previstas condições no acordo que –

---

127 Jardim, 2016, p. 5.

128 [...] desde que dessa colaboração advenha um ou mais dos seguintes resultados: I - a identificação dos demais coautores e partícipes da organização criminosa e das infrações penais por eles praticadas; II - a revelação da estrutura hierárquica e da divisão de tarefas da organização criminosa; III - a prevenção de infrações penais decorrentes das atividades da organização criminosa; IV - a recuperação total ou parcial do produto ou do proveito das infrações penais praticadas pela organização criminosa; V - a localização de eventual vítima com a sua integridade física preservada (grifo nosso). Brasil, 2013.

129 Brasil. 2019d.

cumpridas – não geram reincidência. Nucci lembra que "possuindo vários requisitos na lei para ser efetivado, não se pode equipará-lo a uma mera barganha entre acusação e defesa"[130].

Admitir a colaboração premiada sem a incriminação de comparsas seria a admissão da barganha penal oriunda do *common law* sem restrições, algo que não se extrai da leitura da Lei n.º 12.850/13. Neste sentido, Vinicius Gomes de Vasconcellos destaca que "a realização de acordos com o objetivo de obter a condenação (confissão) do colaborador precisa ser repudiada"[131].

Superados os pressupostos mínimos de existência do acordo de colaboração premiada, existem requisitos essenciais a sua validade. Retomando o acórdão paradigmático do *Habeas Corpus* n.º 127.483/PR tem-se que:

> Quanto ao plano subsequente da validade, o acordo de colaboração somente será válido se: **i)** a declaração de vontade do colaborador for a) resultante de um processo volitivo; b) querida com plena consciência da realidade; c) escolhida com liberdade e d) deliberada sem má-fé; e **ii)** o seu objeto for lícito, possível e determinado ou determinável (grifos originais)[132].

Acerca da voluntariedade do colaborador, trata-se de requisito essencial para a garantia de direitos à pessoa investigada ou acusada[133]. Não se deve confundi-la com a exigência de que o agente simplesmente procure a autoridade pública para delatar seus comparsas. Em verdade, este elemento está ligado somente à ausência de coação para a manifestação de vontade, ou como lembra Mendonça, "não pode ser fruto de coação, seja física ou psíquica, ou de promessa de vantagens ilegais não previstas no acordo"[134].

Aliás, importante esclarecer que no julgamento do *Habeas Corpus* n.º

---

130 Nucci, 2020, p. 71.

131 Vasconcellos, 2020, p. 159.

132 Brasil, 2015b. p. 1–154.

133 Mendes, 2020.

134 Mendonça, 2013, p. 8.

127.483/PR, o STF definiu expressamente que o fato de o delator se encontrar sob prisão cautelar não representa nenhuma coação a afetar a validade de sua colaboração premiada, isso porque o "requisito de validade do acordo é a liberdade **psíquica** do agente, e não a sua liberdade de **locomoção**" (grifos originais)[135].

Alguns pontos sensíveis devem ser mencionados sobre o dilema entre a voluntariedade e a liberdade do delator. O primeiro é que a prisão do colaborador, por si só, não representa coação como vício em sua manifestação de vontade, conforme já mencionado no acórdão paradigmático do STF.

É certo que se trata de fator de influência no ânimo do colaborador, entretanto, concluir que o preso (partindo da premissa que sua prisão seja fundamentada e lícita) esteja impedido de colaborar com a persecução penal acarreta uma situação de disparidade incontornável em relação ao investigado ou réu solto.

Por outro lado, ainda que cause alguma estranheza àqueles que antipatizam com o instituto, a realização do acordo de colaboração premiada costuma acarretar o afastamento do *periculum libertatis* que justificava a prisão cautelar, esvaziando seu sentido[136].

O segundo ponto é se o descumprimento do acordo acarreta nova restrição de liberdade do agente. A primeira – e tentadora – resposta seria de que se a liberdade se justificou com a colaboração, a quebra de confiança decorrente do descumprimento seria motivo bastante para a prisão cautelar.

Não se pode olvidar, entretanto, que a prisão preventiva possui pressupostos e fundamentos próprios (art. 312 e 313, do CPP) e que a Lei n.º 12.850/13 previu situações de rescisão do acordo (art. 4º, §§ 17 e 18), sem qualquer menção à decretação de prisão cautelar. Ademais, importante

135 Brasil. 2015b, p. 21.
136 Vasconcellos, 2020.

lembrar que desde o julgamento das ADI 43, 44 e 54, o STF tem repudiado hipóteses de "prisão cautelar automática", em atenção à presunção de inocência.

De igual modo, "é evidente que a prisão não pode ser determinada com o objetivo de obter a colaboração do imputado"[137]. Se de um lado, a prisão preventiva é esvaziada de sentido com a colaboração do indiciado ou réu, de outro não se cogita que uma prisão cautelar seja decretada com o fim – declarado ou escamoteado – de garantir a delação.

Neste cenário, os elementos de percepção indicam que os problemas empíricos observados entre prisão cautelar e colaboração premiada parecem mais decorrência do comportamento humano que do regramento do instituto, conforme destacam Suxberger e De Mello:

> Com base nisso, conclui-se que o verdadeiro problema na relação entre prisão preventiva e colaboração premiada não recai sobre os institutos em si, mas sobre os seus operadores. Tecnicamente, como se evidenciou, não há incompatibilidade entre prisão e colaboração. A prisão preventiva possui requisitos e fundamentos específicos, previstos pelo art. 312 do CPP, que, se observados, não autorizam a segregação como instrumento para forçar a colaboração. Em síntese, respeitadas as hipóteses de cabimento da prisão preventiva, não há como reduzir a prisão a um instrumento de coação, pois seus requisitos são incompatíveis com isso. Constata-se, portanto, que, se há, na prática, uma relação de causa e efeito entre a prisão e a colaboração, é porque a finalidade da prisão preventiva está sendo deturpada. A mácula estaria, assim, nos operadores, e não nesse instrumento de obtenção de provas que, como visto, além de muito importante no combate da criminalidade organizada, foi devidamente regulado pela Lei 12.850/2013[138].

Aliás, exatamente por conta dos diversos casos de uso abusivo de prisões

---

137 Vasconcellos, 2020, p. 170.

138 Suxberger, 2017 p. 220.

cautelares com intuito de se chegar à colaboração premiada é que a Lei n.º 13.964/19 incluiu na Lei n.º 12.850/13 a exigência de que o juiz deve analisar a "voluntariedade da manifestação de vontade, **especialmente nos casos em que o colaborador está ou esteve sob efeito de medidas cautelares**" (art. 4º, § 7º, IV, grifo nosso).

O segundo elemento de validade da colaboração é a **inteligência**, ou seja, o pleno conhecimento da realidade, a fim de que a opção adotada pelo colaborador seja baseada em elementos concretos e não possa alegar posteriormente ter sido enganado pelo órgão acusador.

Para tanto, é imprescindível que ele conheça das imputações que pesam contra si (fatos, capitulação legal e elementos de prova já amealhados pela autoridade policial ou pelo Ministério Público), bem como compreenda as consequências do acordo (abrangência das obrigações estabelecidas e benefícios concedidos) e que tenha conhecimento dos direitos e garantias que está renunciando (*v.g.* o direito ao silêncio)[139].

Também a **adequação** é um elemento de validade do acordo, mas agora não com o sentido de avaliação do cabimento ao caso concreto, e sim no sentido de exatidão das informações contidas no acordo, a fim de que o magistrado avalie a coerência do que foi narrado, bem como a existência de lastro probatório mínimo a justificar a concessão de benefícios legais.

Este ponto é especialmente sensível em razão de uma tendência que se tem observado de colher as declarações do delator e "reduzidas a termo e, posteriormente, juntada aos autos, como se documento fossem"[140]. Tais elementos informativos não possuem a natureza documental, devendo ser analisados primeiramente sobre a coerência lógica e, após, submetidos ao contraditório em juízo.

Também é importante destacar a necessidade de adequação, a fim de que

---

139 Vasconcellos, 2020.

140 Gomes Filho; Badaró, 2007, p. 181.

o julgador compreenda os limites fáticos e jurídicos da colaboração, bem como seus efeitos, já que a justiça negocial criminal não pode ultrapassar os limites da Lei n.º 12.850/13, conforme destaca Vasconcellos:

> Esse critério busca possibilitar um controle sobre a negociação, de modo a evitar "acordos sobre fatos" (*fact bargaining*) e "acordos sobre as imputações" (*charge bargaining*), visto que o sistema brasileiro somente permite (ao menos em teoria) acordos para redução da sanção penal (destaques originais)[141].

Por fim, é imprescindível à validade do acordo a **assistência de defensor técnico**, seja advogado ou defensor público. Isso deve ocorrer desde os prolegômenos da negociação, sob pena de vício de consentimento nos termos negociados. Este ponto foi devidamente definido pelo art. 4º, § 15[142], da Lei n.º 12.850/13, e não admite flexibilização.

---

141 Vasconcellos, 2020, p. 175.

142 Em todos os atos de negociação, confirmação e execução da colaboração, o colaborador deverá estar assistido por defensor.

2

OPERAÇÃO LAVA JATO E REFLEXOS EMPÍRICOS NA APLICAÇÃO DA LEI N.º 12.850/13

Aglutinada a compreensão sobre como a legislação ordinária – com grande atenção àquela anterior ao texto constitucional vigente, como é o caso do Código de Processo Penal em vigor – deve receber filtragem constitucional como condição de validade da norma jurídica, deve ser abordada a fonte empírica deste trabalho: as contribuições do andamento da Operação Lava Jato para a conformação da colaboração premiada aos direitos e garantias fundamentais.

Referida operação, cujo histórico será efetuado na sequência, tomou para si como símbolo inicial a luta contra a corrupção, especialmente – mas não apenas – em casos de desvios de dinheiro público ligados à Petrobrás S/A[143].

Embora o site do Ministério Público Federal inicie a linha do tempo[144] sobre a Operação Lava Jato a partir de 2014, existe farta pesquisa científica

---

143 Limongi, 2021.

144 Disponível em: *https://www.mpf.mp.br/grandes-casos/lava-jato/linha-do-tempo*. Acesso em 25 nov. 2022.

séria demonstrando que referida operação se iniciou bem antes. Neste sentido, pelo considerável poder de síntese, merece transcrição o histórico de Thainá Almeida de Freitas sobre o "nascimento" da Operação Lava Jato:

> Por meio do relatório do juiz da 13ª Vara Federal Criminal de Curitiba, observa-se que a investigação de origem foi iniciada nos inquéritos 2006.7000018662-8 e 2009.7000003250-0, onde se apurava crime de lavagem de dinheiro em Londrina – PR. Nos anos de 2008 e 2009, o ex-deputado federal José Mohamed Janene teria investido recursos de origem duvidosa na empresa Dunel Indústria e Comércio LTDA, por meio da CSA Project Finance LTDA.
>
> Rastreando a origem dos valores investidos em Londrina, foram identificados depósitos de Angel Serviços Terceirizados LTDA e de Torre Comércio de Alimentos LTDA, empresas, em tese, controladas por Carlos Habib Chater, depósitos esses realizados em quantias bastante altas.
>
> Essa parte é um ponto de relativa obscuridade quanto às informações prestadas em relação à "investigação-mãe". Pelo relatório do juiz, existiam indícios de crime de lavagem de capitais, utilizando as duas empresas citadas para o cometimento do delito, razão pela qual foi autorizada, em 11.07.2013, a interceptação telefônica e telemática de Carlos Habib Chater, de seus subordinados e de seus associados. Tal decisão foi proferida nos autos 5026387-13.2013.404.7000.
>
> Em consulta ao site do Tribunal Regional Federal da 4ª Região, o processo de investigação está protegido por sigilo, não sendo possível a visualização da fundamentação da decisão de autorização da interceptação telefônica, ou seja, não há como estabelecer uma relação entre os indícios de autoria e materialidade abordados pelo magistrado e os fatos concretos, nem é possível se verificar os motivos de prorrogação da interceptação ao longo do tempo.
>
> Ainda segundos as informações do relatório do juiz, a interceptação de Chater e seus agregados foi prorrogada sucessivamente até 17.03.2014. No curso da diligência, foram identificados indícios de novos delitos, além da lavagem de capitais. O magistrado sustenta a legalidade das prorrogações por meio da utilização da ementa de precedentes, quais sejam, a decisão de

recebimento da denúncia no Inquérito 2.424/RJ, de 2008, e o HC 99.619/RJ, de 2012, ambos do STF.

Como bem destacado por Leonardo Augusto Marinho Marques, os acontecimentos que vinculam a investigação de 2009 aos eventos de 2013 permanecem no sigilo e eventual conexão não foi esclarecida. De maneira quase instantânea, foi encontrada de forma fortuita outros operadores do mercado de câmbio, que realizariam transações com e da mesma forma que Chater. Assim, nasciam as Operações Lava Jato, Dolce Vita, Bidone e Casa Blanca, relacionadas a Chater, Nelma Mitsue Penasso Kodama, Alberto Youssef e Raul Henrique Srour, respectivamente.

No curso das interceptações, foi descoberto o envolvimento do ex-diretor da Diretoria de Abastecimento da Petrobras, Paulo Roberto Costa, por meio da doação de um veículo da marca Land Rover, modelo Evoque, feita por Alberto Youssef[145].

A partir da prisão preventiva de Paulo Roberto Costa, a Operação Lava Jato ganha o noticiário e começa a lançar fases sucessivas, que ficam nítidas na linha do tempo traçada pelo Ministério Público Federal.

Curiosamente, o próprio nome da operação já estava escolhido com antecedência, já que as explicações dadas pela força-tarefa de Curitiba sequer fazem sentido, ao associar um posto de combustíveis à Lava Jato:

> Ironicamente, o estabelecimento não tem e nem nunca teve um Lava Jato. O nome decorre de uma lavanderia de roupas que ainda funciona no local, um negócio lícito usado como fachada para um esquema de lavagem de dinheiro. Em cima da lavanderia ficava a Valortour, casa de câmbio que fazia operações legais e ilegais do câmbio negro, segundo as investigações[146].

Fato é que, em análise sobre a Operação *Mani Pulite*, na Itália, Moro anunciou ainda em 2004 sua admiração pelo uso exponencial de colaborações premiadas, estratégia central utilizada pela Operação Lava

---

145 Freitas, 2019, p. 194–195.

146 Londres, 2016.

Jato:

> A estratégia de ação adotada pelos magistrados incentivava os investigados a colaborar com a Justiça: A estratégia de investigação adotada desde o início do inquérito submetia os suspeitos à pressão de tomar decisão quanto a confessar, espalhando a suspeita de que outros já teriam confessado e levantando a perspectiva de permanência na prisão pelo menos pelo período da custódia preventiva no caso da manutenção do silêncio ou, vice-versa, de soltura imediata no caso de uma confissão (uma situação análoga do arquétipo do famoso "dilema do prisioneiro"). Além do mais, havia a disseminação de informações sobre uma corrente de confissões ocorrendo atrás das portas fechadas dos gabinetes dos magistrados. Para um prisioneiro, a confissão pode aparentar ser a decisão mais conveniente quando outros acusados em potencial já confessaram ou quando ele desconhece o que os outros fizeram e for do seu interesse precedê-los. Isolamento na prisão era necessário para prevenir que suspeitos soubessem da confissão de outros: dessa forma, acordos da espécie "eu não vou falar se você também não" não eram mais uma possibilidade (destaques originais)[147].

Moro também anunciou naquele artigo a outra ferramenta essencial de sua estratégia para processos assim: o uso da imprensa. Olhando em retrospectiva, é nítido que todas fases da Operação Lava Jato eram comunicadas à imprensa por meio de assessoria de imprensa especializada, bem como eram rotineiras as entrevistas coletivas de membros do Ministério Público Federal, época em que o noticiário político e jurídico foi absolutamente capturado pelo tema.

> Os responsáveis pela operação mani pulite ainda fizeram largo uso da imprensa. Com efeito: Para o desgosto dos líderes do PSI, que, por certo, nunca pararam de manipular a imprensa, a investigação da "mani pulite" vazava como uma peneira. Tão logo alguém era preso, detalhes de sua confissão eram veiculados no "L'Expresso", no "La Republica" e outros

---

147 Moro, 2004, p. 58.

jornais e revistas simpatizantes. Apesar de não existir nenhuma sugestão de que algum dos procuradores mais envolvidos com a investigação teria deliberadamente alimentado a imprensa com informações, os vazamentos serviram a um propósito útil. O constante fluxo de revelações manteve o interesse do público elevado e os líderes partidários na defensiva. Craxi, especialmente, não estava acostumado a ficar na posição humilhante de ter constantemente de responder a acusações e de ter a sua agenda política definida por outros.

A publicidade conferida às investigações teve o efeito salutar de alertar os investigados em potencial sobre o aumento da massa de informações nas mãos dos magistrados, favorecendo novas confissões e colaborações. Mais importante: garantiu o apoio da opinião pública às ações judiciais, impedindo que as figuras públicas investigadas obstruíssem o trabalho dos magistrados, o que, como visto, foi de fato tentado[148].

Este último ponto, como sabido, foi executado com grande precisão. De fato, o noticiário foi dominado pela Operação Lava Jato por anos e a opinião pública acompanhava os movimentos como se estivesse numa telenovela. Estudo jornalístico divulgado pela Universidade de São Paulo demonstra que entre março de 2014 e março de 2015, a Petrobras S/A foi capa do jornal *Folha de São Paulo* em todos os meses:

---

148 MORO, Sérgio Fernando. Considerações sobre a operação mani pulite. **Revista CEJ**, Brasília, v. 8, n. 26, p. 56–62, 2004. Disponível em: https://revistacej.cjf.jus.br/cej/index.php/revcej/article/view/625. Acesso em: 8 jun. 2021, p. 59, destaques originais.

Figura 2: Capas da Folha de São Paulo (mar/2014 a mar/2015)

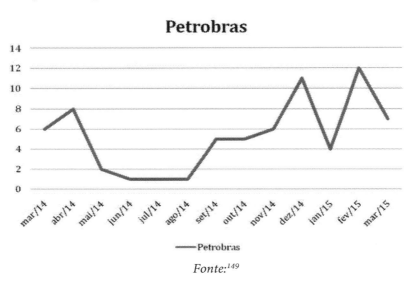

Fonte:[149]

Analisando rapidamente o gráfico, constata-se que houve uma alta quando surgiu a Operação Lava Jato e ocorreu a prisão cautelar de Paulo Roberto Costa, sucedida de um período de baixa. Novo período de alta recomeça com a divulgação dos acordos de colaboração premiada de Paulo Roberto Costa e Alberto Youssef, entre agosto e setembro de 2014.

Reforçando esta impressão, outro estudo que não se ateve às capas impressas, efetuou pela palavra-chave "Operação Lava Jato" por notícias entre 18 de março de 2014 e 18 de março de 2015: "A busca retornou 3.419 reportagens na Folha.com e 4.028 na Veja.com"[150]. Aliás, os autores observam que:

> Desde que o escândalo veio a público, os dois veículos analisados

---

149 Cioccari, 2015, p. 64.

150 Medeiros; Silveira, 2018, p. 14.

publicaram reportagens diariamente, não havendo um único dia sem uma publicação sobre a Operação Lava Jato. Isso caracteriza uma extensa e ampla cobertura jornalística, incluindo cadernos especiais com informações detalhadas e analíticas sobre a operação. No caso da Veja.com, um dos cadernos especiais contém 130 páginas. Além desse material, vídeos com entrevistas dos denunciados e outros envolvidos também foram disponibilizados para o público[151].

Convém lembrar que neste período ainda coexistiam 2 eventos que atraíam grande atenção da mídia: a Copa do Mundo de futebol e as eleições presidenciais brasileiras. O período de baixa mencionado no parágrafo anterior é justamente o período da Copa do Mundo, a segunda edição realizada no Brasil. Já o período eleitoral contou com fortalecimento da Operação Lava Jato e sua tão noticiada luta contra a corrupção.

Num mundo globalizado, com informação rápida disponível a qualquer pessoa que possuir um aparelho celular nas mãos e farta distribuição de notícias sobre a Operação Lava Jato em todas as mídias, significativa parcela da opinião pública assimilou o símbolo da luta contra a corrupção como necessidade primária da sociedade, pressionando todas as esferas de poder em apoio à mesma.

Colaborações premiadas eram noticiadas em *loop* infinito na grade de programação televisiva como se verdades absolutas fossem, conduções coercitivas eram vistas como "ato corretivo" pela malta, prisões preventivas eram celebradas como condenações e sentenças penais condenatórias eram compreendidas como mero ato confirmador da condenação já proferida pela opinião pública quando a "fase" da operação foi deflagrada. Trecho da Introdução da obra de Fabiana Alves Rodrigues bem demonstra como a abundância de informações e frentes investigativas era absorvida de modo caótico:

No mesmo dia do vazamento da delação de Delcídio do Amaral, a Lava Jato

---

151 Medeiros; Silveira, 2018, p. 15.

deixou sua impressão digital na vida de uma figura-chave no desenrolar dos eventos políticos que se seguiram até a deposição de Dilma Rousseff. O então presidente da Câmara dos Deputados, Eduardo Cunha (PMDB), passou a ser réu perante o Supremo Tribunal Federal pela acusação de receber propinas na contratação de dois navios-sonda da Petrobras. As contas no exterior onde estariam ocultados os proveitos da corrupção foram identificadas a partir do depoimento de Júlio Camargo, prestado após celebrar acordo de colaboração premiada homologado pela Justiça Federal do Paraná em novembro de 2014. No dia da tumultuada condução coercitiva de Lula, Eduardo Cunha foi surpreendido com uma segunda denúncia apresentada no Supremo Tribunal Federal[152].

Assim foi acontecendo a operação, com diversas fases de nomes criativos, com forte divulgação midiática em que extensas e pirotécnicas entrevistas coletivas eram realizadas na sequência da operação, oportunidade em que os entrevistados deixavam claro – tácita ou explicitamente – que acreditavam que o ex-Presidente da República Luiz Inácio Lula da Silva seria o chefe de todo esquema criminoso[153].

Além de argumento tangencial para o *impeachment* de Dilma Roussef da Presidência da República, também é notório que a Operação Lava Jato resultou na condenação e prisão de Lula e, posteriormente, sua retirada da corrida presidencial de 2018, resultando na eleição de Jair Bolsonaro, como bem sintetizou De Sá e Silva:

> In 2014, elections were highly polarized, and Dilma won by a tight margin, corruption being a big factor in the campaign. In 2015, Dilma faced mass protests – corruption, again, at the centre – and, in 2016, an impeachment process that she would not survive. In 2017, former president Lula da Silva was indicted and convicted for corruption and money laundering. In 2018, the Court of Appeals confirmed this sentence and sent him to prison. Months later, the Superior Electoral Court removed him from a presidential

---

152 Rodrigues, 2020, p. 2.

153 Bello; Capela; Keller, 2021, p. 1659–1660.

race that he was leading in all of the polls. The elections were eventually won by the former Army captain and far-right politician Bolsonaro[154] .[155]

Na sequência da eleição de Bolsonaro, os principais atores da Operação Lava Jato começaram a dar os primeiros sinais mais evidentes para a opinião pública de posição política. Ainda em 2018, antes da posse de Bolsonaro, Moro pediu exoneração do cargo de Juiz Federal para aceitar o convite do candidato eleito de assumir o cargo de Ministro da Justiça[156].

Sob o novo governo federal, a atuação do MPF na Operação Lava Jato seguiu funcionando, mas com muito menor atuação midiática. Em setembro de 2019, Augusto Aras se torna Procurador Geral da República apontando excessos na Operação Lava Jato[157]; em setembro de 2020, Deltan Dallagnol se afastou da coordenação da força tarefa; em fevereiro de 2021, a força tarefa foi desconstituída (com a incorporação de seus membros ao Grupo de Atuação Especial de Combate ao Crime Organizado – Gaeco), e, em novembro de 2021, Deltan Dallagnol comunica sua exoneração do *Parquet* Federal, para ingressar na vida político-partidária[158].

Neste meio tempo, *hackers* tiveram acesso a troca de mensagens entre membros do MPF e destes, em especial de Deltan Dallagnol, com Sérgio

---

154 De Sá e Silva, 2020b, p. 7.

155 Tradução do autor: "Em 2014, as eleições foram altamente polarizadas e Dilma venceu por uma margem apertada, sendo a corrupção um grande fator na campanha. Em 2015, Dilma enfrentou protestos em massa – corrupção, novamente, no centro – e, em 2016, um processo de impeachment ao qual não sobreviveria. Em 2017, o ex-presidente Lula da Silva foi indiciado e condenado por corrupção e lavagem de dinheiro. Em 2018, o Tribunal de Apelações confirmou essa sentença e o mandou para a prisão. Meses depois, o Tribunal Superior Eleitoral o afastou da disputa presidencial que liderava em todas as pesquisas. As eleições acabaram sendo vencidas pelo ex-capitão do Exército e político de extrema-direita Bolsonaro."

156 Fonseca, 2018.

157 Amato; Lis, 2019.

158 Bächtold, 2021..

Moro, sendo que a partir de junho de 2019 o jornal *The Intercept Brasil* publicou uma série de reportagens que foram batizadas de "Vaza Jato", demonstrando uma variedade de comportamentos indevidos do juiz do caso e de membros do MPF.

Os envolvidos no caso adotaram basicamente 3 teses defensivas: **a)** o vazamento das mensagens é fruto de ação criminosa, devendo ser desconsideradas; **b)** os aparelhos celulares dos envolvidos não continham mais as mensagens, sendo impossível conferir a autenticidade; e **c)** não havia nenhum conteúdo ilícito nas matérias tratadas[159].

Ainda que nenhum dos envolvidos tenha sido denunciado criminalmente, porquanto indiscutível a impossibilidade do uso de provas ilícitas com esta finalidade, é certo que nenhuma das teses se mostrou convincente, sendo perceptível o derretimento da credibilidade popular da Operação Lava Jato desde então.

Não se ignora que a Operação Lava Jato realmente demonstrou a existência de vários esquemas de corrupção organizados para se apropriar de dinheiro público por meio de contratos fraudulentos e/ou superfaturados. Este ponto é incontroverso.

A primeira questão que deve ser lembrada é que a corrupção está longe de ser um problema novo na história brasileira. A corrupção foi tema de absolutamente todas as campanhas à Presidência da República desde a redemocratização, sendo inclusive notável que o primeiro eleito (Fernando Collor de Mello) tenha feito campanha prometendo "acabar com os marajás" e tenha sido deposto do cargo anos depois justamente pela prática de corrupção[160].

Mesmo o período ditatorial – impregnado pela censura à imprensa livre

---

159 Lima; Pilau, 2022.

160 Fico, 2015, p. 118.

– teve vários casos de corrupção noticiados[161]. Aliás, em livro que conta a história da ascensão e queda da empresa Odebrecht[162], é noticiado que a primeira obra de relevo que esta empreiteira realizou na esfera federal foi justamente a construção da sede da Petrobras S/A, em negociação direta entre o General Ernesto Geisel (então Presidente da Petrobras S/A) e Norberto Odebrecht (então Presidente da empreiteira)[163].

Mesmo antes do Golpe de 1964, Jânio Quadros foi eleito Presidente da República sendo que "sua campanha foi marcada pelo símbolo da vassoura, que 'limparia' a corrupção do país"[164]. Tais problemas se repetem conforme se estuda a retrospectiva política do país, seja no período republicano ou imperial.

Aliás, mesmo no período colonial – em 1655 – o grande orador Padre Vieira proferiu o "Sermão do Bom Ladrão", demonstrando que a corrupção já era um mal que assolava essas terras e também o continente europeu:

> Não são só ladrões, diz o santo, os que cortam bolsas, ou espreitam os que se vão banhar, para lhes colher a roupa; os ladrões que mais própria e dignamente merecem este título, são aqueles a quem os reis encomendam os exércitos e legiões, ou o governo das províncias, ou a administração das cidades, os quais já com manha, já com força, roubam e despojam os povos. Os outros ladrões roubam um homem, estes roubam cidades e reinos: os outros furtam debaixo do seu risco, estes sem temor, nem perigo: os outros, se furtam, são enforcados, estes furtam e enforcam. Diógenes, que tudo via com mais aguda vista que os outros homens, viu que uma grande tropa de varas e ministros de justiça levavam a enforcar uns ladrões, e começou a bradar: "Lá vão os ladrões grandes enforcar os pequenos". Ditosa Grécia,

---

161 Freire, 2015.

162 Inicialmente uma empreiteira baiana, que se tornou um grupo empresarial com atividades diversificadas e notório envolvimento em atividades lícitas e ilícitas apuradas no curso da Operação Lava Jato.

163 Gaspar, 2020, p. 46–48.

164 Fico, 2015, p. 41.

que tinha tal pregador! E mais ditosas as outras nações, se nelas não padecera a justiça as mesmas afrontas. Quantas vezes se viu em Roma ir a enforcar um ladrão por ter furtado um carneiro, e no mesmo dia ser levado em triunfo um cônsul, ou ditador por ter roubado uma província! E quantos ladrões teriam enforcado estes mesmos ladrões triunfantes? De um chamado Seronato disse com discreta contraposição Sidônio Apolinar: *Non cessat simul furta, vel punire, vel facere*. Seronato está sempre ocupado em duas cousas: em castigar furtos, e em os fazer. Isto não era zelo de justiça, senão inveja. Queria tirar os ladrões do mundo, para roubar ele só (destaques originais)[165].

É nítido, portanto, que a corrupção é uma chaga que perpassa a história brasileira, inexistindo meios conhecidos de acabar completamente com a mesma, devendo-se investir em formas de publicidade e transparência dos atos e contratos públicos, bem como fortalecer as instituições de fiscalização.

A segunda questão importante de mencionar, desde logo, é que não se mostra relevante para a presente pesquisa o descrédito que acometeu a Operação Lava Jato por conta dos seguintes fatos: **a)** o pedido exoneração de Sérgio Moro da Justiça Federal para se tornar Ministro da Justiça de Jair Bolsonaro (principal opositor do candidato do Partido dos Trabalhadores – PT) e **b)** a divulgação de conversas bastante controversas entre o então magistrado federal e membros do Ministério Público Federal (e destes entre si), por meio de um consórcio de veículos de imprensa que se denominou "Vaza Jato".

É evidente que tais eventos abalam a credibilidade que deve ser atributo do Poder Judiciário, a fim de que suas decisões sejam respeitadas e cumpridas.

Ocorre que o objeto do presente estudo é a utilização da colaboração premiada como meio de obtenção de prova e seus efeitos concretos na

---

165 Bosi, 2011, p. 370.

Operação Lava Jato. Trata-se, em verdade, de um estudo dedicado à compreensão de um direito do suspeito ou réu (contribuir com a investigação ou acusação) e suas consequências tanto para o delator (limitação aos benefícios) quanto para o delatado (limites formais e materiais da colaboração premiada).

Neste cenário, convém centrar esforços no objeto da pesquisa, ainda que não se olvide da dinâmica política existente na Operação Lava Jato.

2.1. Breve histórico em comum entre a Operação Lava Jato e a evolução jurisprudencial da Lei n.º 12.850/13

Para a compreensão minimamente adequada da Operação Lava Jato, é imprescindível rememorar eventos marcantes que a precederam.

Em meados da década de 2000, o Brasil foi tomado pelo noticiário do grande escândalo nacional envolvendo o governo federal (então durante o primeiro mandato do Presidente Luiz Inácio Lula da Silva): o Mensalão.

Na ocasião, após o flagrante do recebimento de propina por parte de um correligionário[166] do seu partido, o então Deputado Federal Roberto Jefferson (PTB) acusou diversos parlamentares da base aliada do governo do recebimento de quantias periódicas como forma de manutenção do apoio parlamentar às propostas do Poder Executivo no Congresso Nacional. Após, houve a instauração de Comissão Parlamentar de Inquérito (CPI) e o oferecimento de denúncia perante o STF, em razão da prerrogativa de foro de parte dos investigados.

Em razão do volume de réus (constavam 40 pessoas na exordial acusatória, mas 2 deles já foram excluídos na decisão de recebimento da

---

166 Trata-se de Maurício Marinho, que ocupava cargo de Direção nos Correios e foi filmado recebimento dinheiro em espécie em sua sala de trabalho. O presente trabalho não se estendeu sobre este personagem porque o mesmo sequer foi um dos denunciados na Ação Penal n.º 470.

denúncia), bem como da quantidade e complexidade de fatos criminosos denunciados, a Ação Penal n.º 470 teve tramitação bastante lenta, período em que Joaquim Barbosa "ministro relator, oriundo do Ministério Público, cercou-se de **juízes federais auxiliares – inclusive o juiz Moro**, que futuramente conduziria o processo da Lava Jato – realizando a instrução do processo desde seus primeiros passos" (grifo nosso)[167].

Referida ação penal somente foi julgada em 2012 e, como esperado, o julgamento se arrastou por vários meses (entre agosto e dezembro). Como as sessões de julgamento do STF são transmitidas pela TV Justiça há anos, formou-se verdadeiro caldo de cultura sobre a necessidade da luta contra a corrupção. Ao final do julgamento, ainda que as acusações iniciais do *Parquet* não tenham sido acolhidas na íntegra, foram proferidas diversas condenações[168], numa confirmação do clamor público formado.

O Ministro Luís Roberto Barroso destaca que o julgamento da Ação Penal n.º 470 foi o marco inaugural de uma mudança de pensamento da sociedade civil:

> Se há uma novidade no Brasil, é uma sociedade civil que deixou de aceitar o inaceitável. A reação da cidadania impulsionou mudanças importantes de atitude que alcançaram as instituições, a legislação e a jurisprudência. A primeira delas foi o julgamento da Ação Penal 470, conhecida como o caso do "mensalão", marco emblemático da rejeição social a práticas promíscuas entre o setor privado e o poder público, historicamente presentes na vida nacional. O Supremo Tribunal Federal foi capaz de interpretar esse sentimento e, num ponto fora da curva – e que veio a mudar a curva –, decretou a condenação de mais de duas dezenas de pessoas, entre empresários, políticos e servidores públicos, por delitos como corrupção ativa e passiva, peculato, lavagem de dinheiro, evasão de divisas e gestão

---

167 Lima; Mouzinho, 2016, p. 509.

168 Brasil. 2012b.

fraudulenta de instituição financeira[169].

Não há como confirmar o pensamento do jurista – se a sociedade aceitava e deixou de aceitar a corrupção –, mas é inegável que houve grande engajamento popular no período, seja por meio de passeatas ou de movimentos organizados buscando influenciar todas as esferas de poder da República. Este caldo de cultura fez com que a sociedade civil movimentasse o Poder Legislativo, que aprovou a Lei n.º 12.850, de 2 de agosto de 2013, com a definição do crime de organização criminosa e a previsão de diversos meios de investigação criminal e meios de obtenção da prova para delitos de maior complexidade, chegando-se então à colaboração premiada – objeto do presente estudo.

Concomitante ao Mensalão, no Paraná tramitava o "Caso Banestado" em que se apuravam remessas ilegais de divisas, pelo sistema financeiro público brasileiro, para o exterior, ocasião em que ocorreu a primeira delação premiada de Alberto Youssef[170] perante a Justiça Federal. Aliás, Deltan Dallagnol é direto ao afirmar que "o Banestado plantou a semente da Lava Jato [...] foram feitos os primeiros acordos escritos de colaboração premiada da história brasileira, num total de 18"[171].

Segundo o Ministério Público Federal, a Operação Lava Jato é oriunda de desdobramentos das investigações do caso do Mensalão no Paraná. O próprio Dallagnol tenta sintetizar o nascedouro da última operação:

> A investigação começou no inquérito antigo sobre lavagem de dinheiro oriundo do Mensalão. Os recursos pertenciam a José Janene, ex-líder do PP

---

169 Barroso, 2019, p. 12-13.

170 Trata-se de um doleiro e empresário brasileiro, nascido em Londrina (PR) e com atuação empresarial em Curitiba (PR), envolvido em vários escândalos criminosos envolvendo evasão de divisas, lavagem de dinheiro e corrupção nas últimas décadas, como o escândalo do Banestado, a Operação Lava Jato e a transposição do Rio São Francisco.

171 Dallagnol, 2017, p. 24.

na Câmara dos Deputados e um dos pivôs daquele escândalo. Suspeitava-se que um investimento de pouco mais de 1 milhão de reais feito em 2008 na empresa Dunel, localizada em Londrina, no Paraná, havia sido realizado para lavar dinheiro sujo. A localização dessa empresa acabou determinando que as investigações aconteceriam na Vara Especializada em Crimes Financeiros e de Lavagem de Dinheiro em que atuava o juiz Sérgio Moro, em Curitiba, no Paraná.

O rastreamento da origem desses recursos mostrou que parte deles vinha da empresa CSA, controlada por Janene e Alberto Youssef, e parte de empresas em nome de laranjas controladas pelo doleiro Carlos Habib Chater. Uma delas era um posto de combustíveis, o Posto da Torre, em Brasília. Daí veio o nome da operação – Lava Jato –, numa referência ao serviço de limpeza de automóveis que costuma ser prestado em postos de gasolina, mas que não era realizado ali, onde o que havia era um grande esquema de lavagem de dinheiro[172].

Curioso perceber que o nome atribuído à Operação Lava Jato não diz respeito a seu cerne, mas sim a uma informação lateral das investigações, já que nem mesmo o chefe da Força-Tarefa afirma existir serviço de lavagem de veículos no posto de combustível que teria denominado na operação.

Fato é que as investigações sobre Alberto Youssef detectaram sua ligação com Paulo Roberto Costa[173], funcionário de carreira da Petrobras, que ocupou a Diretoria de Abastecimento da companhia entre 2004 e abril de 2012, havendo indícios de que o último tinha utilizado os serviços de doleiro do primeiro.

Assim, em 17 de março de 2014, foi deflagrada a 1ª fase da Operação Lava Jato, com 28 prisões (dentre as quais os doleiros: Nelma Kodama, Raul Srour, Alberto Youssef e Carlos Habib Chater), 19 conduções coercitivas e

---

172 Dallagnol, 2017, p. 60.

173 Trata-se de engenheiro e ex-diretor de Abastecimento da Petrobras, que se tornou conhecido pelo envolvimento no esquema de corrupção na estatal investigado pela Operação Lava Jato.

81 buscas e apreensões; apenas 3 dias depois, é realizada a 2ª fase da operação, com a prisão temporária de Paulo Roberto Costa e 6 buscas e apreensões[174].

Com suspeitos presos cautelarmente, os prazos processuais são mais exíguos e a operação ganhou ritmo frenético, com fases sucessivas, inúmeras prisões cautelares, mandados de condução coercitiva e de busca e apreensão.

Com tantos suspeitos de desvios de dinheiro público e tantas notícias sobre o caso, rapidamente a Operação Lava Jato ganhou enorme atenção do público, especialmente quando – em 19 de maio de 2014 – o ministro Teori Zavascki acolheu liminarmente a Reclamação n.º 17.623/PR[175], determinando a soltura de Paulo Roberto Costa e suspendendo a tramitação de inquéritos e ações penais, sob a alegação de possível violação de prerrogativa de foro de parlamentares.

Posteriormente, a operação seguiu com movimentação em todas as instâncias e, diante do avanço das investigações, iniciaram-se tratativas de negociação entre o Ministério Público Federal e a defesa de Paulo Roberto Costa, surgindo então o primeiro acordo de colaboração premiada:

> Já era tarde da noite de 27 de agosto, uma quarta-feira, quando, após intensas negociações, assinamos o acordo que estabelecia as regras da colaboração e os benefícios que o réu poderia alcançar. Para vincular os benefícios ao fornecimento de informações, provas e caminhos que Paulo Roberto já nos indicara, sugeri que o acordo tivesse anexos. Cada um continha um resumo de um fato ou da participação de uma pessoa nos crimes. Assim, o documento teria partes independentes que poderiam ser analisadas em separado. Caso fossem feitas buscas e apreensões em relação aos fatos de determinado anexo, apenas ele se tornaria público, sem prejudicar o sigilo necessário ao sucesso do resto da investigação. Essa tática

---

174 Brasil, 2022b.

175 Brasil. 2014.

se repetiria ao longo de toda a Lava Jato[176].

Com a iniciativa de Paulo Roberto Costa, Alberto Youssef "[...] viu sua posição se deteriorar consideravelmente [...] ele agora estava na pior situação possível, pois a cooperação de Paulo Roberto o implicava em incontáveis crimes [...]"[177].

Assim, em 24 de setembro de 2014, é a vez de Alberto Youssef firmar acordo de colaboração premiada com a Operação Lava Jato. Poucos dias depois, em 29 de setembro de 2014, o ministro Teori Zavascki homologou a colaboração premiada de Paulo Roberto Costa[178]. Já em 19 de novembro de 2014, foi a vez de Pedro José Barusco Filho[179] fechar seu acordo de colaboração premiada.

Aliás, convém mencionar que a colaboração premiada de Alberto Youssef foi homologada pelo Ministro Teori Zavascki somente em 19 de dezembro de 2014 e foi justamente contra este acordo que ocorreu a impetração do *Habeas Corpus* n.º 127.483/PR, que em agosto de 2015 seria apreciado pela primeira vez pelo Tribunal Pleno do STF, fixando diversas teses já mencionadas no capítulo anterior[180].

A partir de então a colaboração premiada passou a contar com certo grau de segurança jurídica, em que a acusação e a defesa tinham limites mais claros de atuação, conforme também delineados no capítulo anterior. Tal aspecto de segurança jurídica se consolidou ainda mais com a incorporação de diversos pontos firmados no julgamento do *Habeas Corpus* n.º

---

176 Dallagnol, 2017, p. 80.

177 Dallagnol, 2017, p. 82-83.

178 Rocha, 2014.

179 Trata-se de um engenheiro e ex-Gerente Executivo de Engenharia da Petrobras, que se tornou conhecido pelo envolvimento no escândalo de corrupção na estatal investigado pela Operação Lava Jato.

180 Canário, 2015.

127.483/PR pela Lei n.º 13.097 (2015) à Lei de Organização Criminosa.

Ainda assim, imperioso perceber a existência de enorme campo de negociação e ampla possibilidade de surgimento de questões que, mesmo que carentes de previsão legal explícita, devem contar com a filtragem constitucional para efetiva aplicação.

2.2. Colaboração premiada como método sistêmico de persecução penal

Ao iniciar o estudo sobre direito processual penal no Brasil, uma das primeiras coisas que se aprende é que – ressalvados casos de ação penal privada ou ação penal pública condicionada à representação – a investigação delitiva deve ocorrer *ex officio* e o oferecimento da denúncia é um dever do órgão de acusação, quando demonstrada a materialidade e presentes indícios suficientes de autoria.

Como estudado no capítulo anterior, a justiça criminal negocial não fazia parte da cultura processual cotidiana no Brasil, tratando-se de mecanismo alternativo de solução judicial que vem sendo introduzido no sistema jurídico brasileiro há décadas, com avanços e retrocessos.

Destarte, mesmo estudiosos do tema reconhecem que a justiça criminal negocial é uma alternativa reservada a casos excepcionais no Brasil, não se admitindo seu uso indiscriminado.

Neste sentido, o Estado só deve abdicar do processo penal tradicional em situações muito específicas, não se cogitando, por exemplo, a solução do litígio criminal com a mera admissão de culpa. Isso porque, com a ascensão dos direitos humanos, goza de razoável consenso na doutrina que o processo penal é um a garantia limitadora ao poder punitivo estatal[181] admitir de modo irrestrito que o trâmite processual seja abreviado pela confissão e/ou colaboração premiada seria o primeiro passo de retorno ao

---

181 Lopes Junior, 2020.

sistema inquisitivo:

> Não há na delação premiada nada que possa, sequer timidamente, associá-la ao modelo acusatório de processo penal. Pelo contrário, os antecedentes menos remotos deste instituto podem ser pesquisados no Manual dos Inquisidores. Jogar o peso da pesquisa dos fatos nos ombros de suspeitos e cancelar, arbitrariamente, a condição que todas as pessoas têm, sem exceção, de serem titulares de direitos fundamentais, é trilhar o caminho de volta à Inquisição (em tempos de neofeudalismo isso não surpreende)[182].

Deste modo, admitindo-se a constitucionalidade da colaboração premiada – o que não é unânime na doutrina – como é a posição do Supremo Tribunal Federal, é essencial a adoção de cautela em seu uso, a fim de não subverter as premissas básicas do processo:

> Pensa-se que, embora aparentemente haja um benefício ao colaborador que ocasionaria a redução do poder punitivo no caso específico, *as consequências danosas ao sistema de justiça criminal de um modo amplo são inquestionáveis*, por dois motivos: 1) a lógica da justiça negocial contamina o processo penal em sua essência, pois, em realidade, acarreta o "desaparecimento do processo", de modo a inviabilizar por completo a estruturação de uma dogmática processual penal limitadora do poder punitivo; e, 2) embora haja eventual redução da resposta penal ao colaborador (a qual, em muitos casos, pode ser mais aparente do que real), é inegável que a delação premiada causará a expansão do poder punitivo com a sua incidência facilitada em relação aos corréus incriminados, os quais padecerão diante do possível (e provável) esvaziamento de seu direito de defesa (destaques originais)[183].

Aliás, há tempos a doutrina destaca que a colaboração premiada não pode ser encarada como política pública de enfrentamento à macrocriminalidade, eis que não demonstra nenhum resultado real de

---

182 Prado, 2010, p. 73.

183 Vasconcellos, 2020, p. 57.

redução delitiva e contém os vícios já destacados:

> Abordado o problema no seu enfoque constitucional, há o gritante confronto constitucional do mecanismo de delação premiada, que se choca diretamente com as garantias do contraditório, da ampla defesa, da não auto-incriminação e do estado de inocência do acusado.
>
> O desvio de atenção dos reais problemas criminais, que é produzido pela utilização da delação premiada, é evidente. Não se analisa o que está na gênese da macrocriminalidade e com isso nenhuma política de combate efetivo à mesma é desenvolvida, ao contrário, mascara-se a realidade pela falsa impressão de que estão ocorrendo investigações e prisões. Mais que isso, acaba por ser fortalecido um dos fatores fundamentais do alavancar criminal no Brasil, o individualismo verde-amarelo, em que cada pessoa deseja obter vantagens, ainda que com o desmedido sacrifício dos demais integrantes da sociedade[184].

Apesar das restrições e alertas efetuados pelos estudiosos do processo penal brasileiro, observando-se o histórico da Operação Lava Jato é nítido o emprego da colaboração premiada como método sistêmico de persecução penal. Sobre este ponto, Fabiana Alves Rodrigues sintetiza bem:

> As informações divulgadas pela mídia revelam que, em dezembro de 2014, havia doze acordos de colaboração premiada celebrados pela Lava Jato, número que passou a quarenta em janeiro de 2016 e chegou a 158 em junho de 2017. Pelos dados oficiais da força-tarefa da Lava Jato do Ministério Público Federal, até setembro de 2019 havia 48 acordos de colaboração homologados em Curitiba, 37 no Rio de Janeiro e dez em São Paulo, além de 136 homologados pelo Supremo Tribunal Federal[185].

Aliás, embora a Operação Lava Jato esteja notoriamente distante de seu ápice, em consulta ao *site* do Ministério Público Federal[186] é fácil constatar

---

184 El Tasse, 2006, p. 277.

185 Rodrigues, 2020, p. 218–219.

186 Disponível em: http://www.mpf.mp.br/grandes-casos/lava-jato/resultados. Acesso em 13 ago. 2022.

que os números atuais ali anunciados são ainda maiores.

Fábio de Sá e Silva destaca que os acordos baseados na legislação recente foram um dos pilares de sustentação da Operação Lava Jato:

> Third, prosecutors made extensive use of plea deals, a recent feature of Brazilian criminal procedure. Through plea deals, prosecutors could discover new facts, even if unrelated to the original Petrobras corruption scheme, and start new investigative 'phases' or branches[187].[188]

É de se notar que, ainda que a utilização da colaboração premiada seja constitucional e seja regulada em lei, o então chefe da Operação Lava Jato de Curitiba reconhece que seu grande trunfo não é o aspecto jurídico, mas sim político, como forma de constrangimento aos Tribunais:

> Até os primeiros acordos, a Lava Jato era como um bebê de menos de 6 meses. Todos os dias em que permanecia viva, nós comemorávamos. Embora tivéssemos plena convicção de que a investigação fora conduzida regularmente, com todas as cautelas devidas, nenhuma atividade humana está imune a erros. No passado, várias outras grandes operações já tinham sido anuladas por tribunais com base em questões discutíveis ou de menor importância.
>
> As colaborações viraram o jogo. Agora, a eventual anulação da operação significaria determinar a devolução de centenas de milhões de reais aos criminosos. Um esquema de corrupção comprovado, de extensão e volume sem precedentes, ficaria impune. Ao decidir a anulação do caso, o Judiciário brasileiro, ao contrário do norte-americano, não reconhece expressamente que deve levar em conta os resultados sociais da decisão, mas, em todo lugar, os juízes são humanos. A anulação da investigação não agradaria a

---

187 De Sá e Silva, 2020b, p. 5.

188 Tradução do autor: "Em terceiro lugar, os promotores fizeram uso extensivo de acordos de delação premiada, uma característica recente do processo penal brasileiro. Por meio de delação premiada, o Ministério Público poderia descobrir novos fatos, mesmo que não relacionados ao esquema de corrupção original da Petrobras, e iniciar novas 'fases' ou ramificações investigativas."

mais ninguém, exceto aos criminosos e seus advogados. Era pouco provável que questões menos relevantes fossem usadas como pretexto para derrubar a operação. Isso faria os ventos soprarem a favor da Lava Jato, que tinha crescido o suficiente para resistir a novas investidas[189].

Inegável que a colaboração premiada representa um poderoso instrumento de investigação nos crimes de organização criminosa e colarinho branco, mormente considerando que os detalhes da criminalidade organizada costumam ser de difícil compreensão àqueles que não são seus integrantes.

Lembrando que as colaborações premiadas eram uma das peças de sustentação do modelo investigativo da Operação Lava Jato, Amanda Evelyn Cavalcanti de Lima demonstra que:

> O instituto da delação foi fundamental para que as investigações da Lava Jato avançassem. Sem elas, para os operadores, seria impossível montar uma narrativa coerente que ligasse os crimes cometidos e as pessoas envolvidas e a operação poderia ter um fim precoce, ou impacto restrito. Elas teriam, portanto, um efeito multiplicador – uma vez que, a cada colaboração homologada, outros investigados se sentiriam encorajados a também delatar – e também exponencial – uma vez que cada delação teria que envolver novos fatos e novos autores [...]. O encorajamento se daria pela possibilidade de não cumprir pena em regime fechado e também gerava uma corrida aos procuradores, uma vez que, a cada acordo homologado, novas fases aconteciam e os possíveis alvos eram ampliados[190].

Mesmo reconhecendo a importância da colaboração premiada para desvendar crimes de tamanha complexidade, observa-se que a força-tarefa da Operação Lava Jato se colocou voluntariamente diante de um paradoxo: se a colaboração premiada – com sua evidente flexibilização de punição aos colaboradores – se torna uma regra de modelo investigativo, a aplicação

---

189 Dallagnol, 2017, p. 85.

190 Lima, 2021, p. 164.

estrita da lei passa a ser uma exceção.

Num processo criminal ordinário, a carga probatória está com o órgão acusador; cabe a ele demonstrar a materialidade do crime e a autoria delitiva. Para tanto, pode se utilizar das mais variadas provas, inclusive testemunhas. À defesa cabe o direito de resistência, que pode ou não ser exercido, conforme já mencionado quando da análise do direito ao silêncio e de não autoincriminação.

Baseado na "estrutura dialética de Bulgaro de Sassoferrato", Aury Lopes Junior lança mão de gráfico que bem demonstra a estrutura tradicional do processo criminal, em que se exige do juiz o afastamento da esfera de atuação das partes:

Figura 3: Ônus da prova - Processo tradicional

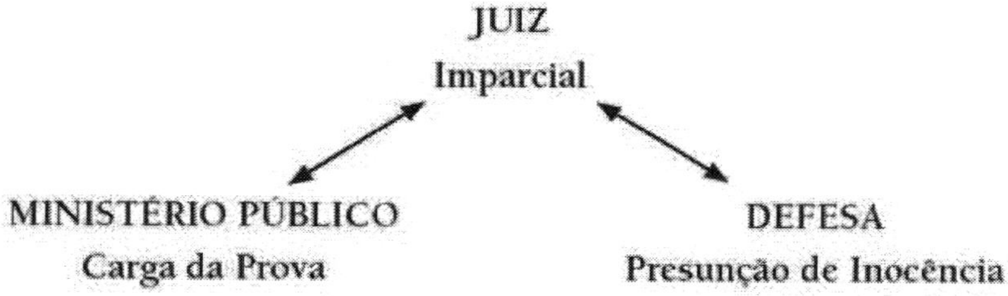

JUIZ
Imparcial

MINISTÉRIO PÚBLICO
Carga da Prova

DEFESA
Presunção de Inocência

Fonte:[191]

A partir do momento em que o órgão acusador passa a atuar corriqueiramente em conjunto com um ou mais réus, esvazia-se o conceito democrático, ante o nítido desequilíbrio de forças da relação, eis que a defesa passa a resistir não apenas à persecução penal, mas também à pretensão do colaborador que **idealmente** deve contribuir para o desbaratamento da organização criminosa, mas **individualmente** litiga para

---

191 Lopes Junior, 2018, p. 129.

assegurar os prêmios estabelecidos em seu acordo:

> Ou seja, embora em relação a ele formalmente se mantenha o processo, a prática dos acordos no Brasil tem demonstrado um esvaziamento do ônus probatório à acusação, o que, somado à não resistência da defesa, caracteriza cenário semelhante ao dos mecanismos de pena sem processo.
>
> [...]
>
> Além disso, os acordos de colaboração premiada, especialmente aqueles firmados no âmbito de operações como a Lava Jato (e assim homologados pelo Supremo Tribunal Federal), têm previsto cláusulas que fogem por completo dos limites impostos pelo ordenamento jurídico, caracterizando cenário em que se torna permitido ao acusador não se ater à legalidade para valorar juridicamente esses fatos[192].

Para além desta questão já deveras problemática ao **delatado**, os inúmeros acordos de colaboração premiada da Operação Lava Jato também criaram uma situação de impasse de difícil solução aos **delatores**: um dever de colaboração permanente, impreciso e indefinido.

Baseado nas previsões do art. 4º, §§ 9º[193] e 12[194], da Lei n.º 12.850[195], os acordos de colaboração premiada da Operação Lava Jato impuseram aos colaboradores um dever genérico de colaborar como auxiliar da persecução penal em qualquer situação futura. Exemplificando, consta no acordo de Paulo Roberto Costa (Anexo 1 deste trabalho):

> **Cláusula 15.** Para que do acordo derivem benefícios, ainda, o colaborador

---

192 Vasconcellos; Galícia, 2022, p. 1249.

193 Depois de homologado o acordo, o colaborador poderá, sempre acompanhado pelo seu defensor, ser ouvido pelo membro do Ministério Público ou pelo delegado de polícia responsável pelas investigações.

194 Ainda que beneficiado por perdão judicial ou não denunciado, o colaborador poderá ser ouvido em juízo a requerimento das partes ou por iniciativa da autoridade judicial.

195 Brasil, 2013.

se obriga, sem malícia ou reservas mentais, e imediatamente, a:

[...]

c) cooperar sempre que solicitado, mediante comparecimento pessoal a qualquer das sedes do MPF, da Polícia Federal ou da Receita Federal, para analisar documentos e provas, reconhecer pessoas, prestar depoimentos e auxiliar peritos na análise pericial;

[...]

Parágrafo único. A enumeração de casos específicos nos quais se reclama a colaboração do acusado não tem caráter exaustivo, tendo ele o dever genérico de cooperar, nas formas acima relacionadas, com o MPF ou com outras autoridades públicas por este apontadas, para o esclarecimento de quaisquer fatos relacionados ao objeto do acordo.

O acordo de colaboração premiada de Alberto Youssef conta com dispositivo com redação bastante similar na Cláusula 10, alínea "c" e § 1º (Anexo 2 deste trabalho). Item idêntico consta no acordo de Pedro José Barusco Filho (Anexo 3 deste trabalho).

Já de início é possível perceber uma questão bastante sensível neste dever de colaboração imposto ao delator; enquanto a colaboração premiada idealizada por lei organiza um sistema de barganha em que o suspeito fornece elementos de convencimento ao órgão acusador para que este obtenha provas sobre fatos conhecidos ao menos parcialmente, nos acordos da Operação Lava Jato a previsão é de que os colaboradores se tornem consultores *ad hoc* dos órgãos de persecução penal.

Por certo, as cláusulas em questão tentam delimitar a questão ao dispor que os esclarecimentos seriam de "quaisquer fatos relacionados ao objeto do acordo". Ocorre que os acordos não possuem uma cláusula delimitando seu objeto com precisão, podendo – no máximo – se extrair o objeto do seu preâmbulo, como se lê no acordo de Paulo Roberto Costa (Anexo 1 deste trabalho):

O Ministério Público Federal - MPF, por intermédio dos Procuradores Regionais da República e Procuradores da República abaixo-assinados, com delegação do Exmo. Procurador-Geral da República, e Paulo Roberto Costa, réu nas ações penais 5026212-82.2014.404.7000 5025676-7 1.2014.404.7000 e investigado em diversos procedimentos, incluindo a representação 5014901-94.2014.404.7000, todos em trâmite perante a 13ª Vara Federal Criminal da Subseção Judiciária de Curitiba, devidamente assistido por sua advogada constituída que assina este instrumento, formalizam acordo de colaboração premiada nos termos que seguem, **envolvendo os fatos investigados no Caso Lavajato assim como fatos novos que não são objeto de investigação e os que vierem a ser revelados em razão das investigações** (grifo nosso).[196]

O Coordenador da Força-Tarefa de Curitiba detalhou que os acordos de colaboração premiada da Operação Lava Jato foram organizados de modo que o conteúdo delatado fosse distribuído em anexos, a fim de que se tornasse melhor distribuído o trabalho e que o acesso às defesas fosse liberado a cada fase da referida operação[197].

Inegável a necessidade de melhor organização do conteúdo, especialmente diante de considerável volume de informações. Também não se ignora que a Súmula vinculante 14[198] garante ao defensor o acesso amplo aos elementos de prova já documentados no procedimento investigatório; assim, se o colaborador fornece informações úteis sobre várias outras pessoas, o acesso prematuro a elementos ainda não utilizados pela investigação pode realmente prejudicar seu andamento.

Deste modo, se o particionamento de informações em anexos atende à finalidade organizacional dos acordos e das investigações, há que se reconhecer que torna o objeto do acordo perigosamente fluido, impreciso e

---

196 Neste ponto, observa-se que o acordo de colaboração premiada de Alberto Youssef (Anexo 2) segue a mesma trilha. Forçoso reconhecer que o de Pedro José Barusco Filho (Anexo 3) contém cláusulas específicas (3ª e 4ª) para o objeto do pacto, todavia ainda há considerável imprecisão ao não limitar quais seriam os processos afetados.

197 Dallagnol, 2017..

198 Brasil, 2009.

incerto.

Esta preocupação não é de somenos importância, dado que os acordos contam com cláusulas de rescisão como: **a**) descumprir injustificadamente quaisquer cláusulas em relação às quais se obrigou[199], **b**) sonegar a verdade ou mentir em relação a fatos em apuração, em relação aos quais se obrigou a cooperar[200], e **c**) recusar a prestar qualquer informação de que tenha conhecimento[201].

A confecção de acordos nestes moldes mostra-se bastante temerária, inclusive contribuindo para posterior descrédito vivenciado pela Operação Lava Jato, eis que o delator deixa de ser aquele que apresenta meios de obtenção de provas ao órgão acusador, para se tornar um parceiro deste de modo perene, sob pena de seu acordo ser rescindido e perder os benefícios que pactuou.

No direito privado, cláusula prevendo que a recusa em prestar informação de que tenha conhecimento como motivo para a rescisão contratual seria entendida como condição puramente potestativa – art. 122[202], *in fine*, do Código Civil[203] – e, portanto, ilícita. Por ora, não se tem notícia de rescisão fundada nesta cláusula, mas há previsão similar em todos os acordos da Operação Lava Jato.

Nefi Cordeiro lembra que "cláusulas exorbitantes são típicas de contrato administrativo, com prerrogativa de Administração Pública, e ao tratar de

---

199 Anexo 1: Cláusula 23, alínea "a". Anexo 2: Cláusula 19, alínea "a". Anexo 3: Cláusula 18, alínea "a".

200 Anexo 1: Cláusula 23, alínea "b". Anexo 2: Cláusula 19, alínea "b". Anexo 3: Cláusula 18, alínea "b".

201 Anexo 1: Cláusula 23, alínea "c". Anexo 2: Cláusula 19, alínea "c". Anexo 3: Cláusula 18, alínea "c".

202 São lícitas, em geral, todas as condições não contrárias à lei, à ordem pública ou aos bons costumes; entre as condições defesas se incluem as que privarem de todo efeito o negócio jurídico, ou o sujeitarem ao puro arbítrio de uma das partes.

203 Brasil, 2002a.

persecução criminal negociada, essa condição se faz presente"[204], mas ressalva que em contratos administrativos comuns tais cláusulas dispensam a atuação do Poder Judiciário, traduzindo-se em poder próprio do Estado para garantir a autoexecutoriedade da avença.

Isso leva à conclusão de que ao estabelecer um dever genérico e permanente de colaboração – suscetível de ruptura do pacto – cria-se um mecanismo questionável que esvazia a própria finalidade do acordo, pois retira toda e qualquer segurança jurídica do delator acerca dos benefícios negociados[205].

Por tudo o que já foi mencionado, nota-se que as balizas da justiça criminal negocial somente começaram a ser mais utilizadas pelas partes envolvidas quando houve melhor delimitação do escopo do acordo e dos prêmios envolvidos. Neste sentido, cláusulas negociais como as referidas somente aumentam a incerteza e contribuem para a insegurança do instituto.

Aliás, do modo como a Operação Lava Jato desenvolveu os acordos, o colaborador ficaria na inaceitável condição processual de cumprir uma pena indefinidamente provisória (enquanto pendentes seus processos e outros em que se comprometeu a colaborar), já que poderia ter reconhecido descumprimento do acordo e perder os benefícios pactuados[206].

Exatamente por esta razão, especialmente considerando a necessidade de controle judicial sobre o pedido de rescisão do acordo, entende-se que "as cláusulas de dever genérico e permanente devem ser interpretadas de modo restritivo, relacionando-se somente aos fatos e deveres especificamente elencados no acordo"[207], pois seria inconcebível um pacto perpétuo entre o órgão acusador e o investigado, devendo as cláusulas da

---

204 Cordeiro, 2020, p. 175.

205 Vasconcellos, 2020.

206 Cordeiro, Nefi. **2020**.

207 Vasconcellos, 2020, p. 217.

delação ser vinculadas exclusivamente os fatos estritamente apurados nas investigações já materializadas[208].

Observa-se, portanto, que a Operação Lava Jato se utilizou de sucessivas colaborações premiadas como método sistêmico de investigação, o que desde logo subverte a lógica excepcional da medida. Entretanto, o maior risco é outro e foi plenamente assumido pelos órgãos de acusação; como considerável parcela dos alvos da operação firmou acordo com o Ministério Público, os réus acabaram – informalmente – divididos em 2 grupos: os **delatores** (para quem a vigência da lei processual era afastada por cláusulas contratuais) e os **delatados** (que além de enfrentar as novidades da Lei 12.850/13 ainda tinham a carga acusatória dos delatores, que precisavam garantir os prêmios pactuados).

Canotilho e Brandão lecionam que esse procedimento realizado sucessivamente acaba por formar um sistema autopoiético, que se reproduz à margem dos direitos e garantias fundamentais do processo penal ordinário:

> O problema – um problema central da colaboração premiada – é que a investigação e a instrução do processo penal colaborativamente conformado acabam por se transformar num *sistema autopoiético* que se reproduz a ele próprio tendencialmente à margem dos princípios estruturantes da ordem jurídico-constitucional: separação de poderes, distribuição de competências, observância da legalidade, do princípio da isonomia, criação de privilégios e imunidades desrazoáveis, do princípio da conexão ou conectividade da prova e do crime, obtenção de meios de prova e valoração dos meios de prova. No caminho, perde-se o rasto à "reserva de juiz", à "reserva do ministério público", à "reserva judicial de execução da sentença" e à distinção entre prisão preventiva da natureza cautelar e prisão preventiva – pena. A gravidade da circularidade autopoiética traduz-se, por isso, na criação de um sistema processual apócrifo, cada vez mais auto-reprodutivo à medida que se multiplicam os "memorandos de

---

208 Rosa; Bermudez, 2019.

entendimento" entre as várias partes do processo (destaques originais)[209].

Este cenário influenciou fortemente o andamento da Operação Lava Jato que, além da forte exposição midiática, contou com diversas questões desconhecidas até então (algumas detalhadas nos capítulos seguintes) e que – pela própria novidade legislativa – careciam de filtragem constitucional para adequada aplicação.

2.3. Possíveis benefícios ao colaborador

Havendo certeza da condenação, o principal interesse do futuro condenado é garantir benefícios em sua pena. Neste sentido, é natural que o escopo premial dos acordos de colaboração premiada sejam fortemente vinculados à punição do colaborador.

Como mencionado no histórico sobre a evolução legislativa da colaboração premiada como modalidade de justiça criminal negocial, o principal fator de insegurança de antes da Lei n.º 12.850/13 era a ausência de negócio jurídico processual entre os envolvidos, permanecendo a situação do delator ao talante do magistrado:

> O magistrado tem absoluta liberdade, decorrente da hermenêutica que se realizou sobre a normatividade existente, em muitas hipóteses, de optar se concede ou não a delação premiada, mesmo que o acusado tenha auxiliado na investigação dos fatos. Em optando por concedê-la, tem ainda uma margem absolutamente espetacular de discricionariedade, que permite aplicar benefícios efetivos ou meramente conceder melhoras insignificantes na condição da pessoa então condenada.
>
> Mesmo quando se está diante de leis em que ocorre uma diminuição na margem de liberdade do julgador, o mesmo permanece com um campo absolutamente amplo de atuação discricionária, quanto ao âmbito do

---

209 Canotilho; Brandão, 2017, p. 139.

benefício a conceder.

Desta forma, a negociação realizada entre a polícia ou o Ministério Público e o acusado, com promessas variadas para que este colabore com as investigações, nada mais representa que promessas, que poderão não se cumprir, e, em geral, efetivamente não têm se cumprido[210].

Este problema encontra bom encaminhamento com a previsão de negócio jurídico processual entre as partes, em que são estabelecidos prêmios com declaração de vontade daquele que representa a vontade do Estado na persecução penal. A fixação da pena – caso exista – ainda deve ser feita pelo magistrado, mas sob critérios pré-estabelecidos no pacto.

Pela natureza do instituto, não sendo o caso de perdão judicial ou de não oferecimento da denúncia, é de se pressupor que o colaborador tenha à frente uma sentença condenatória, já que necessariamente reconheceu a própria autoria delitiva e forneceu elementos de materialidade:

> A hipótese de absolvição é, em princípio, logicamente incompatível com a prévia homologação do acordo de delação uma vez que os resultados previstos legalmente e assim exigidos constituem indicação notável da autoria e materialidade. [...] De fato, a preponderância que a lei conferiu à delação em face do próprio processo indica ser ela o próprio vetor de interpretação das normas, a tal ponto que o conteúdo da delação acaba passando a ser mais relevante socialmente que a condenação para a qual está ou deverá estar direcionada[211].

Assim, sendo imprescindíveis à colaboração premiada a confissão do delito e o fornecimento de elementos de corroboração da versão apresentada, por decorrência lógica deve ocorrer a condenação e o desafio seguinte é a fixação da pena do infrator.

Tradicionalmente, a individualização da pena acontece em 3 etapas,

---

210 El Tasse, 2006, p. 276.

211 Dipp, 2015, p. 56–57.

quais sejam, a legislativa, a judiciária e a executória:

> A individualização da pena desenvolve-se em três etapas distintas. Primeiramente, cabe ao legislador fixar, no momento de elaboração de tipo penal incriminador, as penas mínima e máxima, suficientes e necessárias para a reprovação e prevenção do crime. É a individualização legislativa. Dentro dessa faixa, quando se der a prática da infração penal e sua apuração, atua o juiz, elevando o montante concreto ao condenado, em todos os seus prismas e efeitos. É a individualização judiciária. Finalmente, cabe ao magistrado responsável pela execução penal determinar o cumprimento individualizado da sanção aplicada. (...) É a individualização executória[212].

Acerca da etapa legislativa de individualização da pena, a Lei n.º 12.850/13 elege como primeiro ponto relevante para os prêmios do colaborador o momento em que ocorre o acordo: se antes ou após a sentença.

Caso o pacto seja anterior à sentença, é possível: **a)** o perdão judicial (art. 4º, *caput*); **b)** a redução de até 2/3 da pena privativa de liberdade (art. 4º, *caput*); **c)** a substituição de pena privativa de liberdade por restritiva de direitos (art. 4º, *caput*); e **d)** o não oferecimento da denúncia, desde que o réu não seja líder da organização criminosa e seja o primeiro a prestar efetiva colaboração (art. 4º, § 4º).

Sendo a avença posterior à sentença condenatória, a Lei n.º 12.850/13 elenca como possíveis prêmios: **e)** a redução de pena em até metade; e **f)** a progressão de regime, ainda que ausentes os requisitos objetivos (art. 4º, § 5º).

À exceção das hipóteses do art. 4º, §§ 4º e 5º, da Lei n.º 12.850/13, em que não há denúncia ou já há sentença, as demais situações demandam análise jurisdicional no momento da sentença. Neste ponto, é importante ter em mente que "o benefício de deixar de oferecer denúncia não se equipara ao arquivamento e tem a natureza jurídica de acordo substitutivo

---

212 Nucci, 2011, p. 37–38.

(negócio jurídico), sendo forma de exercício especial da ação penal"[213].

Importante lembrar que as possibilidades de benefícios não são de livre escolha dos negociantes, mas que o órgão de acusação deve – tendo em consideração os interesses públicos envolvidos – avaliar se a colaboração premiada alcançou um ou mais dos resultados previstos no art. 4º, *caput*, I a V, bem como ponderar "a personalidade do colaborador, a natureza, as circunstâncias, a gravidade e a repercussão social do fato criminoso e a eficácia da colaboração" (art. 4º, § 1º).

O art. 59, do Código Penal (anterior à Constituição de 1988), enuncia vários elementos judiciais que devem ser sopesados no momento da fixação da pena-base. Vetores como a personalidade do agente são objeto de inúmeras críticas, porque eminentemente vinculados ao Direito Penal do Autor, incompatível com a responsabilidade penal do fato.

Não se ignora que a jurisprudência consolidada admite a avaliação da personalidade do agente como elemento modulador da pena, tornando a discussão estéril. Alerta-se, entretanto que deve-se evitar a todo custo a utilização de conceitos vagos e padronizados para a valoração negativa deste elemento, porquanto – em julgamento oriundo de recurso da Operação Lava Jato – o Superior Tribunal de Justiça concluiu que "é necessário que sejam apresentados fatos concretos e individualizados que indiquem o desvio de caráter do acusado, não se prestando a esse desiderato meras referências genéricas"[214].

Esclarecida a necessidade inicial de explicitar fundamentadamente a análise acerca de elementos como a personalidade do colaborador, a natureza, as circunstâncias, a gravidade e a repercussão social do fato

---

213 Dalla; Wunder, 2018. ISSN: 1982-7636. DOI: 10.12957/ redp.2018.33460. Disponível em: http://www.e-publicacoes.uerj.br/ index.php/redp/article/view/33460. Acesso em: 05 jun. 2022, p. 139.

214 STJ (5ª Turma). **Agravo Regimental no Recurso Especial n.º 1.768.487/RS**. Rel. Ministro Felix Fischer. DJe 23/09/2020. Brasília (DF), 15 set. 2020.

criminoso e a eficácia da colaboração, passa-se à questão da absoluta ausência de critérios na Lei n.º 12.850/13 para a escolha de qual benefício conceder ao colaborador e em qual intensidade.

Diante do silêncio legislativo, é papel da doutrina encontrar algum critério para aplicação concreta, sob pena de converter o Direito em voluntarismo ou arbítrio. Neste ponto, De-Lorenzi apresenta interessante a ideia de selecionar a **espécie** de prêmio por parâmetros ligados ao *fato*, como natureza e gravidade dos delitos, enquanto a **quantidade** do benefício estaria vinculada à *eficácia* da colaboração:

> Ter-se-ia, portanto, um método bifásico de determinação do benefício: (1) na primeira fase, deveria ser escolhida a qualidade do benefício com base na valoração dos requisitos ligados ao fato; (2) na segunda fase, deveria ser determinada a quantidade do benefício, com base na valoração da eficácia da colaboração. Esse método teria de ser utilizado já pela autoridade pública envolvida na celebração do acordo e posteriormente submetido a controle judicial[215].

Aliás, a própria Lei n.º 12.850/13, ainda que tangencialmente, traz diretrizes similares à proposta pelo jurista ao disciplinar a possibilidade de não oferecimento da denúncia ao colaborador que não for o líder da organização criminosa (qualidade) e for o primeiro a prestar efetiva colaboração nos termos deste artigo (eficácia).

Destarte, o não oferecimento da denúncia e o perdão judicial devem ser prêmios reservados apenas a casos excepcionalíssimos, sob pena de descrédito da legislação e dos órgãos de persecução penal. Neste sentido, Gilmar Mendes alerta:

> O não oferecimento de uma denúncia não deriva de um ato de vontade do promotor, mas decorre de um pedido fundamentado e aceito pelo juiz da causa, que pode exigir a reapreciação do caso por parte do procurador geral (art. 28, CPP), cuja opinião, apesar de vincular o judiciário, não prescinde

---

215 De-Lorenzi, 2019, p. 23.

de sua decisão[216].

Estabelecidas as premissas legais, genericamente na dosimetria de pena cabe "ao juiz, a tarefa de resolver, no caso concreto, a questão que o legislador teve que resolver genericamente"[217]. No caso da colaboração premiada, há outro ponto importante, eis que não pode o magistrado se guiar unicamente pelos vetores legais, sendo necessário que a fixação da pena considere os prêmios estipulados na avença, eis que representam a manifestação de vontade estatal pactuada em negócio jurídico processual:

> Homologando o acordo, o juiz não se limita a declarar a sua validade legal, mas também, de certo modo, assume um compromisso em nome do Estado: ocorrendo a colaboração nos termos pactuados e sendo ela eficaz, em princípio devem ser outorgadas ao réu colaborador as vantagens que lhe foram prometidas[218].

Neste momento, imprescindível a observância do princípio da fundamentação das decisões judiciais, pois "se, por um lado, concedeu-se liberdade de atuação ao juiz para concretizar o jus puniendi, por outro, exigiu-se que prestasse contas de sua decisão, elencando os motivos e as razões que a ensejaram", pois "a defesa e a acusação têm o direito de saber por quais caminhos e com quais fundamentos o juiz chegou à fixação da pena definitiva"[219].

Assim, os prêmios estabelecidos no acordo homologado vinculam o magistrado no momento da fixação de pena do colaborador. Ocorre que, como será abordado na sequência, existem pactos com benefícios não

---

216 Mendes, 2019, p. 245–246.
217 Arruda; Flores, 2020, p. 503.
218 Canotilho; Brandão, 2017, p. 150.
219 Arruda; Flores, 2020, p. 505–507.

previstos em lei que foram homologados.

2.3.1. Adequação de benefícios previstos em lei

O não oferecimento da denúncia é o único dos benefícios previstos em lei que dispensa a atuação jurisdicional, eis que não é dada ao Poder Judiciário a possibilidade de determinar ao *Parquet* a realização desta atividade. Trata-se de evidente inovação legislativa sobre a colaboração premiada que – até a Lei n.º 12.850/13 – condicionava a concessão de todo e qualquer prêmio à manifestação do juiz:

> Surge então, de modo expresso, a prerrogativa ministerial de negociar direito próprio, como titular da ação pública: poderá não denunciar, poderá renunciar a seu privativo direito persecutório. Aqui barganha o Ministério Público favor que se encontra em sua competência exclusiva, negocia o direito de ação – favor ministerial[220].

Deste modo, pactuando o benefício do não oferecimento de denúncia, garante-se ao colaborador uma manifestação de vontade estatal que reconhece a impossibilidade de seu processamento em decorrência da relevância de sua colaboração. Eventual denúncia após acordo desta natureza somente é possível em caso de rescisão.

Quanto aos demais prêmios, o perdão judicial, como regra geral, é uma causa de extinção de punibilidade genérica (art. 107, IX, do Código Penal). Exemplo legislativo ocorre na hipótese de homicídio culposo, quando "o juiz poderá deixar de aplicar a pena, se as consequências da infração atingirem o próprio agente de forma tão grave que a sanção penal se torne desnecessária" (art. 121, § 5º, do Código Penal).

Perdão judicial como o exemplificado decorre de decisão unilateral do magistrado que avalia o caso concreto e o preenchimento dos requisitos legais. Já o perdão judicial como prêmio da colaboração premiada é

---

220 Cordeiro, 2020, p. 143.

eminentemente um negócio jurídico processual, portanto ato bilateral em que acusação e defesa acordam o resultado da ação para o colaborador.

No caso de avença do perdão judicial como prêmio, ao contrário do não oferecimento da denúncia, o colaborador deve responder toda a ação penal, para só no momento da sentença receber o benefício. Esta questão, contudo, já é objeto de estudos sobre a forma de diálogo das fontes[221], com fundamento no art. 3º[222], do CPP, a fim de que o processo criminal possa se utilizar de instrumentos afins, como a previsão de "julgamento antecipado parcial do mérito" do art. 356[223], do CPC[224], sendo o colaborador perdoado ainda durante o trâmite da ação para os demais réus:

> No entanto, pode ser que, dependendo do caso concreto, essa sentença (de extinção da punibilidade) não precise ser proferida exatamente ao final do processo e em conjunto com a sentença (absolutória ou condenatória) correspondente aos demais corréus delatados.
>
> Em outras palavras, pode ser que, diante da pouca relevância da sua participação na organização criminosa, ou em virtude da sua enorme contribuição à investigação, os resultados do acordo celebrado com o réu colaborador (com quem foi negociado o benefício do perdão judicial) sejam atingidos após a denúncia, mas antes do término do processo, ensejando,

---

221 A teoria do diálogo das fontes busca afirmar a possibilidade que fontes jurídicas plurais convivem num ambiente jurídico complexo e a tarefa do jurista é, exatamente, a de coordenação das mesmas entre si para a melhor aplicação do Direito, não importando a conexão de áreas temáticas, com resultados mais próximos da eficiência, da justiça e da efetividade dos direitos fundamentais (Bittar, 2022).

222 A lei processual penal admitirá interpretação extensiva e aplicação analógica, bem como o suplemento dos princípios gerais de direito.

223 Art. 356. O juiz decidirá parcialmente o mérito quando um ou mais dos pedidos formulados ou parcela deles: I - mostrar-se incontroverso; II - estiver em condições de imediato julgamento, nos termos do art. 355. Brasil, 2015.

224 Brasil, 2015

portanto, a possibilidade de uma sentença incidental[225].

Aliás, importante perceber que embora a legislação processual penal não tenha cuidado diretamente do julgamento antecipado parcial de mérito do colaborador, o art. 4º, § 12[226], da Lei n.º 12.850/13, dá margem a esta compreensão.

Destarte, não obstante persista o requisito da relevância da colaboração para que o réu seja merecedor do perdão judicial, há que se reconhecer a possibilidade de abreviação da marcha processual em relação ao mesmo.

Em relação à possibilidade de redução de até 2/3 (dois terços) de pena privativa de liberdade, deve-se lembrar que o sistema trifásico adotado pelo art. 68, do Código Penal, estabelece como fases: a) a fixação da pena-base; b) a incidência de atenuantes e agravantes; e c) a aplicação de causas de aumento e diminuição.

Assim, "a redução de até 2/3 deve ser entendida como uma causa especial de redução de pena de caráter procedimental, que deve incidir na fixação da pena definitiva (terceira fase)"[227].

Neste ponto, merece destaque a necessidade de precisão das cláusulas estabelecidas no acordo de colaboração premiada, a fim de que a contribuição esperada do colaborador seja bem delineada e o patamar de redução seja claro. Somente assim haverá segurança jurídica no momento da prolação da sentença.

Já em relação à substituição de pena privativa de liberdade por restritiva de direitos, o Código Penal (art. 44) estabelece diversos requisitos gerais (incisos I a III), sendo a restrição a penas não superiores a 4 anos (inciso I) certamente o principal limitador para este benefício em relação às

---

225 Dalla; Wunder, 2018, p. 139.

226 Ainda que beneficiado por perdão judicial ou não denunciado, o colaborador poderá ser ouvido em juízo a requerimento das partes ou por iniciativa da autoridade judicial

227 De-Lorenzi, 2019, p. 313–314.

organizações criminosas.

A Lei n.º 12.850/13, todavia, não estabelece requisito temporal, possibilitando que a substituição de pena alcance o colaborador, bastando demonstrar que a colaboração alcançou um ou mais dos seguintes resultados (art. 4º):

> I - a identificação dos demais coautores e partícipes da organização criminosa e das infrações penais por eles praticadas;
> II - a revelação da estrutura hierárquica e da divisão de tarefas da organização criminosa;
> III - a prevenção de infrações penais decorrentes das atividades da organização criminosa;
> IV - a recuperação total ou parcial do produto ou do proveito das infrações penais praticadas pela organização criminosa;
> V - a localização de eventual vítima com a sua integridade física preservada.

Novamente, cabe destacar a necessidade de um acordo bem explicitado, a fim de salvaguardar os interesses de acusação e defesa, para observância da segurança jurídica do caso concreto.

Para os casos em que a colaboração premiada ocorre após a sentença, a legislação restringe os prêmios possíveis. Trata-se de opção legislativa como marco divisório da influência da contribuição do indivíduo à persecução penal, ao estabelecer que "se a colaboração for posterior à sentença, a pena poderá ser reduzida até a metade ou será admitida a progressão de regime ainda que ausentes os requisitos objetivos" (art. 4º, § 5º, da Lei n.º 12.850/13).

Importante notar que as restrições às vantagens após a sentença partem da presunção de que o colaborador já estaria condenado e, portanto, verificou-se a existência de provas de autoria e materialidade sem qualquer contribuição do réu. Esta ausência de proatividade merece prêmio aquém do que aquele que contribuiu desde o início do feito, sob pena de igualar situações desiguais.

Além de envolver a análise de custo-benefício da colaboração[228], a estratégia processual da defesa deve considerar também a restrição do prêmio para concluir qual o melhor momento da colaboração[229]. Caso fosse diferente, seria ridículo o estímulo para a colaboração no princípio da ação penal, porquanto "valeria o risco de aguardar o andamento da ação penal para somente após a sentença negociar seus prêmios com base naquilo que o réu tem conhecimento dos fatos criminosos e o limite de provas da acusação"[230].

Também deve-se considerar que, sendo a homologação do pacto posterior à sentença (já fora proferida), torna-se ato judicial sobremaneira mais sensível, já que o acordo deve considerar também os resultados acerca de elementos já decididos e considerar tais vetores na modulação do benefício.

Observadas tais premissas, retoma-se que o primeiro benefício legal estabelecido a quem colabora após a sentença é a redução de até metade da pena privativa de liberdade. Desde logo, nota-se que a redução legal prevista a quem colabora antes da sentença é de até 2/3.

No caso da avença posterior à sentença, existe a vantagem de a pena privativa de liberdade já estar calculada, cabendo ao Poder Judiciário simplesmente aplicar a fração avençada.

Por fim, àquele que colabora após a sentença, há a possibilidade legal de estabelecimento de progressão de regime prisional sem o preenchimento dos requisitos objetivos.

A execução penal é regulada pela Lei n.º 7.210 (1984a), que estabelece requisitos objetivos e subjetivos para a progressão de regime. Após as

---

228 Bottino, 2016.

229 Rosa, 2019.

230 Afonso; Pereira; Lofrano; Flores; Morais Júnior, 2021, p. 115224.

modificações introduzidas pela Lei n.º 13.964[231], foram criados vários percentuais e hipóteses de incidência como requisitos à progressão de regime prisional:

> Art. 112. A pena privativa de liberdade será executada em forma progressiva com a transferência para regime menos rigoroso, a ser determinada pelo juiz, quando o preso tiver cumprido ao menos:
>
> I - 16% (dezesseis por cento) da pena, se o apenado for primário e o crime tiver sido cometido sem violência à pessoa ou grave ameaça;
>
> II - 20% (vinte por cento) da pena, se o apenado for reincidente em crime cometido sem violência à pessoa ou grave ameaça;
>
> III - 25% (vinte e cinco por cento) da pena, se o apenado for primário e o crime tiver sido cometido com violência à pessoa ou grave ameaça;
>
> IV - 30% (trinta por cento) da pena, se o apenado for reincidente em crime cometido com violência à pessoa ou grave ameaça;
>
> V - 40% (quarenta por cento) da pena, se o apenado for condenado pela prática de crime hediondo ou equiparado, se for primário;
>
> VI - 50% (cinquenta por cento) da pena, se o apenado for:
>
> a) condenado pela prática de crime hediondo ou equiparado, com resultado morte, se for primário, vedado o livramento condicional;
>
> b) condenado por exercer o comando, individual ou coletivo, de organização criminosa estruturada para a prática de crime hediondo ou equiparado; ou
>
> c) condenado pela prática do crime de constituição de milícia privada;
>
> VII - 60% (sessenta por cento) da pena, se o apenado for reincidente na prática de crime hediondo ou equiparado;
>
> VIII - 70% (setenta por cento) da pena, se o apenado for reincidente em crime hediondo ou equiparado com resultado morte, vedado o livramento condicional.

Se a aplicação das frações – 1/6 (crimes comuns) e 2/5 ou 3/5 (crimes hediondos) – anteriormente previstas na Lei de Execução Penal e Lei de

---

231 Brasil, 2019.

Crimes Hediondos[232] já permitia enorme quantidade de controvérsias no cotidiano jurídico, é certo que percentuais tão díspares devem ampliar as discussões.

Em se tratando de colaboração premiada, entretanto, existe a possibilidade de modificação negocial do marco temporal de condenados-colaboradores. Isso porque embora sejam consideradas nulas as cláusulas que violem as regras de regime prisional e de progressão de regime (art. 4º, § 7º[233], da Lei n.º 12.850/13), esta nulidade não se aplica à colaboração posterior à sentença, permitindo o estabelecimento de um "plano pessoal de progressão".

Em outras palavras, o acordo de colaboração premiada anterior à sentença não pode modificar marcos temporais para progressões de regime do colaborador, sob pena de nulidade. Já o acordo posterior à sentença que contenha este prêmio é plenamente válido.

Um problema que deve ser mencionado – ainda que fuja ao escopo desta pesquisa – é que a colaboração premiada pode versar sobre fatos criminosos estranhos ao objeto da ação penal em trâmite, dificultando sobremaneira a tarefa do órgão acusador e o magistrado de se verificar concretamente os seus resultados.

Outro problema, que também merece consideração, é a possibilidade de o colaborador já contar com várias condenações ou – pior – condenações e ações/investigações em andamento. Deve-se ter bastante cautela em

---

232 Brasil, 1990.

233 [...] adequação dos benefícios pactuados àqueles previstos no caput e nos §§ 4º e 5º deste artigo, sendo nulas as cláusulas que violem o critério de definição do regime inicial de cumprimento de pena do art. 33 do Decreto-Lei nº 2.848, de 7 de dezembro de 1940 (Código Penal), as regras de cada um dos regimes previstos no Código Penal e na Lei nº 7.210, de 11 de julho de 1984 (Lei de Execução Penal) e os requisitos de progressão de regime não abrangidos pelo § 5º deste artigo. Brasil, 2013.

delimitar sobre quais processos incidirão os prêmios pactuados.

2.3.2. Possibilidade de benefícios não previstos em lei

A ação penal envolve muitos interesses além da pura e simples imposição de pena em caso de condenação. Carnelutti[234] já alertava que a simples existência da acusação já é causa de sofrimento ao réu, portanto o indivíduo pode ter interesses que ultrapassam a sanção penal para negociar seu acordo de colaboração premiada.

Como primeiro laboratório empírico da Lei n.º 12.850[235], a Operação Lava-Jato contou com vários acordos prevendo prêmios que não haviam sido disciplinados em lei:

> Em acordos de Colaboração Premiada no âmbito da Operação Lava-Jato, em 2014, houve fixação de benefícios como: a substituição da prisão cautelar pela domiciliar somada ao uso de tornozeleira eletrônica; a limitação do tempo de prisão cautelar (em 30 dias a partir do acordo); fixação do tempo máximo de duração da pena privativa de liberdade (máximo de dois anos, por exemplo) e do regime inicial (semiaberto ou aberto), independentemente da quantidade de pena fixada na sentença; progressão automática de regime após certo período de tempo, independentemente do preenchimento dos requisitos legais; autorização para utilização de bens produto do crime; obrigação do Ministério Público de pleitear a não aplicação de sanções ao colaborador e suas empresas em processos cíveis e de improbidade; entre outros[236].

Esmiuçando os termos do acordo entre o Ministério Público Federal e Alberto Youssef (Anexo 2), Bottino enumera os exemplos de prêmios não

---

234 Carnelutti, 2013.

235 Brasil, 2013.

236 De-Lorenzi, 2019, p. 316.

previstos em lei:

> Firmado em 24.09.2014, o acordo de colaboração premiada entre o Ministério Público Federal e Alberto Youssef também concede diversos benefícios não previstos pela Lei 12.850/2013, dentre eles os seguintes:
>
> Fixação do tempo máximo de cumprimento de pena privativa de liberdade, independente das penas cominadas em sentença, em no mínimo 3 (três) e no máximo 5 (cinco) anos, a ser cumprida em regime fechado, com progressão automática para o regime aberto, mesmo que não estejam presentes os requisitos legais (Cláusula 5.ª, III e V);
>
> A permissão de utilização, pelas filhas do colaborador, de bens que são, declaradamente, produto de crime, durante o tempo em que ele estiver preso em regime fechado (Cláusula 7.ª, h e i e § 3.º);
>
> A liberação de quatro imóveis e um terreno, que seriam destinados ao juízo a título de multa compensatória, caso os valores recuperados com o auxílio do colaborador superem em 50 vezes o valor dos imóveis (Cláusula 7.ª, § 4.º);
>
> A liberação de um imóvel em favor da ex-mulher do colaborador e de outro imóvel em favor das filhas do colaborador, sem que esteja claro se tais imóveis são oriundos de crime ou não (Cláusula 7.ª, §§ 5.º e 6.º)[237].

Ainda que acordos como o mencionado tenham efetivamente sido homologados pelo Poder Judiciário, há considerável turbulência na doutrina sobre a possibilidade de aplicação de prêmios tão diversos sem previsão legal. Aqueles que criticam a criação de benefício não previsto em lei argumentam que o procedimento acabaria por violar a primeira etapa da individualização de pena, qual seja, a legislativa e, consequentemente, o princípio da legalidade[238].

Seus defensores, entretanto, argumentam que a ausência de previsão legal não impede o benefício penal ao réu, em observância da analogia *in bonam partem*. Outrossim, acrescentam que, havendo até mesmo a

---

237 Bottino, 2016, p. 367–368.
238 Canotilho; Brandão, 2017.

possibilidade de não oferecimento de denúncia ou perdão judicial, não haveria óbice para a acusação ofertar benefício menos generoso. Neste sentido, Andrey Borges de Mendonça[239] argumenta:

> E, justamente no caso da colaboração premiada, não se está buscando punir mais severamente o colaborador. Ao contrário, são benefícios concedidos, em especial se comparado com a eventual pena que seria aplicável no processo tradicional. Nesse campo, plenamente possível a utilização da analogia *in bonam partem*, ou seja, a favor do acusado. E há diversos exemplos na jurisprudência de situações em que o princípio da legalidade foi esgarçado em benefício do imputado.
>
> Portanto, o princípio da legalidade não impede a concessão de benefícios não expressamente previstos em lei. Sua invocação mostra-se mais próxima a um mero argumento retórico daqueles atingidos pela colaboração, que buscam deslegitimar o acordo (destaques originais)[240].

Em que pese as críticas de parte da doutrina aos variados prêmios concedidos nos acordos de colaboração premiada da Operação Lava Jato, certo é que em sua grande maioria houve a homologação inclusive pelo Tribunal Pleno do Supremo Tribunal Federal, tornando o debate de certo modo estéril.

> De todo modo, não há consenso doutrinário nem jurisprudencial. Da mesma forma que há na doutrina correntes que admitem a relativização do princípio da legalidade, na jurisprudência encontram-se diversas decisões nas quais o STF homologou acordos de colaboração premiada em que houve a concessão de benefícios extralegais. Este entendimento, a título exemplificativo, restou acolhido pela Corte em 27 de fevereiro de 2018, nos autos do Inquérito nº 4405, ocasião em que prevaleceu o entendimento de

---

239 Convém mencionar que o próprio autor do artigo citado se qualifica da seguinte forma: "Integrou a Força-Tarefa Lava Jato em 2014 e o Grupo de Trabalho que assessorou o Procurador Geral da República no caso Lava Jato entre 2015 e julho de 2016".

240 Mendonça, 2017.

140

que a concessão de benefícios extralegais não geram invalidade do acordo, pois não há violação ao princípio da legalidade, uma vez que este princípio foi estabelecido em favor do réu e, no caso, trata-se de fixação de pena mais favorável, e portanto, não contraria este princípio[241].

Não faltam exemplos de casos da Operação Lava-Jato com a pactuação de prêmios que sequer tinham ligação com eventual sanção penal, expandindo consideravelmente a seara de atuação do Ministério Público, embora com chancela do Poder Judiciário.

Esta situação produz um paradoxo.

É certo que – para o Direito Penal – o princípio da legalidade é uma garantia processual importante ao réu, devendo ser interpretada em seu benefício; não por acaso consta do art. 1º[242], do Código Penal. Por outro lado, Ministério Público e Poder Judiciário são instituições de Direito Público que se orientam pelas regras do Direito Administrativo, onde a interpretação do princípio é diversa:

> O princípio da legalidade significa estar a Administração Pública, em toda a sua atividade, presa aos mandamentos da lei, deles não se podendo afastar, sob pena de invalidade do ato e responsabilidade de seu autor. Qualquer ação estatal sem o correspondente calço legal, ou que exceda ao âmbito demarcado pela lei, é injurídica e expõe-se à anulação[243].

A celeuma do paradoxo é que, de fato, a interpretação que se faz do princípio da legalidade no Direito Penal é de garantia processual ao suspeito, indiciado ou réu; assim, a ausência de previsão legal do benefício avençado não lhe prejudica. Por outro lado, caso observada a interpretação do princípio da legalidade do Direito Administrativo, é forçoso reconhecer a impossibilidade de o Ministério Público oferecer – e de o Poder Judiciário

---

241 Ferrari, 2020, p. 58.

242 Não há crime sem lei anterior que o defina. Não há pena sem prévia cominação legal.

243 Gasparini, 2012, p. 20.

homologar – prêmios não previstos em lei.

Exemplifica-se: a substituição de prisão preventiva por prisão domiciliar com uso de tornozeleira eletrônica não encontra amparo em nenhum dispositivo da Lei n.º 12.850/13 ou do CPP. Isso porque a prisão preventiva é uma medida cautelar processual e, ou a liberdade do réu representa concretamente algum risco à ordem pública, à ordem econômica, à aplicação da lei penal ou à conveniência da instrução penal, e o colaborador deve seguir preso cautelarmente, ou não há risco e deve ser solto, ainda que mediante monitoração eletrônica.

Ou seja, no exemplo analisado, o colaborador recebe prêmio não previsto em lei (substituição de prisão cautelar por prisão domiciliar) e sequer precisa aguardar a prolação de sentença (momento previsto em lei para a concessão do prêmio, conforme avaliação de resultados e requisitos).

Esta situação acarreta forte sentimento de desconfiança sobre as partes negociantes, bem como sobre o resultado da colaboração premiada:

> Negociações sobre substituição de prisão cautelar por prisão domiciliar com tornozeleira, invenção de regimes de cumprimento de pena que não existem, vinculação de manifestação do MPF em processos que não são da atribuição daqueles membros que assinam o acordo, permissão para uso de bens de origem criminosa e a liberação de bens que podem ser produto de crime constituem medidas claramente ilegais e que aumentam enormemente os riscos de que tais colaborações contenham elementos falsos (ou parcialmente verdadeiros)[244].

Assim sendo, reconhecendo que a inclusão de benefícios não previstos na legislação ao colaborador tem grande potencial de gerar insegurança jurídica, devem estas cláusulas ser evitadas. Todavia, não há solução para o paradoxo que não seja optar pela prevalência de um ramo do princípio da legalidade em detrimento do outro, e, como visto, até o momento a posição majoritária do Supremo Tribunal Federal tem sido de admitir cláusulas com

---

244 Bottino, 2016, p. 368.

prêmios sem previsão legal.

Numa tentativa de abordagem do mencionado paradoxo, o Congresso Nacional aprovou a Lei n.º 13.964/19, incluindo diversas modificações na Lei n.º 12.850/13, especialmente a nulidade de cláusulas que violem critérios de definição do regime inicial de cumprimento de pena (art. 33, do Código Penal), as regras de cada um dos regimes previstos no Código Penal e na Lei de Execução Penal e os requisitos de progressão de regime.

A partir de então, pode-se compatibilizar o entendimento do STF com as novas disposições legais de modo que os acordos de colaboração premiada ainda podem conter cláusulas com prêmios não previstos em lei, desde que não digam respeito às restrições incorporadas na Lei n.º 12.850/13.

Por fim, mas não menos importante, deve-se lembrar que existe a possibilidade de acordo após a condenação. Em tais casos, pactos com benefícios não previstos em lei representam risco ainda maior, porquanto o colaborador já conta com todo o cenário acusatório exposto, tanto da parte das provas existentes quanto das penas atribuídas.

Neste ponto, há que se lembrar que recentemente Sérgio Cabral, ex-governador do Rio de Janeiro, foi processado por diversos crimes perante a Justiça Federal. Durante a ação penal, jurou inocência e protagonizou duros embates com acusação e juízo. Após ser condenado a quase 300 anos de pena privativa de liberdade, modificou sua estratégia processual e aderiu à tese acusatória, firmando acordo de colaboração premiada com a Polícia Federal.

Embora inicialmente homologado pelo Ministro Edson Fachin (Pet 8.482), houve interposição de recurso por parte do Ministério Público Federal e o Tribunal Pleno do STF anulou a homologação do pacto, especialmente pela inexistência de anuência do *Parquet* com a avença e pelos indícios de que o colaborador estaria escondendo considerável numerário proveito dos crimes[245].

Ainda não houve publicidade aos termos do acordo de colaboração premiada de Sérgio Cabral, ante o sigilo necessário das negociações e do petitório em trâmite no STF, entretanto, parece pouco provável que pretenda apenas reduzir sua pena privativa de liberdade para 150 anos ou permanecer em regime semiaberto pelo resto de seus dias, como são os prêmios regulados pela Lei n.º 12.850/13.

Assim, é certo que a jurisprudência do STF atual admite a pactuação de prêmios além dos previstos na Lei n.º 12.850/13.

2.4. Delimitação do estudo

Como delineado nas linhas anteriores, a regulação processual da colaboração premiada pela Lei n.º 12.850/13 criou poderoso instrumento de investigação criminal, com forte inspiração no direito estrangeiro e influência de Tratados Internacionais ratificados pelo Brasil. Sua aplicação no direito brasileiro, contudo, depende de uma filtragem constitucional, a fim de não se orientar unicamente por regras gerais do Código de Processo Penal que possui referencial teórico de cunho autoritário.

Deste modo, como a proposta do estudo é a utilização de questões empíricas extraídas da Operação Lava Jato para melhor elucidar a afirmada necessidade, há que se reconhecer a necessidade de delimitar os pontos a se abordar.

Isso se deve ao fato de que a Operação Lava Jato começou em 2014 e até meados de 2022 conta com 399 acordos de colaboração premiada e 292 denúncias apresentadas, segundo informações do Ministério Público Federal.[246]

Não é difícil perceber que uma análise qualitativa de pontos conflituosos

---

245 Rodas, 2021.

246 Disponível em: http://www.mpf.mp.br/grandes-casos/lava-jato/resultados. Acesso

144

de acordos de colaboração premiada da Operação Lava Jato só pode ser feita com algum recorte metodológico, sob pena de se inviabilizar completamente o trabalho acadêmico.

Sobre este ponto, De Sá e Silva ensina que "*recortes* são formas pelas quais o pesquisador segmenta os aspectos da realidade que pretende examinar e/ou enquadra os resultados desse esforço. Assim, o recorte afeta tanto a delimitação do objeto e dos métodos quanto a comunicação dos resultados das pesquisas"[247].

Recomendável, portanto, que o trabalho deixe claro o recorte do objeto que pesquisa, para que o leitor compreenda com exatidão o alcance da análise.

Esta pesquisa abordou até o momento diversos pontos da Lei n.º 12.850/13, da Constituição de 1988 e outros diplomas correlatos ao tema de pesquisa. Para tanto, buscou-se esmiuçar dogmaticamente elementos essenciais à compreensão da colaboração premiada, dos direitos e garantias fundamentais envolvidos e da forma como este negócio jurídico processual se ajusta no direito brasileiro.

Abordou-se também a Operação Lava Jato e seus aspectos mais relevantes para esta pesquisa, explicando-se os pontos essenciais da Força-Tarefa, seus acordos e processos. É deste ponto, que se busca identificar questões para maior esclarecimento. Dada a grande quantidade de inovações que a Lei n.º 12.850/13 trouxe ao processo penal brasileiro, também aqui é essencial evidenciar um recorte na pesquisa.

Qualquer busca em bibliotecas, repositórios de artigos ou buscadores da *internet* é apta a demonstrar a existência de um número significativo de questões controvertidas para a realização de pesquisas jurídicas.

A Operação Lava Jato, como já referido, foi construída sobre uma

---

em: 04 set. 2022.

247 De Sá e Silva, 2021, p. 37.

sucessão incrível de acordos de colaboração premiada e – como consequência – levou ao Poder Judiciário de modo inaugural várias questões complexas.

Como forma de melhor desenho da pesquisa a seguir, foram selecionados dois pontos vistos como modificação sensível da conjugação Lei n.º 12.850/13 + Operação Lava Jato: **a)** a "cláusula de performance" (possibilidade de colaborador permanecer com parte de instrumentos, produtos ou proveitos do crime, mediante entrega do principal) e **b)** a participação (ou não) do colaborador no polo passivo da ação penal e sua relevância para o delatado.

Não se olvida que existem muitos acordos de colaboração premiada e vários conflitos jurídicos deles decorrentes. Por razões de metodologia e objetividade, foram anexados ao presente trabalho os três primeiro pactos firmados pela Operação Lava Jato: o de Paulo Roberto Costa (Anexo 1), o de Alberto Youssef (Anexo 2) e o de Pedro José Barusco Filho (Anexo 3).

A análise das questões delimitadas deve ser feita primordialmente sobre tais pactos, todavia não há óbice para a menção a outros acordos e processos, quando relevantes à compreensão e à elucidação do tema proposto.

3

CLÁUSULA DE PERFORMANCE

Idealmente, a violação da lei penal incriminadora prevê uma conduta omissiva ou comissiva que traz como consequência uma punição estatal. Este sistema retributivo é objeto de estudo há séculos, como forma de adequar a sanção à conduta socialmente reprovável.

No Brasil, a Constituição de 1988 elenca um rol de penas possíveis: "a) privação ou restrição da liberdade; b) perda de bens; c) multa; d) prestação social alternativa; e) suspensão ou interdição de direitos" (art. 5º, XLVI) e também impõe limitações: "não haverá penas: a) de morte, salvo em caso de guerra declarada, nos termos do art. 84, XIX; b) de caráter perpétuo; c) de trabalhos forçados; d) de banimento; e) cruéis" (art. 5º, XLVII).

Tais cláusulas estão dispostas nos direitos e garantias individuais da Constituição de 1988 e, por consequência, servem de filtro para a individualização de pena em geral. Assim, sejam penas impostas por magistrados ou acordadas com o Ministério Público, devem observar as limitações constitucionais mencionadas.

Por outro lado, é sabido que a pena em si não é o único aspecto da vida do infrator afetado pela persecução criminal. Como já se mencionou, o próprio trâmite processual e a atenção que isso acarreta já pode representar sofrimento de intensa magnitude ao réu, seja pela necessidade de confrontação ou pela reprovação social a ser enfrentada, especialmente se houver a decretação de medidas cautelares como prisão preventiva ou busca e apreensão.

Há também aspectos patrimoniais relevantes. De início, não se tratando de pessoa economicamente hipossuficiente, o réu terá a despesa de contratar um advogado de sua confiança para o exercício de sua defesa de modo pleno. Mas não é só. Pelas regras gerais, instrumentos e produtos do crime devem ser confiscados como efeito da condenação (art. 91 e 91-A, ambos do Código Penal), bem como a sentença penal deve estabelecer valor mínimo para eventual reparação de dano causado à vítima (quando houver prejuízo a alguma vítima direta) (art. 387, IV, do Código de Processo Penal).

A criminalidade comum, praticada de inopino, não costuma gerar grandes somas de dinheiro. Por outro lado, o crime organizado costuma fazer jus a esta nomenclatura exatamente pela capacidade de sistematizar os papéis do grupo criminoso, de modo a potencializar os resultados financeiros da atividade delitiva.

Pela própria definição, a Lei n.º 12.850/13 tem como destinatários hodiernos grupos criminosos organizados e, consequentemente, não é raro lidar com significativa movimentação patrimonial, inclusive dos eventuais colaboradores. Em tais casos, é comum que o colaborador não tenha somente a liberdade individual como objetivo do acordo, mas também busque alguma segurança financeira.

Exemplificando o caso da colaboração premiada dos irmãos Joesley e Wesley Batista (donos do grupo empresarial JBS), Alexandre Morais da Rosa e André Luiz Bermudez demonstram empiricamente a existência de objetivos além da liberdade no acordo de colaboração premiada:

> [...] decisão de delatar pode ser explicada em razão de as investigações estarem chegando aos interesses de seu grande conglomerado empresarial, cujos lucros foram de R$ 4,6 bilhões em 2015 e de R4 694 milhões em 2016, sendo necessário agir para (i) manter a vitalidade da empresa e (ii) mitigar

os efeitos da ação penal sobre a liberdade dos sócios;[248].

Esta percepção de que colaboradores possuem preocupações patrimoniais que pretendem incluir nas cláusulas dos acordos de colaboração premiada está presente em todo o trâmite da Operação Lava Jato, naquilo que o cotidiano jurídico apelidou de cláusula de performance ou de desempenho.

Numa sociedade capitalista, a precariedade financeira costuma ser vista por significativa parcela da população como mais temerária do que determinado período da vida sem liberdade de locomoção. Este sentimento é ainda não notável nas classes mais abastadas da sociedade.

Estudos do Brasil[249] e do estrangeiro[250] demonstram que a prisão moderna se mostra empiricamente uma forma de controle social dos mais pobres. Ainda que não sejam estudiosos de sociologia, colaboradores já demonstraram entender com perfeição este quadro, admitindo a entrega de patrimônio desde que não os reduza à precariedade financeira.

Apenas a título de exemplo, ainda que não integre a relação de acordos de colaboração premiada a serem estudados no presente trabalho, podem ser facilmente mencionados os vários acordos em que os colaboradores estariam renunciando a considerável patrimônio, mas resguardando numerário de origem duvidosa:

> Orlando Diniz pôde manter US$ 250 mil no exterior; Dario Messer recebeu R$ 11 milhões de herança; Alberto Youssef inicialmente receberia R$ 1 milhão para cada R$ 50 milhões recuperados; Antonio Palocci manteve mais da metade de seu patrimônio de R$ 80 milhões.
>
> Os exemplos se sucedem para mostrar que não é mau negócio ser delator na "lava jato". Os acordos de colaboração premiada do ex-presidente da Fecomércio Orlando Diniz e do doleiro Dario Messer são só os casos mais

---

248 Rosa; Bermudez, 2019, p. 30.

249 Rosa; Bermudez, 2019.

250 Wacquant, 2008.

recentes que atestam que colaboradores seguiram com bens e dinheiro mesmo após confessarem a prática de crimes[251].

A realidade fática demonstra, portanto, à saciedade que os interesses dos colaboradores extrapolam a pura e simples pena privativa de liberdade, sendo imperioso compreender os limites e as soluções fornecidos pelo Direito.

3.1. Tratamento legal de produtos e proveitos do crime

Até a Revolução Francesa, o confisco de bens do infrator foi pena largamente utilizada[252], entretanto acabou entrando em declínio desde aquele período pelo caráter liberal da corrente vencedora do período, bem como pelo fundamento de que a punição patrimonial desmedida acabava ultrapassando a figura do infrator e pelo surgimento dos Direitos Humanos como fundamento de validade do sistema jurídico.

Se o Código de Processo Penal data do período ditatorial de Getúlio Vargas (Estado Novo), o cenário é idêntico com o Código Penal (1940). Não se ignora que toda a Parte Geral do CP foi objeto de reforma pela Lei n.º 7.209 (1984b), mas ainda se trata de legislação anterior à Constituição de 1988 e produzida no apagar das luzes do último período ditatorial do Brasil.

Baseado na premissa de que uma punição adequada aos delitos que produzem vantagens patrimoniais não deveria acarretar enriquecimento ilícito do delinquente, a redação dada pela Lei n.º 7.209/84 ao Código Penal estabelecia que:

Art. 91. São efeitos da condenação:
I - tornar certa a obrigação de indenizar o dano causado pelo crime;
II - a perda em favor da União, ressalvado o direito do lesado ou de terceiro

---

251 Rodas, 2020.
252 Beccaria, 2002.

de boa-fé:

a) dos instrumentos do crime, desde que consistam em coisas cujo fabrico, alienação, uso, porte ou detenção constitua fato ilícito;

b) do produto do crime ou de qualquer bem ou valor que constitua proveito auferido pelo agente com a prática do fato criminoso.

A previsão do art. 91, I, do CP, é referente à responsabilidade civil do infrator. Está em consonância com a legislação adjetiva cível, que classifica a sentença penal condenatória como título executivo judicial, eis que o crime é – por essência – um ato ilícito e seu cometimento enseja dever de reparação, conforme art. 927[253], do Código Civil.

Já o inciso II cuida do perdimento em favor da União de instrumentos e produtos do crime; pela disposição genérica do CP, a única exceção ao perdimento é o direito do lesado ou do terceiro de boa-fé. Bitencourt leciona que:

> *Instrumentos do crime* são os objetos, isto é, são as coisas materiais empregadas para a prática e execução do delito; *produtos do crime*, por sua vez, são as coisas adquiridas diretamente com o crime, assim como toda e qualquer vantagem, bem ou valor que represente proveito, direto ou indireto, auferido pelo agente com a prática criminosa. É indispensável, no entanto, que uma seja a causa do outro, isto é, que haja a demonstração inequívoca do vínculo entre a infração penal praticada e o proveito obtido (a coisa ou vantagem adquirida) (, destaques originais)[254].

Deste modo, "com o confisco do produto do crime ou dos bens ou valores que constituam proveito auferido pelo agente com a prática do fato criminoso, evita-se que o condenado obtenha qualquer vantagem com a prática de sua infração penal"[255].

---

253 Aquele que, por ato ilícito (arts. 186 e 187), causar dano a outrem, fica obrigado a repará-lo.

254 Bitencourt, 2012, p. 936.

255 Greco, 2022, p. 707.

Como tentativa de combate à criminalidade organizada – especialmente aquela que atua no âmbito transnacional – a Lei n.º 12.694[256] acrescentou os §§ 1º[257] e 2º[258] ao dispositivo, possibilitando que o Estado-acusação alcance patrimônio lícito do condenado quando demonstrada a existência de patrimônio espúrio fora da jurisdição brasileira.

Por fim, a Lei n.º 13.964[259] acrescentou novo dispositivo legal ao texto do CP:

> **Art. 91-A.** Na hipótese de condenação por infrações às quais a lei comine pena máxima superior a 6 (seis) anos de reclusão, poderá ser decretada a perda, como produto ou proveito do crime, dos bens correspondentes à diferença entre o valor do patrimônio do condenado e aquele que seja compatível com o seu rendimento lícito.
>
> § 1º Para efeito da perda prevista no *caput* deste artigo, entende-se por patrimônio do condenado todos os bens:
>
> I - de sua titularidade, ou em relação aos quais ele tenha o domínio e o benefício direto ou indireto, na data da infração penal ou recebidos posteriormente; e
>
> II - transferidos a terceiros a título gratuito ou mediante contraprestação irrisória, a partir do início da atividade criminal.
>
> § 2º O condenado poderá demonstrar a inexistência da incompatibilidade ou a procedência lícita do patrimônio.
>
> § 3º A perda prevista neste artigo deverá ser requerida expressamente pelo Ministério Público, por ocasião do oferecimento da denúncia, com

---

256 Brasil, 2012.

257 Poderá ser decretada a perda de bens ou valores equivalentes ao produto ou proveito do crime quando estes não forem encontrados ou quando se localizarem no exterior. Brasil, 2012.

258 Na hipótese do § 1º, as medidas assecuratórias previstas na legislação processual poderão abranger bens ou valores equivalentes do investigado ou acusado para posterior decretação de perda. Brasil, 2012.

259 Brasil, 2019.

152

indicação da diferença apurada.

§ 4º Na sentença condenatória, o juiz deve declarar o valor da diferença apurada e especificar os bens cuja perda for decretada.

§ 5º Os instrumentos utilizados para a prática de crimes por organizações criminosas e milícias deverão ser declarados perdidos em favor da União ou do Estado, dependendo da Justiça onde tramita a ação penal, ainda que não ponham em perigo a segurança das pessoas, a moral ou a ordem pública, nem ofereçam sério risco de ser utilizados para o cometimento de novos crimes.

Desde logo, percebe-se que a última criação legislativa estabelece uma presunção legal de enriquecimento sem causa, em que o legislador busca comparar os rendimentos do infrator com o patrimônio localizado, considerado produto do crime o que não se perceber como justificável. Nucci argumenta que delitos ligados à corrupção costumam envolver dinheiro camuflado, assim:

> [...] valendo-se do novel art. 91-A, pode o Estado confrontar o que o corrupto possui de patrimônio, em tese lícito, com aquilo que ele realmente poderia amealhar com o fruto honesto do seu trabalho. Verificando-se a discrepância, confisca-se o que tinha aparência de lícito, mas, em verdade, compunha todo o cenário de corrupção, inclusive atos pretéritos. Noutros termos, em face de uma condenação por corrupção (ativa ou passiva), autoriza-se que o Estado, em efeito *extrapenal*, busque confiscar o que configura enriquecimento ilícito[260].

Importante se atentar ao fato que esta regra do art. 91-A, do Código Penal, estabelece a possibilidade de o perdimento atingir bens que se encontram em nome de terceiros. Isso torna a medida bastante temerária e de difícil aplicação, ante a necessidade de respeito aos direitos e garantias fundamentais, em especial ao contraditório e à ampla defesa.

---

260 Nucci, 2019, p. 19.

3.2. Princípio da legalidade e justiça negocial criminal

Conforme mencionado no tópico anterior, a legislação penal prevê como efeito da condenação o confisco (ou perdimento) de instrumentos ou produtos do crime, inclusive com a criação de hipóteses de confisco de bens lícitos (como forma de compensação a bens ilícitos que escapam ao alcance da jurisdição brasileira) e de presunção de origem ilícita (para discrepância entre o patrimônio do infrator e seus rendimentos). Tais soluções, todavia, decorrem de previsões legais de aplicação compulsória aos casos criminais.

Como visto no tópico 2.3.2, a regulação da colaboração premiada pela Lei n.º 12.850/13 gerou grande tensão sobre o alcance das negociações, especialmente no tocante ao estabelecimento de prêmios. Isso porque há considerável divergência doutrinária sobre a possibilidade de prêmios não previstos em lei serem objeto do pacto, todavia o Supremo Tribunal Federal chancelou cláusulas desta natureza.

A mesma celeuma se estabelece em relação a perdimento (confisco) de instrumentos e produtos do crime, eis que não possuem a natureza jurídica de pena, mas sim de efeitos da condenação.

A sanção penal é a retribuição estatal ao infrator pela prática de conduta omissiva ou comissiva que foi prevista como crime. Dentro da justiça criminal negocial, é inevitável que a negociação recaia sobre a intensidade ou a existência desta sanção. Por outro lado, os efeitos da condenação são consequência jurídicas que atingem o condenado de modo direto ou indireto.

Na individualização da pena, como regra geral fora da justiça penal negocial, cabe ao juiz graduar a sanção estatal de acordo com os vetores disciplinados pela lei; não é raro encontrar intervalos *in abstrato* consideráveis[261], causas de diminuição[262] ou de aumento[263] que alteram consideravelmente o intervalo genérico.

Os efeitos da condenação são disciplinados de modo bastante distinto. Em verdade, trata-se de hipóteses de incidência de efeitos para situações verificadas quase de modo automatizado. Conforme já mencionado, pelo regramento geral, a condenação deve ter como efeito extrapenal direto o perdimento (ou confisco) dos produtos do crime, sob pena de ensejar o enriquecimento sem causa do infrator.

Embora a **perda de bens** seja uma das modalidades de pena enumeradas pela Constituição de 1988 (art. 5º, XLVI, "b"), não é disso que cuida o art. 91, do CP. Em outras palavras, enquanto na imposição da pena o magistrado deve avaliar qual o melhor valor para a retribuição estatal ao delito praticado, no perdimento de bens deve somente verificar se o bem é instrumento[264] ou produto do crime.

Apesar disso, diversos acordos de colaboração premiada da Operação Lava Jato possuem cláusulas de cunho patrimonial, o que – em tese – deixa de cuidar da sanção penal para tratar dos efeitos da condenação.

O acordo de Paulo Roberto Costa (Anexo 1) previu várias devoluções ao Erário de dinheiro e de bens (cláusulas 6ª a 10). Embora não tenha abordado diretamente a preservação de patrimônio pelo colaborador, é nítido que houve uma separação extrajudicial do que seria lícito e ilícito.

Na cláusula 6ª, o acordo reconhece a ilicitude de aproximadamente 26

---

261 A pena para o homicídio simples varia de 6 a 20 anos de reclusão (art. 121, do CP).

262 A pena do traficante de pessoas que for primário e não integrar organização criminosa pode ser reduzida em até dois terços (art. 149-A, § 2º, do CP).

263 A pena do estelionatário pode ser aplicada em dobro se a vítima for idosa ou vulnerável (art. 171, § 4º, do CP).

264 Lembrando que o perdimento de instrumentos do crime é reservado legalmente apenas àqueles que "consistam em coisas cujo fabrico, alienação, uso, porte ou detenção constitua fato ilícito" (art. 91, II, "a", do CP).

milhões de dólares alocados noutros países, em contas bancárias em nome de familiares e empresas *offshore*. Paulo Roberto Costa renuncia ao numerário e se compromete a praticar todos os atos necessários à repatriação do dinheiro.

Na cláusula 8ª, o acordo prevê – a título de indenização cível pelos danos causados à Administração Pública – o valor de 5 milhões de reais, bem como os seguintes bens: **a**) lancha Costa Azul (avaliada em 1,1 milhão de reais); **b**) terreno adquiridos pela empresa Sunset, em Mangaratiba (RJ) (avaliado em aproximadamente 3 milhões de reais); **c**) valores apreendidos em sua residência quando da busca e apreensão (R$ 762.250,00, USD 181.495,00 e EUR 10.850,00); e **d**) veículo Evoque recebido de Alberto Youssef (avaliado em 300 mil reais).

Desde logo, é preciso notar que a cláusula 8ª não diz a que título Paulo Roberto Costa adquiriu os bens arrolados, mas em se tratando de indenização cível deveria se pressupor que fossem lícitos. Isso porque produtos do crime, pela legislação em vigor deveriam ser revertidos em favor da União, como consta no art. 91, do CP, e na cláusula 6ª do próprio acordo (Anexo 1).

Ocorre que o próprio veículo Evoque, anteriormente recebido de Alberto Youssef, é narrado como um dos primeiros pontos da investigação que alcançou a corrupção na Petrobras. Trata-se de evidente produto do crime, mas foi tratado no pacto como se fosse patrimônio lícito do colaborador. Inexiste detalhamento da origem dos demais bens arrolados na cláusula 8ª, mas a suspeita que paira é de idêntica natureza.

Na cláusula 10, o acordo prevê a indicação de imóveis que totalizam 5 milhões de reais como fiança. Novamente, não há especificação sobre a origem, sendo presumível – pela natureza do instituto – que tais bens sejam lícitos, eis que se espúrios seriam objeto de sequestro (art. 125[265], do CPP).

---

265 Caberá o sequestro dos bens imóveis, adquiridos pelo indiciado com os proventos da infração, ainda que já tenham sido transferidos a terceiro.

Nesta senda, se o próprio órgão acusador já avençou anteriormente com o infrator qual parte de seu patrimônio é lícito e qual é ilícito, sequer haveria forma de se questionar a destinação da parte considerada lícita, exceto por terceiros interessados (algo de aplicabilidade bastante rara).

O acordo de Alberto Youssef (Anexo 2) caminhou na mesma direção ao tratar de entrega de dinheiro e diversos bens ao Erário (cláusulas 7ª e 8ª).

Na cláusula 7ª, o acordo anuncia que os seguintes bens são produto e/ou proveito de crimes: **a**) todos os bens em nome da GFD que estejam na Web Hotéis Empreendimentos Ltda.; **b**) propriedade de 74 unidades autônomas integrantes do Condomínio Hotel Aparecida, bem como do empreendimento Web Hotel Aparecida nele instalado, localizado em Aparecida do Norte-SP; **c**) 37,23% do imóvel em que se situa o empreendimento Web Hotel Salvador; **d**) empreendimento Web Hotel Príncipe da Enseada e do respectivo imóvel, localizado em Porto Seguro-BA; **e**) seis unidades autônomas componentes do Hotel Blue Tree Premiun (sic), localizado em Londrina-PR; **f**) 34,88% das ações da empresa Hotel Jahu S.A e de parcela ideal do imóvel em que o empreendimento se encontra instalado; **g**) 50% do terreno formado pelos Lotes 08 e 09, da Quadra F, do Loteamento Granjas Reunidas Ipitanga, situado no município de Lauro de Freitas-BA, com área de 4.800m^2, avaliado em R$ 5.300.000,00, bem como o empreendimento que está construído sobre ele, chamado "Dual Medical & Business – Empresarial Odonto Médico"; **h**) do veículo Volvo XC60, blindado, placas BBB 6244, ano 2011; **i**) veículo Mercedes Benz CLS 500, placas BCT 0050, ano 2006; **j**) veículo VW Tiguan 2.0 TSI, blindado, placas FLR 4044, ano 2013/2014; **k**) imóvel localizado em Camaçari, com área aproximada de 3000m^2, cujo contrato se encontra apreendido no bojo da Operação Lava Jato.

No § 3º da cláusula 7ª, há previsão de que os veículos blindados arrolados nos incisos "h" e "j" seriam depositados judicialmente em nome das filhas de Alberto Youssef, a fim de que as mesmas utilizassem enquanto o colaborador estivesse em regime fechado ou tivessem interesse. Trata-se, portanto, da liberação de uso de produtos do crime por parentes do colaborador durante período indeterminado. Sobre esta questão, Vinicius Gomes de Vasconcellos lembra:

> Esses dispositivos foram impugnados, perante o STF, por corréus delatados nas colaborações premiadas. Contudo, no HC 127.483, a *corte sustentou a sua legalidade por três motivos*: a) as convenções de Mérida e Palermo, introduzidas no ordenamento brasileiro, autorizam tais medidas a partir de uma interpretação teleológica de seus dispositivos; b) a partir da lógica do "quem pode o mais, pode o menos", já rebatida anteriormente, não haveria impedimento a outros tipos de benefícios, ao passo que pode ser concedido até o perdão judicial ou o não oferecimento da denúncia; e c) tendo em vista que o colaborador tem direito à proteção, o que será garantido pelo Estado posteriormente, não há motivo para vedar medidas imediatas nesse sentido (destaques originais)[266].

O § 4º da cláusula 7ª cuida de patrimônio não mencionado na relação do *caput*, anunciando que:

> §4º. O imóvel formado pelos prédios de sobrado nº 29, 31, 56 e 62, e pelo terreno em que se situava o prédio de nº 58, no Campo de São Cristóvão, no município do Rio de Janeiro/RJ, é destinado, de forma irretratável e irrevogável, pelo COLABORADOR ao juízo a título de multa compensatória pelas infrações penais por ele praticadas, nos seguintes termos:
>
> a) no período em que o COLABORADOR estiver preso em regime fechado, nos termos da cláusula 5ª, inciso III, do presente acordo, tal imóvel permanecerá apreendido, sob a administração do Juízo competente, perante o qual serão depositados todos os alugueres dele decorrentes;
>
> b) findo o período a que se refere a alínea anterior será efetuada avaliação judicial do bem imóvel mencionado, bem como se procederá ao cálculo de todos os bens e valores de origem ilícita que puderam ser recuperados única e exclusivamente em decorrência das informações prestadas pelo

---

266 Vasconcellos, 2020, p. 186.

COLABORADOR no âmbito do presente acordo, e desde que tais informações já não estejam em poder dos órgãos de persecução penal;

c) do valor do bem, será deduzido 1/50 (um cinquenta avos) do valor consolidado de todos os bens e valores ilícitos recuperados, no Brasil ou no exterior, nos termos da alínea "b";

d) se o montante consolidado de 1/50 (um cinquenta avos) dos valores recuperados a que se refere a alínea anterior for igual ou superior ao valor do imóvel, será dispensada a multa compensatória a que se refere o parágrafo §4º desta cláusula e o COLABORADOR poderá destina o imóvel referido no §4º às suas filhas.

e) se o montante consolidado de 1/50 (um cinquenta avos) dos valores recuperados referido nas alíneas anteriores for inferior ao valor do imóvel, este será alienado judicialmente, sendo que do valor obtido será deduzido da multa compensatória em favor do COLABORADOR o montante proporcional a recuperação já referido;

f) em caso de rescisão do presente acordo em decorrência de conduta imputada ao COLABORADOR o valor do bem referido no parágrafo 4º, caput, supramencionado, será integralmente destinado ao Juízo a título de multa compensatória, independentemente de quaisquer valores ou bens recuperados em decorrência de informações por ele prestadas (Anexo 2).

A cláusula merece citação destacada por se tratar daquilo que se convencionou tratar como "cláusula de performance", já que estabelece um mecanismo pelo qual o colaborador assume o compromisso de recuperar patrimônio indeterminado e – conforme sua taxa de sucesso – fazer jus a uma espécie de bonificação.

De pronto, já é difícil identificar quais são os imóveis mencionados no § 4º. São vagamente enumerados como prédios de sobrado n.º 29, 31, 56 e 62 e terreno em que se situa o prédio n.º 58, localizados no Campo de São Cristóvão, Rio de Janeiro. Pela precária identificação, a suspeita é de que seriam salas ou salões comerciais, mas também não se esclarece se estariam ocupados por alguma empresa do colaborador ou locados para terceiros, pela redação a alínea "a" é mais provável esta última hipótese.

Também não existe menção a se tais bens são de origem lícita. Como afirmado sobre o acordo de Paulo Roberto Costa (Anexo 1), sendo os bens destinados ao pagamento de multa compensatória, a lógica era de que se tratasse de patrimônio lícito, todavia, mais uma vez o acordo não deixa isso claro.

Pelo mecanismo estabelecido neste parágrafo, enquanto Alberto Youssef estivesse preso em regime fechado[267] os alugueis dos imóveis seriam destinados ao Juízo (alínea "a").

Após este período, convencionou-se a realização de uma operação aritmética bipartida. Primeiro realiza-se a avaliação judicial do bem imóvel mencionado no § 4º e depois quantifica-se todos os bens e valores de origem ilícita que puderam ser recuperados única e exclusivamente em decorrência das informações prestadas por Alberto Youssef (alínea "b").

A partir daí, seria estabelecida uma comparação em que o colaborador receberia 1/50 (um cinquenta avos) dos valores recuperados em decorrência das informações de Alberto Youssef (alínea "c").

Caso esta fração de 1/50 fosse igual ou superasse o valor de avaliação dos imóveis discriminados no § 4º, Alberto Youssef seria dispensado da multa compensatória, podendo destinar tais bens a suas filhas (alínea "d"). Já se a fração fosse inferior ao valor de avaliação dos imóveis, estes seriam alienados e o colaborador receberia este valor proporcional (alínea "e").

Se havia dúvida sobre a origem deste patrimônio antes da assinatura do acordo, certamente não poderia haver questionamento após a aplicação das cláusulas, eis que o colaborador efetivamente receberia do Estado bens ou valores por conta da barganha pactuada. Ou seja, patrimônio que era de origem duvidosa antes do acordo de colaboração premiada se tornou limpo após a incidência da cláusula de performance, eis que Alberto Youssef deveria receber 1 milhão de reais como uma espécie de bonificação a cada

---

267 Período que poderia variar de 3 a 5 anos, conforme cláusula 5ª, III, do mesmo acordo (Anexo 2).

50 milhões que conseguisse auxiliar na recuperação.

Ainda acerca da cláusula 7ª, o § 5º estabelece a liberação de um apartamento em São Paulo (SP) para ex-mulher de Alberto Youssef. A liberação é condicionada à renúncia desta a qualquer medida impugnativa sobre o perdimento ou alienação dos bens anteriormente arrolados. De igual modo, o § 6º prevê a liberação de um apartamento em Londrina (PR) para as filhas de Alberto Youssef.

Não existe nenhuma menção no pacto, mas – caso fosse seguida a regra geral da lei – seria de se presumir que tais apartamentos possuem origem lícita, já que produtos e proveitos do crime deveriam ser confiscados como efeito da condenação. Como não existe esclarecimento neste sentido e a anterior cláusula de performance apresenta considerável criatividade na bonificação do colaborador, é inegável que permanece a suspeita que também estes imóveis seriam de origem espúria, mas na análise custo-benefício do Ministério Público Federal chancelou-se a possibilidade de que fossem incorporados aos prêmios do infrator.

Por fim, a cláusula 8ª estabelece que Alberto Youssef estava renunciando a qualquer valor que fosse identificado em contas bancárias e investimentos em seu nome ou de interpostas pessoas, bem como a cerca de 2 milhões de reais que foram apreendidos nas dependências de sua empresa, quando do cumprimento de mandado de busca e apreensão.

Esta cláusula possui clara abertura e imprecisão, eis que não identifica contas e nem estima respectivos valores, sendo absolutamente inverossímil que o colaborador tenha simplesmente renunciado a todo e qualquer dinheiro que estivesse em seu nome ou de terceiros em qualquer conta, mesmo porque sua família continuou mantendo padrão de vida elevado (*v.g.* com a manutenção de 2 carros importados blindados) e não se tem notícia de atuação advocatícia *pro bono* em seu favor.

Neste ponto, retoma-se aquilo que já foi dito algumas vezes no curso do presente trabalho: para que a justiça criminal negocial conte com segurança jurídica é essencial que o acordo tenha cláusulas precisas sobre a matéria negociada e os prêmios avençados. Cláusulas abertas e imprecisas só servem para diminuir a credibilidade do pacto.

O acordo de Pedro José Barusco Filho (Anexo 3) cuidou de destinação de bens e valores nas cláusulas 7ª e 8ª. Não há cláusula de performance como o pacto de Alberto Youssef e há maior tentativa de precisão sobre o objeto devolvido, mas a confusão entre multa compensatória e bens confiscados persiste.

A cláusula 7ª prevê que o colaborador deveria pagar, a título de multa compensatória cível, o valor de R$ 3.250.000,00 (três milhões duzentos e cinquenta mil reais). Como já mencionado outras vezes, pela regra geral seria de se pressupor a licitude de dinheiro destinado ao pagamento de multa, já que produtos e proveitos do crime devem ser perdidos ou confiscados em favor da União. Não há, entretanto, clareza sobre esta questão.

A cláusula 8ª traz uma relação de valores depositados em nome de empresas *offshore* e familiares do colaborador que totalizam o valor aproximado de US$ 61.500.000,00 (sessenta e um mil e quinhentos dólares). Acrescenta a existência de outros 6 milhões de dólares em conta bancária na Suíça em nome de empresa *offshore* pertencente à esposa do colaborador.

Pedro José Barusco Filho reconhece que todos os valores arrolados na cláusula 8ª são produto ou proveito de crimes, renuncia aos mesmos e se compromete a conseguir a recuperação do numerário.

Mais uma vez, resta evidente que o colaborador não entregou todo o seu patrimônio ao Estado-acusação, garantindo a permanência de numerário para sua manutenção familiar, mas o acordo não apresenta nenhum detalhamento neste sentido, indicando que tudo o que não consta no pacto seria patrimônio de origem lícita.

Observa-se da amostra selecionada que os acordos de colaboração premiada da Operação Lava Jato tiveram preocupação em demonstrar o ressarcimento dos cofres públicos, já que cuidavam de crimes de colarinho branco, em que a questão financeira é predominante. Assim, seria completamente descabido que acordos da operação não fizessem menção à esfera patrimonial dos colaboradores.

Ocorre que, ao cuidarem da questão patrimonial, os acordos acabam misturando multas, indenizações e produtos do crime como tudo o que sai do patrimônio do colaborador e é entregue ao Estado. Esta imprecisão gera insegurança jurídica, eis que os colaboradores ainda serão sentenciados (não houve perdão judicial ou não oferecimento de denúncia em nenhum dos três acordos) e os efeitos da condenação pressupõem aplicação automatizada.

Assim, na fase da sentença, cabe ao juiz identificar se o bem é produto do crime e – caso positivo – decretar seu perdimento em favor da União. Evidente a necessidade de observância do acordo, mas dada a imprecisão das cláusulas mencionadas a tarefa se torna meramente burocrática, já que resta ao magistrado aderir à "gestão patrimonial" encampada pelo acordo, abrindo espaço para arbitrariedades e inconstitucionalidade.

Ocorre que, pelo entendimento consolidado do Supremo Tribunal Federal até aqui, há plena possibilidade de o acordo conter cláusulas negociadas neste sentido, especialmente porque o acordo de Alberto Youssef foi homologado pela Corte:

> Embora o confisco, de acordo com o art. 92, II, c, do Código Penal, não se qualifique como pena acessória, mas sim como efeito extrapenal da condenação, uma **interpretação teleológica** das expressões "redução de pena", prevista na Convenção de Palermo, e "mitigação de pena", prevista na Convenção de Mérida, permite que elas compreendam, **enquanto abrandamento das consequências do crime**, não apenas a sanção penal propriamente dita, como também aquele efeito extrapenal da condenação.
> [...]
> Dessa feita, se a colaboração frutífera também pode conduzir ao não oferecimento da denúncia e, por via de consequência, à impossibilidade de

163

perda patrimonial como **efeito da condenação**, parece-me plausível que determinados bens do colaborador possam ser imunizados contra esse efeito no acordo de colaboração, no caso de uma sentença condenatória[268].

Deste modo, ainda que o acordo de colaboração premiada não possa modificar previsão legal expressa sobre os efeitos da condenação, o pacto pode contar cláusulas que deem destinação específica a instrumentos, produtos e proveitos do crime.

3.3. Barganha como estímulo ao colaborador

No processo penal comum e democrático, a carga probatória é um ônus da prova da acusação dentro das regras processuais, cabendo ao réu o direito de resistir, caso queira. Trata-se de uma dinâmica decorrente da conjugação de direitos e garantias fundamentais, especialmente daqueles mencionados de forma mais detida no tópico 1.1 deste trabalho, quais sejam: devido processo legal, contraditório, ampla defesa, presunção de inocência e direito ao silêncio.

A justiça criminal negocial representa uma mudança de paradigma, especialmente na colaboração premiada, porquanto o infrator se desloca da posição de resistência para a de colaborador com a acusação.

Diversos estudos de criminologia já analisaram que a decisão (quando racional, e não motivada por um desvio psiquiátrico) de praticar delito pressupõe análise de custo-benefício, em que a pessoa avalia as vantagens potencialmente envolvidas com o sucesso de sua empreitada e possíveis custos que vão desde a probabilidade de ser descoberto até a reprimenda estatal prevista[269]. Seria ingenuidade imaginar que o infrator que decide colaborador o faria sem também efetuar idêntica análise sobre a própria

268 STF (Tribunal Pleno). *Habeas Corpus* **127.483/PR**. Rel. Min. Dias Toffoli. DJe 04/02/2016. Brasília (DF), 27 ago. 2015b. p. 1–154.

269 Bottino, 2016.

colaboração em si, conforme argumenta Tiago Kalkmannn:

> Por óbvio, tais preceitos são aplicáveis à decisão de se cometer um crime. Segundo Gary BECKER (1974, p. 1-2), os indivíduos fazem escolhas racionais para cometerem ou não crimes, baseadas no cálculo probabilístico de vantagens e custos. Entre as vantagens, existe o proveito imediato do crime, enquanto entre os custos há a probabilidade de ser processado e punido pela conduta. Com o instrumento probatório da colaboração premiada, os crimes de corrupção tornam-se mais facilmente elucidáveis, como já explanado anteriormente, gerando esperanças do incremento do papel preventivo geral da pena para a criminalidade de colarinho branco, haja vista que, para a escolha pela prática da conduta corrupta, tal fator (maior facilidade de elucidação) passaria a ser considerado pelo sujeito racional no cálculo dos custos e dos benefícios (dentro da equação elaborada por Gary Becker), levando em conta a probabilidade dos autores destes crimes serem identificados e punidos. Aliás, qualquer meio eficiente de investigação poderia ser considerado, perante o parâmetro econômico, um instrumento de prevenção geral[270].

Sobre os elementos de custo-benefício considerados no momento da prática do delito, bem como após a consumação (com a possibilidade de colaboração premiada), Bottino explica que:

> Um exemplo evidente do modelo econômico de escolha racional em matéria criminal é justamente o sistema de incentivos positivos aos criminosos para que cooperem com a parte acusatória. De fato, para ampliar o custo esperado do crime, atuando sobre a probabilidade de que a infração penal seja identificada e seu autor punido, podem-se criar incentivos para que determinados criminosos cooperem com a acusação relatando fatos e autoria de crimes em troca de benefícios.
>
> É nesse contexto que se insere o instituto da colaboração premiada.
>
> Ao permitir que determinados acusados recebam benefícios para fornecer informações e indícios que poderão se transformar em provas contra outros

---

270 Kalkmann, 2019, p. 482.

acusados, o legislador introduz um fator que aumenta o custo esperado do crime. E, como visto acima, o aumento da probabilidade de punição é um dos pontos mais sensíveis quando se utiliza a teoria econômica, devido ao peso que ela possui no cálculo do curso do crime.

[...]

A escolha consciente e voluntária pela colaboração premiada pressupõe um cálculo de custo-benefício, evidenciando o caráter utilitário da medida. O criminoso avaliará o benefício esperado (vantagens que receberá pela cooperação) e o custo esperado (aí considerados, de um lado, o risco em não cooperar, ou, de outro lado, os efeitos do descumprimento do acordo)[271].

Esta análise de vantagens e custos da colaboração premiada não costuma ser feita seguindo padrões éticos e morais, mas sim com avaliação objetiva do infrator de qual o melhor benefício que pode alcançar para si, é a aplicação processual da teoria dos jogos com uso de estratégia e tática para alcançar o objetivo definido.

Analisando esta questão, Alexandre Morais da Rosa e André Luiz Bermudez[272] tentam sintetizar os mandamentos da delação premiada:

Seguem os mandamentos:

1. Ama (e salva) a ti mesmo sobre todas as coisas e pessoas.

2. Não torna seu nome em delator em vão, porque deve valer a pena a recompensa.

3. Guarda gravações, documentos e *prints* de pessoas que podem ser delatadas no futuro.

4. Delata pai e mãe, se necessário for.

5. Não delata muito antes de o comprador precisar da informação.

6. Não delata alguém que pode te delatar, salvo se conseguir destruir sua

---

271 Bottino, 2016, p. 11.

272 Convém mencionar que os próprios autores recomendam "que as alusões devem ser lidas com certa dose de cinismo [...] a partir de um indivíduo que joga sujo e quer maximizar seus êxitos a qualquer preço [...]" (p. 37).

credibilidade antecipadamente.

7. Não rouba informação alheia nem reputações, salvo se necessário.

8. Não levanta falso testemunho, salvo se puder criar falsos indícios ou provas, e então o faça parecer crível.

9. Não deseja o julgador próximo só porque ele é mais garantista.

10. Não cobiça as delações alheias (somente porque os outros jogaram melhor)[273].

A ironia e o cinismo dos autores sobre os mandamentos do delator são um excelente ponto de partida para que a compreensão da barganha seja precedida de uma mudança completa de paradigma. Isso porque a própria lógica da colaboração premiada estimula o conflito entre os infratores (outrora comparsas).

Como já mencionado, na *plea bargain* a lógica é de uma abreviação processual pela ausência de resistência do réu, portanto o foco do instituto é unicamente o próprio acusado. A acusação apresenta os elementos de convencimento que possui contra o mesmo, que busca negociar o melhor benefício que puder. Já a colaboração premiada não possui o colaborador como foco, já que o foco é justamente o delatado, sendo o colaborador um simples instrumento para se atingir o delatado. Tanto é que o resultado mensurável da colaboração envolve necessariamente o volume de provas contra o delatado.

Esta mudança de foco pode criar distorções, já que eventualmente um infrator pode estar diante de penas altíssimas (como o já mencionado caso do ex-governador fluminense Sérgio Cabral, condenado a quase 300 anos de reclusão quando firmou acordo) e buscar "produzir" provas nem sempre condizentes com a realidade, a fim de alcançar benefícios legais ou extralegais.

Não se ignora que a Lei n.º 12.850/13 criminaliza a conduta de "imputar falsamente, sob pretexto de colaboração com a Justiça, a prática de infração

---

273 Rosa; Bermudez, 2019, p. 37–38.

penal a pessoa que sabe ser inocente, ou revelar informações sobre a estrutura de organização criminosa que sabe inverídicas" (art. 19) atribuindo-lhe a pena de "reclusão, de 1 (um) a 4 (quatro) anos, e multa".

No cálculo de custo-benefício, entretanto, não é difícil encontrar razões para que um colaborador de má-fé assuma o risco de "produzir" provas inexistentes. Primeiro porque a pena do delito é bastante modesta. Segundo porque a condenação pelo mesmo pressupõe que a acusação demonstre que o colaborador sabia da imputação falsa a pessoa que sabe ser inocente ou que sabia que as informações são inverídicas.

Como se observou no curso da Operação Lava Jato, era muito comum que as colaborações premiadas contassem com elementos de convencimento majoritariamente testemunhais, portanto as declarações dos delatores. Neste caminhar, nos casos em que a acusação conseguiu agregar tais testemunhos a outras provas houve condenação dos delatados, mas quando restou somente a palavra do delator o caminho é – ou deveria ser – a observância do princípio *in dubio pro reo.*

Nesta situação, em que a prevalência de dúvida sobre a imputação do delator impede a condenação do delatado, dificilmente seria possível aglutinar provas suficientes contra o delator para condená-lo pelo crime do art. 19, da Lei n.º 12.850/13, já que – mais uma vez – seriam as palavras do delator contra as do delatado.

Analisando diversos acordos de colaboração premiada da Operação Lava Jato, como neste presente trabalho, Bottino conclui que:

> Portanto, quando se ultrapassam os limites objetivos e de validade das diferentes modalidades de cooperação penal, ampliando enormemente os benefícios oferecidos ao criminoso sem a correspondente elevação dos custos caso sua cooperação se mostre insuficiente, corre-se o risco de que o incentivo à cooperação seja tão elevado (e seu custo tão diminuto) que acabe por gerar o efeito inverso, de colaborações que não trazem informações e indícios verdadeiros, prejudicando, mais do que auxiliando, a parte

acusatória[274].

Daí que o maior perigo do uso sistemático da colaboração premiada como forma de persecução penal é a criação de uma situação paradoxal, em que o Estado se afasta de seu ônus probatório originário (aumentando a sensação coletiva de ineficiência) e o infrator se vê demasiadamente estimulado a assumir a culpa (e atribuí-la a outrem) como forma de mitigar sua punição:

> Por outro lado, acredita-se ser prejudicial ao sistema de justiça que o ônus pela colheita de provas recaia sobre o acusado, a quem se atribui uma "presunção de culpa" e que, pressionado pela hipótese de ser condenado ao final do processo – ou de ao menos, receber uma pena desproporcional à extensão de sua culpabilidade - aceita colaborar com as investigações. De certa forma, neste ponto, há duas manifestações de descrença no sistema de persecução penal: de um lado, por parte do acusado que se vê diante da possibilidade de ser injustiçado ao final do processo e, do outro lado, o próprio Estado ao reconhecer, implicitamente ou não, a ineficiência de sua capacidade investigativa[275].

Se lidar com a pena em sentido estrito já é uma tarefa complexa no caso concreto, a questão patrimonial se mostra ainda mais delicada. Parcela respeitável da doutrina levanta questionamentos sobre a constitucionalidade da liberação de bens suspeitos ou sabidamente produto de crime em acordos de colaboração premiada, como ficaram conhecidas as cláusulas de performance:

> É claro que devem ser tomadas medidas para proteção do colaborador e de seus familiares, o que é previsto expressamente na Lei 12.850/13 como parte de seus direitos (art. 5º), mas *há uma distinção profunda entre a legítima e legalmente regulada concessão de medidas protetivas (por meio das disposições da Lei 9.807/99) em comparação com uma incontrolável abertura*

---

274 Bottino, 2016, p. 12.
275 Fabretti; Silva, 2018, p. 292.

a cláusulas discricionárias previstas ad hoc *nos acordos firmados*. Com toda a certeza, a prática adotada fomenta espaços indevidos de discricionariedade, potencializando arbitrariedades e tornando nebulosos os procedimentos e critérios adotados para proteger o delator, o que viola, inclusive, a regra de publicidade dos atos estatais.

Tal sistemática é semelhante à previsão de recompensas financeiras ao colaborador em razão de eventuais recuperações de valores e bens desviados pelas condutas ilícitas praticadas. Essas "cláusulas de performance" ou "taxas de sucessos" são inadmissíveis e inconstitucionais, ao passo que autorizam perversos escambos em ações que podem caracterizar, eufemisticamente, uma "lavagem de dinheiro autorizada pelo Estado". Segundo Valdez Pereira, "pode admitir-se alguma espécie de concessão no campo patrimonial apenas na hipótese de atribuição do perdão judicial, tendo em vista a natureza da sentença concessiva de extinção da punibilidade com base no inc. IX do art. 107 do CP", o que também ocorre, indiretamente, com a possibilidade de não oferecimento da denúncia (destaques originais)[276].

Um dos grandes dilemas das democracias modernas é o poder de fiscalização. Só se fala em democracia plena com a publicidade dos atos administrativos e a potencial fiscalização das instituições. Neste contexto, o Ministério Público foi dotado pela Constituição de 1988 de diversas atribuições fiscalizatórias, mas o desenho constitucional não traz muito espaço para que o próprio Ministério Público seja fiscalizado.

Talvez o desenho de atribuições constitucionais tenha se dado assim por considerar que o Ministério Público deve obediência ao princípio da legalidade (como já dito, sob o prisma do Direito Administrativo) e eventual ilegalidade seria de fácil demonstração.

Ocorre que, ao se ampliar o espaço de negociação, o legislador permitiu aos membros do Ministério Público a análise discricionária de muitas questões, eis que o Poder Judiciário deve se ater aos aspectos formais do

---

276 Vasconcellos, 2020, p. 187–188.

pacto.

Ao prever a liberação de patrimônio de origem duvidosa no acordo de colaboração premiada, especialmente quando condicionado a recuperação de dinheiro de outras pessoas, além de estimular o colaborador a falar a verdade, também o estimula a criar versões que otimizem seu resultado, como se tornou notório com a delação do ex-Ministro Antonio Palocci, que preservou cerca de 40 milhões de reais em patrimônio[277], mas deu causa à instauração de vários inquéritos infrutíferos, eis que "os delitos comprovados até agora foram praticados pelo próprio Palocci, que falsificou agendas de compromissos e contratos para dar ares de veracidade ao que disse"[278].

A validade do acordo de Antonio Palocci ainda se encontra em julgamento no Supremo Tribunal Federal, especialmente porque foi entabulado com a Polícia Federal após o Ministério Público Federal recusá-lo duas vezes. Sendo assim, é justamente a Procuradoria Geral da República que está impugnando o acordo, mas o questionamento que se faz neste momento é: se o acordo for com o *Parquet*, quem poderia questionar? Quem fiscaliza o fiscal da lei?

Se a liberação de patrimônio de origem duvidosa receber a chancela do Ministério Público, pelo atual sistema desenhado pela Constituição de 1988, pela Lei n.º 12.850/13 e pela jurisprudência do Supremo Tribunal Federal, não há espaço para questionamento judicial, permitindo ao infrator (que se pressupõe integrante de uma organização criminosa) a "lavagem de capitais" por meio de acordo com o Poder Público.

Como a posição atual do STF chancela cláusulas desta natureza, estímulos criativos como liberação de patrimônio de origem duvidosa devem seguir constando de acordos de colaboração premiada no futuro.

---

277 Rodas, 2020.

278 Redação, ConJur. Delegado da PF mostra que delação de Palocci foi inventada. **Consultor Jurídico (ConJur)**, São Paulo, 2020.

Será necessário observar a criatividade futura das cláusulas e a movimentação legislativa[279] para que a questão se acomode no direito brasileiro.

Aliás, a questão está longe de pacificação já que em sessão de julgamento de 05 de outubro de 2022, por maioria apertada de 6 votos a 5, a Corte Especial do Superior Tribunal de Justiça chancelou a possibilidade[280] – até mesmo – de cláusulas de acordo de colaboração premiada que contrariem texto de lei, como as restrições do art. 4º, § 7º, II, da Lei n.º 12.850/13 (Pet 13.974/DF[281]).

Em verdade a questão é bastante delicada. Conforme estudado nos capítulos 2.3.1 e 2.3.2, a utilização de prêmios exemplificados em lei fornece segurança jurídica aos negociantes e dificulta questionamentos de terceiros sobre o rigor (ou a falta dele) na atuação ministerial. Não se ignora, por outro lado, que a jurisprudência chancelou a concessão de prêmios não previstos em lei, especialmente nos casos concretos da Operação Lava Jato, como acaba de ser demonstrado. Sobre esta questão, convém mencionar a ponderação de Gilmar Mendes:

> De fato, mostra-se evidente que as práticas desenvolvidas no âmbito da Operação Lava Jato não encontram previsão expressa na lei aplicável. Entretanto, o reiterado uso dessas cláusulas – aliado também à própria consagração em orientações do MPF – demonstra que não se trata de fatos isolados, mas sim de uma situação consolidada sobre a qual o Supremo

---

279 A Lei nº 13.964/19 (pacote anticrime) restringiu cláusulas como regimes prisionais especiais e progressões de regime sem regras justamente após a concessão reiterada das mesmas pela Operação Lava Jato.

280 Disponível em: https://www.conjur.com.br/2022-out-06/stj-valida-colaboracao-premiada-sancoes-penais-atipicas. Acesso em: 06 set. 2022.

281 Processo em segredo de justiça ao tempo da elaboração do texto e sem acórdão publicado.

Tribunal Federal deverá se pronunciar[282].

Não se nega que para o êxito da justiça criminal negocial os negociadores tinham o mínimo de limitações possível em suas tratativas. Ocorre que, ao permitir que o órgão acusador conceda prêmios não previstos em lei, o Poder Judiciário já abre um leque de opções enorme à criatividade humana. Não há que se reclamar de falta de opções.

Caso se permita a concessão de prêmios explicitamente vedados em lei, como nos casos do art. 4º, § 7º, II[283], da Lei n.º 12.850/13, é nítido que o sistema de justiça criminal negocial acabará perdendo a credibilidade adquirida e será objeto de maiores restrições.

---

282 Mendes, 2019, p. 252.

283 [...] sendo nulas as cláusulas que violem o critério de definição do regime inicial de cumprimento de pena do art. 33 do Decreto-Lei nº 2.848, de 7 de dezembro de 1940 (Código Penal), as regras de cada um dos regimes previstos no Código Penal e na Lei nº 7.210, de 11 de julho de 1984 (Lei de Execução Penal) e os requisitos de progressão de regime não abrangidos pelo § 5º deste artigo. Brasil, 2013.

4

PARTICIPAÇÃO DO COLABORADOR NO POLO PASSIVO E REFLEXOS NO PROCEDIMENTO DA AÇÃO PENAL

O segundo ponto selecionado para aprofundamento é acerca da participação do colaborador no polo passivo da ação penal e seus reflexos para a modificação da estrutura tradicional de processo. Isso porque além de não mais desempenhar a atividade natural de resistência em relação à persecução penal, o colaborador – como mencionado anteriormente – passa a defender interesses processuais que se vinculam ao órgão acusador, alterando a dinâmica processual.

Os direitos e garantias fundamentais da Constituição de 1988 foram estruturados de modo a garantir o exercício de uma defesa ampla num processo democrático e constitucional. Tratava-se da preocupação mais destacada à época. Os tempos mudaram, a informação se acelerou absurdamente e o foco deixou de ser aspectos coletivos, ganhando o individualismo forte tração com a mudança de pensamento de **responsabilidade pelos outros** por **responsabilidade por si próprio**, assumindo uma postura egocêntrica e egoísta em que a satisfação pessoal está acima de qualquer outra coisa:

Na sociedade de consumidores, ninguém pode se tornar sujeito sem primeiro virar mercadoria, e ninguém pode manter segura sua subjetividade sem reanimar, ressuscitar e recarregar de maneira perpétua as capacidades esperadas e exigidas de uma mercadoria vendável[284].

Neste contexto, a justiça criminal negocial não surge como uma forma de aprimoramento do sistema criminal, mas apenas como uma busca de solução individualizada para que o Estado-acusação consiga uma punição (ainda que parcial) para uma conduta reprovável e o suspeito ou o réu consiga um benefício não estabelecido como regra geral para seu caso.

Em verdade, o sistema processual penal vigente à época da promulgação da Constituição de 1988 possuía balizas que lhe conferiam unidade, autossuficiência e plenitude, sofrendo, entretanto, a influência dos Tratados Internacionais de Direitos Humanos e da legislação estrangeira (Direito Comparado). Assim, o modelo de processo foi sendo reformulado e resultando em inevitáveis perplexidades que demandam soluções como a filtragem constitucional proposta neste trabalho. Neste sentido, leciona Péres Luño:

> A coerência, enquanto a ausência de antinomias e contradições normativas, era uma condição facilmente aconselhável dos ordenamentos jurídicos caracterizados pelas notas da unidade e plenitude. Quando essas notas resultavam questionadas, ao haver se desgastado a dimensão unitária, compacta, fechada e autossuficiente dos sistemas jurídicos e sua consequente transformação ao pluralismo, a abertura que a multiplicidade complexa de sua estrutura normativa; a coerência tornou-se uma condição praticamente inalcançável. Por isso, os ordenamentos jurídicos dos Estados de direito resultam quase impossível garantir a inexistência de antinomias, e tende-se a substituir essa garantia de segurança jurídica pela existência de um amplo aparato argumentativo tendente a motivar a racionalidade das possibilidades existentes entre as normas e/ou as decisões jurisdicionais,

---

284 Bauman, 2008, p. 20.

que são inevitáveis nos ordenamentos abertos e complexos[285].

Embora a abertura do sistema processual fechado de outrora evidentemente cause antinomias, a percepção é de que se trata de elemento empírico inevitável pela agilidade e fluidez de informação atual.

Por outro lado, é imprescindível a postura crítica frente a tais antinomias, a fim de esclarecê-las, eliminá-las ou reduzi-las; isso porque o Direito somente consegue cumprir seu papel social na democracia quando evidencia que as regras são potencialmente aplicáveis de modo indistinto:

> Se a democracia requer a construção jurídica das "regras do jogo" e o Direito é, assim, um meio indispensável de modelar e garantir o "como" da qualidade das instituições democráticas, a razão é um instrumento necessário para elaborar e interpretar o Direito. É um instrumento necessário porque o Direito não é um dado da natureza, pois a noção de "natureza" é tão equívoca que não nos oferece um critério para diferenciar o jurídico do não-jurídico[286].

Encontrar a coerência do sistema processual após o fortalecimento da justiça penal negocial demanda a compreensão de que não há mais um sistema único e preexistente, mas sim uma bifurcação lógica que depende do comportamento dos envolvidos, conforme representação do diagrama:

Figura 4: Proposta de divisão conceitual do processo penal

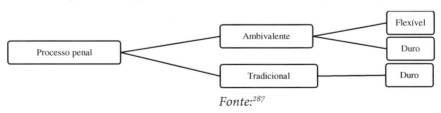

Fonte:[287]

---

285 Pérez Luño, 2012, p. 28–29.

286 Lafer, 2005, p. 125.

287 Rosa; Bermudez, 2019, p. 100.

Alexandre Morais da Rosa e André Luiz Bermudez destacam a impossibilidade de compreensão do processo penal brasileiro baseando-se unicamente na concepção tradicional e rígida. Deve-se expandir a análise a partir da conduta dos atores processuais que – aderindo à justiça penal negocial – tornam flexível o procedimento legal:

> O momento é de perplexidade, já que o modo de aplicar e ensinar o processo penal herdado da tradição continental aplica-se somente aos crimes do cotidiano, com denúncia, instrução e decisão motivada que estabelece a responsabilidade penal. Aos poucos, sem que tenhamos nos apercebido, ainda que alguns tenham escrito sobre o tema, continuamos fingindo que as coordenadas de como pensamos os institutos do processo penal não servem mais para responder como o processo penal acontece. Essa lógica de acontecimento e de diálogo de tradições precisa ser questionada, já que continuamos a ensinar um processo penal que anda em descompasso com os novos institutos. Para crimes de todos os dias (furtos, tráfico, roubo, estupro, etc.), de fato, temos o mesmo processo penal duro, incapaz de responder aos novos desafios, especialmente, a colaboração premiada e a leniência. Podemos, então, aceitar acriticamente situação? Não deveríamos nos indagar se podemos ensinar parcialmente e se não seria nosso dever ético mostrar aos acadêmicos que continuamos na mesma pista e que existem, atualmente, duas? A distinção, sempre arbitrária, de selecionarmos os casos em que os pressupostos o "Processo Penal Hard" se aplicam, não é violadora da isonomia? O tema angustia porque estamos em sistemas antagônicos que convivem sem possibilidade de coerência. Fechar os olhos sempre foi a saída arbitrária. Mas chegamos a um ponto de virada, ao qual não podemos mais fingir. Os desafios se renovam[288].

A justiça penal negocial tem realmente por característica modificar a estrutura do processo, já que o suspeito ou o réu se desloca da posição de resistência e passa a colaborar em alguma medida com o órgão acusador; isso é percebido em todos os mecanismos negociais desde a transação penal

---

288 Rosa; Bermudez, 2019, p. 100-101.

até o recém-regulamentado Acordo de Não Persecução Penal, introduzido no CPP (art. 28-A) pela Lei n.º 13.964[289].

Nestes instrumentos negociais, todavia, cabe ao suspeito ou réu apenas ônus contra si próprio, seja pela promessa de ressarcimento da vítima ou pelo compromisso de comportamentos positivos ou negativos. Cumprido o que foi acordado, é concedido o prêmio estabelecido.

A colaboração premiada possui lógica similar, mas acrescenta um fator que está fora do controle dos negociantes: o delatado. Enquanto nas demais modalidades de justiça penal negocial os resultados dependiam unicamente do comportamento do suspeito ou réu, na colaboração premiada há um compromisso explicitado no acordo de o colaborador fornecer meios de o órgão acusador angariar provas que conduzam à condenação do delatado, bem como à recuperação de produtos e proveitos do crime.

Esta modificação de postura altera a estrutura básica do processo, gerando perplexidade na doutrina se o colaborador segue como um acusado comum, uma testemunha ou um assistente de acusação[290][291], afinal é da natureza da ciência jurídica buscar classificar uma nova figura jurídica em categorias já existentes.

Absolutamente impossível classificar o colaborador como um acusado comum, seja porque pelo próprio acordo renuncia ao silêncio ou porque se compromete a colaborar com o órgão acusador. Neste sentido, El Tasse já anunciava bem antes da Lei n.º 12.850/13:

> A promessa de que a colaboração com o Judiciário possa conduzi-lo à obtenção de benefícios penais faz com que o acusado posicione-se em situação contraditória de acusador de si mesmo, ficando impedida não só sua defesa pessoal, mas até mesmo a defesa técnica, pois os interesses de colaborador se chocam com as ações próprias de alguém que se defende e

---

289 Brasil, **2019**.

290 Jardim, 2019.

291 Leite; Greco. 2019.

busca a absolvição em um processo criminal.

[...]

O processo em que se faz presente o instrumental da delação premiada faz transparecer mera formalidade defensiva, sem qualquer possibilidade que a mesma seja efetiva. A necessidade de que o agente, para que obtenha os favores do julgador, colabore efetivamente, revelando sua participação, de terceiros, detalhes da ação criminosa etc., estabelece a ampla defesa como mera promessa vã do texto político[292].

Também não há como o acusado-colaborador ser tratado como testemunha. O CPP dispõe que toda pessoa poderá ser testemunha (art. 202), mas também disciplina a possibilidade de as partes contraditarem a mesma quando houver suspeita de parcialidade ou de ausência de credibilidade (art. 214[293]). Neste sentido, Nefi Cordeiro alerta:

Sem valor é compreensão que faça do § 14 do art. 4º da Lei da Criminalidade Organizada[294] a transformação do acusado colaborador em testemunha. A consequência da mentira ou silêncio é o desfazimento do acordo e não a responsabilização criminal por falso testemunho[295].

Pelo próprio interesse do colaborador em corroborar os elementos de convencimento que apresentou no acordo, sua parcialidade é flagrante, não sendo admissível sua classificação como testemunha.

Por mais que o colaborador tenha interesse em contribuir com o órgão acusador, pela própria dicção legal é completamente inviável compreendê-lo como um assistente de acusação. Primeiro porque não se trata de

---

292 El Tasse, 2006, p. 274.

293 Antes de iniciado o depoimento, as partes poderão contraditar a testemunha ou arguir circunstâncias ou defeitos, que a tornem suspeita de parcialidade, ou indigna de fé. O juiz fará consignar a contradita ou arguição e a resposta da testemunha, mas só excluirá a testemunha ou não lhe deferirá compromisso nos casos previstos nos arts. 207 e 208.

294 Nos depoimentos que prestar, o colaborador renunciará, na presença de seu defensor, ao direito ao silêncio e estará sujeito ao compromisso legal de dizer a verdade.

295 Cordeiro, 2020, p. 169.

ofendido do crime, mas sim do próprio ofensor (art. 268[296], CPP). E segundo porque o CPP veda expressamente que o colaborador seja assistente de acusação (art. 270[297]).

Diante deste cenário, é imperioso concluir que o colaborador não se enquadra em nenhuma destas categorias processuais existentes antes da sua criação, devendo-se concebê-lo como uma nova categoria de ator processual: o delator. Dentro desta perspectiva, devem ser detalhados alguns dos principais pontos atinentes à mudança de cenário do processo para o delator.

4.1. Direito ao silêncio e não autoincriminação

Como estudado no capítulo 1.1.4, o direito ao silêncio é uma garantia fundamental prevista tanto na CF (art. 5º, LXIII) quanto na CADH (art. 8º, item 2, alínea "g") como elemento fundante de um processo penal democrático e civilizado. Ali também foi delineado que o direito ao silêncio é uma das dimensões do princípio *nemo tenetur se detegere*, que representa a garantia de não se exigir do réu a autoincriminação.

Ao disciplinar o direito ao silêncio e não autoincriminação como um direito fundamental, a regra de interpretação necessariamente deve ser compreendida em benefício do suspeito ou réu. Assim, trata-se de uma garantia em seu favor, que não lhe impede de renunciar, caso entenda ser possível benefício maior. É justamente o caso da colaboração premiada em que, via de regra, o colaborador renuncia expressamente a tais direitos ao celebrar o pacto.

---

296 Em todos os termos da ação pública, poderá intervir, como assistente do Ministério Público, o ofendido ou seu representante legal, ou, na falta, qualquer das pessoas mencionadas no art. 31.

297 O co-réu no mesmo processo não poderá intervir como assistente do Ministério Público.

Pela própria sistemática da colaboração premiada, o colaborador deve reconhecer a prática de crimes e apresentar elementos de convencimento que também incriminem terceiros. Neste cenário, é evidente que o exercício do direito ao silêncio não poderia contribuir com nada em seu benefício.

O acordo de colaboração premiada de Paulo Roberto Costa (Anexo 1) estabelece que:

> **Cláusula 17.** Ao assinar o acordo de colaboração premiada, o colaborador, na presença de seu advogado, está ciente do direito constitucional ao silêncio e da garantia contra a autoincriminação. Nos termos do art. 4°, §14, da Lei 12.850/2013, o colaborador renuncia, nos depoimentos em que prestar, ao exercício do direito ao silêncio e estará sujeito ao compromisso legal de dizer a verdade. O colaborador renuncia ainda, ao exercício do direito de recorre das sentenças penais condenatórias proferidas em relação aos fatos que são objeto deste acordo, desde que elas respeitem os termos aqui formulados.

Previsões muito similares constam dos acordos de Alberto Youssef (Cláusula 13 – Anexo 2) e de Pedro José Barusco Filho (Cláusula 12 – Anexo 3). Embora corriqueira nos acordos, esta previsão gera certa perplexidade a partir do momento em que estabelece uma renúncia ampla e genérica ao silêncio e sujeita o colaborador ao compromisso de dizer a verdade.

Imperioso lembrar que os acordos de colaboração premiada da Operação Lava Jato buscavam abarcar vários delitos supostamente perpetrados por diversos agentes, havia a divisão de núcleos e o detalhamento nos anexos, conforme estratégia processual elaborada pela força-tarefa do Ministério Público Federal[298].

Isso já seria o bastante para demonstrar que a extensão desta renúncia ao direito ao silêncio já seria de considerável magnitude, eis que ao entabular o acordo o colaborador sequer tem conhecimento de quantas oportunidades será convocado a prestar depoimento.

---

298 Dallagnol, 2017.

Não bastasse, convém registrar que a renúncia ao direito ao silêncio pactuada diz respeito a todos os depoimentos que o colaborador prestar, e não apenas às perguntas do órgão acusador. Assim, nada obsta que a defesa do delatado conduza suas perguntas a fim de conseguir demonstrar prática criminosa do colaborador que não estaria abarcada no pacto.

Esta situação abre a possibilidade de o colaborador ser incriminado pelas próprias declarações acerca de delitos que não estão abarcados no acordo de colaboração premiada. É certo que a denúncia de tais delitos estaria condicionada ao convencimento do *Parquet*, mas não se pode olvidar a possibilidade de o membro do Ministério Público sentir quebrada a confiança com o colaborador e invocar a cláusula de rescisão do pacto por descumprimento.

El Tasse lembra que a ausência de confissão ou colaboração do réu rotineiramente é usada como forma de justificar providências invasivas contra o mesmo:

> Não bastasse, tem a delação premiada produzido o vício da exigência judicial ao acusado que confesse, colabore, atue em facilitação das investigações criminais, sob pena de imposição de ônus processuais.
> São cada vez mais frequentes os decretos prisionais ilegalmente calcados na desculpa de que "o acusado não quis colaborar". Igualmente, afloram as medidas processuais hostis ao indivíduo que faz uso do silêncio ou que não vira acusador de si mesmo, em manifesto ataque ao princípio do estado de inocência[299].

Neste sentido, ainda que o colaborador tenha reconhecido seus delitos no momento da assinatura do acordo, é bastante usual a estratégia defensiva do delatado de buscar elementos que retirem a credibilidade das declarações do delator. Não há nada ilegal nesse procedimento e, sendo utilizado dentro dos limites éticos e legais, é plenamente admissível.

Este é um ponto bastante sensível para o colaborador. Para manter seus

---

299 El Tasse, 2006, p. 275.

prêmios, deve prestar depoimentos e não silenciar, mas se provocado a falar sobre possíveis delitos não abarcados pela avença coloca-se em situação arriscada; que potencialmente pode influenciar no resultado do seu processo.

Aliás, neste ponto convém mencionar um ponto relevante: ainda que renuncie ao direito ao silêncio, não há como exigir do réu-colaborador o compromisso de dizer a verdade (art. 203[300], do CPP), pois não se enquadra – como já mencionado – na classificação de testemunha. Por consequência, também não é possível a prática de falso testemunho (art. 342[301], do CP) pelo colaborador, por se tratar de crime próprio, que exige uma qualificação específica do agente.

Ocorre que as declarações do colaborador – que, via de regra, renunciou ao direito ao silêncio – podem ser prejudiciais a seus interesses, havendo estudos sobre a possibilidade de uso destas como prova emprestada em processos distintos daquele em que firmada a colaboração premiada[302].

Tais pesquisas, entretanto, destacam que a colaboração premiada possui a natureza jurídica de negócio jurídico processual e, como tal, deve obediência ao princípio da boa-fé, bem como à impossibilidade de *venire contra factum proprium*. Assim, não seria eticamente aceitável causar prejuízo ao colaborador pela observância da cláusula do pacto que renuncia a uma garantia fundamental.

---

300 A testemunha fará, sob palavra de honra, a promessa de dizer a verdade do que souber e lhe for perguntado, devendo declarar seu nome, sua idade, seu estado e sua residência, sua profissão, lugar onde exerce sua atividade, se é parente, e em que grau, de alguma das partes, ou quais suas relações com qualquer delas, e relatar o que souber, explicando sempre as razões de sua ciência ou as circunstâncias pelas quais possa avaliar-se de sua credibilidade.

301 Art. 342. Fazer afirmação falsa, ou negar ou calar a verdade como testemunha, perito, contador, tradutor ou intérprete em processo judicial, ou administrativo, inquérito policial, ou em juízo arbitral: Pena - reclusão, de 2 (dois) a 4 (quatro) anos, e multa.

302 Barroso; Reichert; Vasconcellos, 2021.

Não se olvida que o STF já concluiu pela possibilidade de compartilhamento de provas decorrentes da colaboração premiada, como no julgamento do Agravo Regimental no Inquérito 4.420, em que assentou-se a seguinte ementa:

> Penal e Processual Penal. 2. Compartilhamento de provas e acordo de leniência. 3. A possibilidade de compartilhamento de provas produzidas consensualmente para outras investigações não incluídas na abrangência do negócio jurídico pode colocar em risco a sua efetividade e a esfera de direitos dos imputados que consentirem em colaborar com a persecução estatal. 4. No caso em concreto, o inquérito civil investiga possível prática de ato que envolve imputado que não é abrangido pelo acordo de leniência em questão. 5. Contudo, deverão ser respeitados os termos do acordo em relação à agravante e aos demais aderentes, em caso de eventual prejuízo a tais pessoas. 6. Nego provimento ao agravo, mantendo a decisão impugnada e o compartilhamento de provas, observados os limites estabelecidos no acordo de leniência em relação à agravante e aos demais aderentes[303].

Ocorre que, destacando a necessidade essencial de estabelecimento de relação de confiança entre as partes negociantes do acordo, o próprio Ministério Público Federal emitiu Orientação Conjunta destacando a impossibilidade de o compartilhamento de provas gerar prejuízo ao colaborador:

> 39. As provas decorrentes do acordo de colaboração premiada poderão ser compartilhadas com outros órgãos e autoridades públicas nacionais, para fins cíveis, fiscais e administrativos, e com autoridades públicas estrangeiras, inclusive para fins criminais, **com a ressalva de que tais provas não poderão ser utilizadas contra os próprios colaboradores para produzir punições além daquelas pactuadas no acordo.** Esta ressalva deve ser expressamente comunicada ao destinatário da prova, com a informação de que se trata de uma limitação intrínseca e subjetiva de validade do uso da

---

303 STF (2ª Turma). **Agravo Regimental no Inquérito 4.420/DF.** Rel. Min. Gilmar Mendes, DJe 13/09/2018. Brasília (DF), 28 ago. 2018b.

prova, nos termos da Nota Técnica nº 01/2017, da 5ª Câmara de Coordenação e Revisão (grifo nosso)[304].

Neste sentido, Barroso, Reichert e Vasconcellos destacam a impossibilidade de as declarações do colaborador lhe causarem prejuízos além dos expressamente previstos no acordo:

> Em verdade, entende-se que, quando o colaborador renuncia ao seu direito ao silêncio e compromete-se a colaborar com a persecução penal, ele o faz apostando na boa-fé do Estado. Se o colaborador agiu de boa-fé, incriminando-se e trazendo provas que lhe deem suporte, ele espera também do Estado uma atitude de boa-fé. Assim, defende-se que o acesso a informações e documentos obtidos em colaboração premiada por outros órgãos públicos de fiscalização e controle, ou por terceiros interessados, depende da adesão aos termos negociados entre Estado e colaborador, não podendo se voltar contra o colaborador para qualquer tipo de punição, sob pena de violação da boa-fé objetiva[305].

Importante notar que o acórdão do STF, a Orientação Conjunta do MPF e o trabalho acadêmico mencionado dizem respeito ao compartilhamento de provas atinentes aos fatos já narrados na colaboração premiada. A possibilidade de o colaborador ser prejudicado por declarações atinentes a outros fatos segue em aberto.

Pelo caminho traçado pela revisão bibliográfica mencionada, indica-se que se as declarações prejudiciais do delator forem vinculadas aos fatos objeto do acordo, deve-se seguir a lógica da Orientação Conjunta MPF n.º 1/2018, no sentido de não o prejudicar.

Havendo o reconhecimento de delitos absolutamente dissociados dos termos da avença, todavia, há forte tendência de validação do elemento de convencimento, com fundamento na serendipidade:

> Serendipidade, do inglês *serendipity*, é o termo utilizado para o encontro

---

304 Brasil, 2018a.

305 Barroso; Reichert; Vasconcellos, 2021, p. 57.

inesperado de algo que não se estava procurando. No processo penal, representa o princípio utilizado pelos tribunais para o encontro fortuito de provas, ou seja, para designar o encontro de um material probatório diferente do que estava sendo procurado durante a execução de um meio de obtenção de prova[306].

Quando a forma de obtenção da prova não é regulada pela lei[307], a descoberta fortuita de elementos de convencimento costuma ser admitida pela doutrina e pela jurisprudência.

Assim sendo, ao prestar suas declarações sobre os fatos objeto do acordo de colaboração premiada, ainda que tenha renunciado ao direito ao silêncio, eventuais questionamentos estranhos aos fatos investigados ou *sub judice* podem justificar que o colaborador exerça o direito ao silêncio sem que isso importe em descumprimento do acordo.

4.2. Benefícios a terceiros ou a familiares

O acordo de colaboração premiada, como já mencionado em diversos momentos neste trabalho, possui a natureza jurídica de negócio jurídico processual e, nesta condição, deve se orientar por alguns elementos do direito privado.

Sobre os requisitos de validade e os agentes do negócio jurídico, Antônio Junqueira de Azevedo[308] sistematiza que depende da declaração da vontade, que deve resultar de um processo volitivo de plena consciência da realidade e com escolha exercida com liberdade e sem má-fé; além do que é necessário

---

306 Freitas, 2019, p. 179.

307 O exemplo clássico do direito brasileiro é a interceptação telefônica. Como o sigilo das comunicações é uma garantia fundamental (art. 5º, XII, da CF), os elementos de prova obtidos por este meio devem observar rigorosamente a Lei n.º 9.296/96. A descoberta fortuita de crimes não investigados (serendipidade) por este meio de obtenção de prova desencadeia debate jurídico que foge do escopo deste trabalho.

308 Azevedo, 2002, p. 42-43.

que os agentes sejam capazes e legitimados para o negócio.

A identificação dos agentes do negócio jurídico é essencial porque, pela própria natureza do instituto, ele deve gerar direitos e obrigações entre os agentes contratantes. Assim, no acordo de colaboração premiada ordinário, o colaborador se compromete a determinadas condutas (confissão, apresentação de provas contra terceiros, devolução de produtos do crime, etc.) a fim de que o Ministério Público lhe conceda prêmios (redução de pena, substituição de pena, perdão judicial, etc.).

A Lei n.º 12.850/13 busca definir organização criminosa e dispor sobre instrumentos para sua investigação. Neste contexto, disciplina a colaboração premiada como um meio de obtenção de prova. Deste modo, é natural que a delação seja utilizada em casos envolvendo organização criminosa e, como demonstrado empiricamente, o número de integrantes pode ser considerável.

Ainda que não seja objeto direto deste trabalho, em abril de 2017 tornaram-se célebres no trâmite da Operação Lava Jato as negociações para colaboração premiada conjunta de 77 executivos do Grupo Odebrecht. Eram tantos delatados – mais de 400 pessoas – e fatos criminosos – foram abertas quase 300 investigações pelo país – que rapidamente a imprensa apelidou o caso de "delação do fim do mundo"[309].

Na época, a Operação Lava Jato estava em seu auge e, ao chegar no Grupo Odebrecht, encontrou disposição para negociar, mas a exigência de que as tratativas fossem conjuntas, a fim de que todos os executivos fossem beneficiados. Entabulado o acordo, em maio de 2021 apurou-se pouca efetividade do mesmo:

> O acordo de delação da Odebrecht – o maior da história da Justiça brasileira – foi homologado há quatro anos, mas até hoje gerou mais inquéritos engavetados do que ações penais. Em abril de 2017, o ministro Edson

---

309 Rangel; Pereira; Bonin; Borges, 2017.

Fachin, do Supremo Tribunal Federal, distribuiu 286 investigações pelo país, com base nas informações obtidas, mas apenas 47 (16%) resultaram em acusações na Justiça.

De acordo com levantamento feito pelo site *The Intercept Brasil*, apenas sete dessas acusações geraram sentenças. Isso representa menos de 2,5% dos casos delatados por executivos da empreiteira. Ao menos 77 casos – pouco mais de um quarto deles – foram arquivados ainda na fase de investigação. Além disso, 118 pedidos de investigação surgiram na expectativa de comprovar apenas o crime de caixa dois – recebimento, sem declaração, de doações em campanhas eleitorais – e não o de corrupção, que consiste no recebimento de vantagem ilegal para atuação em favor de um interesse privado. Até este ano, outras 22 apurações acabaram distribuídas à Justiça Eleitoral[310].

Esta situação demonstra com alguma nitidez a complexidade de negociar acordos de colaboração premiada em grupo, com benefícios dependentes entre si. Se, como registrado anteriormente, a colaboração premiada já é um negócio jurídico processual de natureza peculiar por envolver um terceiro (delatado) que certamente se oporá aos termos do pacto, os riscos aumentam sobremaneira com a inclusão de outras pessoas no acordo[311].

El Tasse denunciava muito antes do surgimento da Operação Lava Jato os perigos de o Ministério Público firmar acordos de colaboração premiada com vários membros da organização criminosa sem as devidas investigações e cuidados:

> Não é por ser o primeiro a falar, ou porque negociou com a acusação a prestação de auxílio, que o acusado efetivamente esclarecerá os fatos tais quais eles ocorreram e apresentará em juízo os nomes dos efetivos responsáveis pela infração penal, como tem desenvolvido o imaginário nas

---

310 Delação, 2021.

311 Wermuth; Dalla Zen, 2020.

situações concretas.

A situação é tão deplorável que começam a eclodir denúncias da existência de um novo tipo de quadrilha, a da delação premiada, em que a pessoa presa negocia com os co-réus, mediante paga de altas somas, quais serão os delatados e quais serão os esquecidos e o pior com a conivência de advogados, agentes do Ministério Público e, até mesmo, juízes[312].

As negociações em conjunto ou em paralelo, com vinculação explícita entre acordos, não foi uma novidade surgida na época da "delação do fim do mundo". Na verdade, trata-se de expediente utilizado desde o primeiro momento na Operação Lava Jato, como se observa dos pactos selecionados como objeto empírico desta pesquisa (Anexos 1, 2 e 3).

No acordo primeiro acordo da operação, de Paulo Roberto Costa (Anexo 1), consta:

> **Cláusula 3ª.** Paulo Roberto Costa, sua esposa Marici da Silva Azevedo Costa e seus parentes Ariana Azevedo Costa Bachmann, Marcio Lewkowicz, Shanni Azevedo Costa Bachmann e Humberto Sampaio de Mesquita estão sendo investigados e/ou processados criminalmente no âmbito da Operação LavaJato, por diversos crimes tais como corrupção, peculato, lavagem de dinheiro oriundo de crimes contra a Administração Pública, formação de organização criminosa e obstrução da investigação de organização criminosa.
>
> **Cláusula 4ª.** Essas apurações estão relacionadas à atividade do réu Paulo Roberto Costa que, enquanto Diretor de Abastecimento da Petrobrás e mesmo após, atuou como líder de organização criminosa voltada ao cometimento de fraudes em contratações e desvio de recursos em diversos âmbitos e formas, totalizando dezenas de milhões de reais, tendo sido a vantagem distribuída entre diversos agentes, públicos e privados, em grande parte ainda não identificados.
>
> **Cláusula 5ª.** Em vista disto, salvaguardada a necessidade de ratificação e homologação judicial deste acordo, uma vez cumpridas integralmente as

---

312 El Tasse, 2006, p. 275.

condições impostas adiante, neste acordo, para o recebimento dos benefícios, bem como no caso haver efetividade da colaboração, o Ministério Público Federal (MPF) propõe ao acusado os seguintes benefícios legais, cumulativamente:

[...]

VII. O MPF ofertará aos parentes do colaborador, mencionados na Cláusula 3, os quais tenham praticado ou participado da atividade criminosa que é objeto deste acordo, proposta de acordo de colaboração premiada acessória e individual. Cada um destes acordos acessórios seguirá a sorte deste acordo principal no caso de rescisão, não homologação ou inefetividade deste último, exceto se o Ministério Público entender que a colaboração de cada beneficiário for suficiente para garantir-lhe, independentemente, os benefícios, no todo ou em parte, adiante listados.

Observa-se que já de início o acordo enumera o colaborador Paulo Roberto Costa, sua cônjuge e parentes como investigados ou processados pela Operação Lava Jato para, na sequência estabelecer o compromisso de oferta de acordo da mesma natureza àquelas pessoas, mas estabelecendo claramente uma relação de "principal e acessórios" em relação aos acordos.

Não bastasse a excentricidade de um negócio jurídico processual que busca regular outros negócios jurídicos processuais, como é o caso, esta relação de principal e acessório tem considerável potencial de conflito, caso haja desentendimento entre o Ministério Público e o "colaborador principal", já que a sorte dos "colaboradores acessórios" fica vinculada ao sucesso daquela primeira relação.

É certo que a cláusula dispõe sobre a possibilidade de "o Ministério Público entender que a colaboração de cada beneficiário for suficiente para garantir-lhe, independentemente, os benefícios, no todo ou em parte, adiante listados" (Cláusula 5ª, VII, *in fine*).

A redação evidencia, contudo, que a manutenção dos benefícios depende exclusivamente do entendimento do Ministério Público, tornando a cláusula puramente potestativa – como já mencionado no capítulo 2.2 – e, portanto, ilícita.

O acordo de Alberto Youssef (Anexo 2) não previu condicionante explícita de acordo com familiares, mas – como estudado no capítulo 3.2 – conta com previsão de que dois veículos blindados seriam depositados judicialmente em nome de suas filhas, a fim de que as mesmas utilizassem enquanto o colaborador estivesse em regime fechado ou tivessem interesse (Cláusula 7ª, § 3º). Trata-se, portanto, da liberação de uso de produtos do crime por parentes do colaborador durante período indeterminado.

Da mesma forma, o acordo de Pedro José Barusco Filho (Anexo 3) não possui previsão explícita de acordos direcionados a familiares e nem benefícios diretos aos mesmos. Há cláusula, entretanto, apontando a existência de uma conta bancária com saldo aproximado de 6 milhões de dólares, em nome de uma empresa *offshore* de Luciana Adriano Franco, esposa do colaborador (Cláusula 8ª, § 1º).

O acordo anuncia que os valores são produtos ou proveitos de crime perpetrados por Pedro José Barusco Filho e que Luciana Adriano Franco (que assinou o pacto na condição de "interveniente") se compromete à prática de todos os atos necessários para a repatriação do numerário.

A ausência de cláusula contratual explícita não indica que o acordo deixou de estabelecer benefícios a terceiros. Isso porque – da forma como as cláusulas foram estabelecidas – o Ministério Público assume tacitamente como verdadeira a isenção de responsabilidade de Luciana Adriano Franco, sem ao menos notícia de investigação. Trata-se de compromisso de grande magnitude, ainda que tácito.

Vinicius Gomes de Vasconcellos ainda cita outro acordo com cláusula em benefício a familiares de conteúdo bastante heterodoxo:

> Em outro termo de colaboração posterior, determinou-se cláusula no sentido de que o MPF se responsabilizaria por, além de requerer medidas protetivas cabíveis, "não oferecer denúncia nem de nenhum modo, ainda que por aditamento ou rerratificação, propor ação penal por fatos contidos

no escopo deste acordo em desfavor de qualquer familiar do colaborador", em troca do compromisso de que tais pessoas facilitariam o acesso a elementos probatórios eventualmente em seu poder (cláusula 5ª, § 4º, acordo na Pet. 6.138 STF)[313].

Dos exemplos mencionados, nota-se que não existe restrição legal para que a negociação de acordos de colaboração premiada diversos ocorra de modo simultâneo e nem que existe alguma relação de dependência entre si.

Enquanto a colaboração premiada é um meio de obtenção de prova para o Estado, para o indivíduo é uma alternativa à aplicação rigorosa da lei. Neste sentido, especialmente quando se observa a questão a partir de direitos e garantias fundamentais, é importante ter cuidado ao cogitar a existência de restrição.

Apesar da inexistência apriorística de restrição, é nítido que a utilização criativa da colaboração premiada como forma de obtenção de benefícios a terceiros ou familiares pode gerar ilegalidades.

Vasconcellos destaca que a persecução penal a familiares do colaborador deve ser embasada em "elementos probatórios legítimos que demostrem um real envolvimento do terceiro, sendo *completamente inadmissível a ameaça injustificada somente para pressionar o colaborador a aceitar o acordo*" (destaques originais)[314] No mesmo sentido, Valle e Garcia[315] destacam a necessidade de o acordo ser realizado sem que o colaborador sofra pressões indevidas e descabidas.

Isso porque, conforme estudado no capítulo 1.3, o aspecto volitivo é essencial para a validade da colaboração premiada, sendo necessário que o indivíduo tenha pleno conhecimento das suas opções, para que decida colaborar mediante manifestação hígida da vontade.

---

313 Vasconcellos, 2020, p. 192.

314 Vasconcellos, 2020, p. 193.

315 Valle; Garcia, 2017, p. 181.

É notório que a eclosão de uma investigação de grandes proporções influencia decisivamente na decisão do investigado ou processado. Esse elemento já é o bastante para estimular o convencimento do agente sobre as vantagens em aderir à investigação estatal. Destarte, não é dada ao Ministério Público a permissão de criar elementos de suspeição inexistentes sobre parentes dos investigados com a finalidade de fragilizar sua posição de resistência.

O pior cenário, entretanto, é a previsão de acordos "principal" e "acessórios", com relação de dependência entre si do sucesso do primeiro. A colaboração premiada é um negócio jurídico processual firmado entre o indivíduo e o Estado, não se admitindo que possa depender de outros.

Como dito, numa organização criminosa por vezes é inevitável a ligação entre os acordos, mas a possibilidade de rescisão de um acordo "acessório" simplesmente como decorrência da rescisão do acordo "principal" é absolutamente inadmissível. Trata-se de cláusula puramente potestativa e, por força do art. 122, do Código Civil, ilícita, devendo ser anulada ou desconsiderada.

4.3. Posição processual do réu-colaborador

No início deste capítulo 4, delineou-se que o fato de o colaborador ser denunciado numa ação penal não o coloca nas mesmas condições de um réu comum. Por outro lado, também não é possível compreendê-lo como testemunha ou assistente de acusação. Em verdade, em que pese a ausência de definição legislativa precisa, o delator possui condição processual própria.

Sobre esta condição própria, existem duas situações principais que demandam maior análise: sobre os prazos processuais do delator e o momento de seu interrogatório.

4.3.1. Prazos para a prática de atos processuais

A primeira situação é de fácil percepção. Em razão da garantia constitucional da ampla defesa, todo o processo penal é organizado de modo que a defesa técnica tenha oportunidade de manifestação após o peticionamento do órgão acusador. Tendo em vista que a organização procedimental do CPP é atinente ao processo tradicional[316], com regramento duro, inexiste distinção ou dicotomia entre os réus.

Ao dispor sobre a resposta à acusação, o CPP enuncia "oferecida a denúncia ou queixa, o juiz, se não a rejeitar liminarmente, recebê-la-á e ordenará a citação do acusado para responder à acusação, por escrito, no prazo de 10 (dez) dias" (art. 396, *caput*).

Trata-se de momento processual em que a defesa técnica analisa basicamente elementos de convencimento da fase investigativa e avalia questões formais, que podem ser objeto de questões preliminares. Aury Lopes Junior didaticamente ensina:

> Trata-se de peça obrigatória [...] É o momento em que o imputado poderá arguir defeitos (ou nulidades, se preferirem a terminologia clássica) da denúncia ou queixa e alegar tudo o que interesse à sua defesa (ou, estrategicamente, deixar de aduzir agora questões que prefira reservar para os debates finais, juntar documentos, indicar provas, bem como arrolar testemunhas[317].

Como esperado, a legislação processual penal não faz distinção entre acusados delatados e delatores, sendo prática forense cotidiana a concessão de prazos em comum. Imperioso reconhecer que, neste momento processual, dificilmente haverá questionamento profundo da defesa técnica do delatado, já que estrategicamente as defesas costumam guardar suas teses para após a instrução criminal.

---

316 Rosa; Bermudez, 2019, p. 100.

317 Lopes Junior, 2017, p. 724–725.

Justamente por isso, o prazo atinente às alegações finais ganha especial relevo. Sobre este prazo, o CPP dispõe:

> Art. 403. Não havendo requerimento de diligências, ou sendo indeferido, serão oferecidas alegações finais orais por 20 (vinte) minutos, respectivamente, pela acusação e pela defesa, prorrogáveis por mais 10 (dez), proferindo o juiz, a seguir, sentença.
>
> § 1º Havendo mais de um acusado, o tempo previsto para a defesa de cada um será individual.
>
> § 2º Ao assistente do Ministério Público, após a manifestação desse, serão concedidos 10 (dez) minutos, prorrogando-se por igual período o tempo de manifestação da defesa.
>
> § 3º O juiz poderá, considerada a complexidade do caso ou o número de acusados, conceder às partes o prazo de 5 (cinco) dias sucessivamente para a apresentação de memoriais. Nesse caso, terá o prazo de 10 (dez) dias para proferir a sentença.

Novamente, a legislação processual penal não distingue réus delatados e delatores. Há somente a previsão do prazo de 20 minutos para alegações finais orais na própria audiência (*caput*), a contagem individual do prazo (§ 1º) e a possibilidade de – considerada a complexidade do caso ou o número de acusados – converter as alegações em memoriais escritos, com prazo de 5 dias (§ 3º). Em se tratando de processos envolvendo colaboração premiada, a complexidade do caso e o número de acusados costumam ser elevados, tornando as alegações finais escritas quase uma regra.

Tais previsões são atinentes ao processo criminal tradicional, em que todos os acusados buscam simplesmente resistir à pretensão acusatória ou não. Por esta condição, prestigia-se os direitos fundamentais do contraditório e da ampla defesa em sua dimensão máxima, sem que a atuação processual de um réu afete o destino do corréu.

Quando se passa para o âmbito da justiça criminal negocial, os papéis se tornam bem mais complexos. Enquanto o réu-delatado segue com as características tradicionais do processo penal, o réu-colaborador possui um acordo escrito com a acusação, comprometendo-se a fornecer todos os elementos de convencimento de que tem conhecimento para conseguir a condenação do delatado, inclusive a concessão de seus prêmios costuma estar condicionada ao êxito desta empreitada processual.

Neste último cenário, ainda que o colaborador siga classificado como réu, é evidente seu desinteresse no exercício da ampla defesa. Tendo aderido previamente à tese acusatória, é de se pressupor que sua atuação processual siga a mesma trilha do *Parquet*, com a agravante de ter conhecimento de elementos fáticos que não necessariamente foram previamente comunicados à acusação, já que o colaborador seria um integrante da organização criminosa, conforme definição da Lei n.º 12.850/13.

A inexistência de dicotomia legal neste caso não deveria servir de fundamento para determinar que colaborador e delatado apresentassem alegações finais em prazo comum. Entretanto, apegando-se a uma interpretação bastante literal e dissociada do texto constitucional, vários processos da Operação Lava Jato tiveram determinação de prazo comum para oferecimento de alegações finais, mesmo sob protesto das defesas técnicas.

A celeuma começa a ser solucionada em 27 de agosto de 2019, com o julgamento do Agravo Regimental no *Habeas Corpus* n.º 157.627/PR, em que a 2ª Turma do STF concede a ordem em favor de Aldemir Bendine[318], a fim de anular o julgamento proferido na ação penal 5035263-15.2017.404.7000/PR, bem como os atos processuais subsequentes ao encerramento da instrução processual, assegurando ao paciente, por consequência, o direito de oferecer novamente seus memoriais escritos após o decurso do prazo oferecido aos demais réus colaboradores:

---

318 Foi funcionário e – entre abril de 2009 e fevereiro de 2015 – Presidente do Banco do Brasil. Em fevereiro de 2015, assumiu a Presidência da Petrobras S/A; renunciou ao cargo em 30 de maio de 2016, como decorrência da tramitação do processo de impeachment de Dilma Roussef.

AGRAVO REGIMENTAL EM *HABEAS CORPUS*. CONHECIMENTO. POSSIBILIDADE. APRESENTAÇÃO DE MEMORIAIS ESCRITOS POR RÉUS COLABORADORES E DELATADOS. PRAZO COMUM. INADMISSIBILIDADE. OFENSA ÀS REGRAS DO CONTRADITÓRIO E DA AMPLA DEFESA. NULIDADE. EXISTÊNCIA DE PREJUÍZO. EXEGESE IMEDIATA DOS DIREITOS FUNDAMENTAIS INDEPENDENTEMENTE DA NORMA INFRACONSTITUCIONAL. INTELIGÊNCIA DOS ARTS. 5º, LIV E LV, DA CONSTITUIÇÃO DA REPÚBLICA DE 1988, E 603, DO CPP. ORDEM CONCEDIDA.

I – Possibilidade de impetração de *habeas corpus* nos casos em que, configurada flagrante ilegalidade do provimento jurisdicional, descortina-se premente o risco atual ou iminente à liberdade de locomoção, apta, pois, a gerar constrangimento ilegal. Precedentes desta Suprema Corte (HC 87.926/SP, Rel. Min. Cezar Peluso; HC 136.331, Rel. Min. Ricardo Lewandowski).

II - Decisão de primeiro grau de jurisdição que indefere pedido para apresentação de memoriais escritos após o prazo dos réus colaboradores. Prejuízo demonstrado.

III – Memoriais escritos de réus colaboradores, com nítida carga acusatória, deverão preceder aos dos réus delatados, sob pena de nulidade do julgamento. Exegese imediata dos preceitos fundamentais do contraditório e da ampla defesa (art. 5º, LV, da CF/88) que prescindem da previsão expressa de regras infraconstitucionais.

IV – Agravo regimental provido, para conhecer e conceder a ordem[319].

À época, Aldemir Bendine havia sido condenado por Sérgio Moro a 11 anos de reclusão pelos crimes de corrupção passiva e lavagem de dinheiro. Com a anulação, o processo retornou a Curitiba e o Juiz Federal Luiz Antônio Bonat – após cumprimento da decisão do Pretório Excelso – proferiu nova condenação, mas agora no total de 6 anos e 8 meses de

---

319 STF (2ª Turma). **Agravo Regimental no *Habeas Corpus* n.º 157.627/PR**. Rel. Min. Edson Fachin, Rel. p/ Acórdão Min. Ricardo Lewandowski, DJe 17/03/2020, Brasília (DF), 27 ago. 2019a.

reclusão, apenas pelo primeiro delito. Após acórdão do Tribunal Regional Federal da 4ª Região (TRF4) confirmando a condenação, a ação está pendente de decisão no STJ no Recurso Especial n.º 1.999.433/PR.

Na ocasião do julgamento do Agravo Regimental no *Habeas Corpus* n.º 157.627/PR, o Ministro Ricardo Lewansdowski destacou que o Brasil ratificou a CADH, garantindo-se a toda pessoa acusada a comunicação prévia e pormenorizada da acusação contra si formulada (art. 8º, item 2, "b"), sendo evidente que o direito subjetivo de o acusado falar por último não se limita a previsões legais existentes, ou seja "o Código de Processo Penal e a Lei 12.850/2013 não apresentam rol taxativo, nem tampouco condicionam o exercício do contraditório efetivo"[320], e concluiu:

> Assento, ademais, que a previsão legal fixada no art. 403, do CPP, é anterior à introdução do texto normativo que disciplina a colaboração premiada e, por isso, não reproduz previsão sobre a cronologia da entrega dos memoriais aos acusados em situações jurídicas distintas, fato que não constitui impedimento, como visto, para garantir o direito subjetivo fundamental em testilha, por meio da simples exegese do art. 5º, LV, da Carta de Direitos de 1988.
>
> Logo, a inversão processual consagrada pelo entendimento que prestigia a manifestação final de réus colaboradores por último, ou ainda simultânea, ocasiona um sério prejuízo ao recorrente, que não pode manifestar-se repelindo, mais uma vez, os argumentos eventualmente incriminadores ou mesmo para ampliar e reforçar os que lhe forem favoráveis[321].

Trata-se de caso emblemático em que o STF demonstra a necessidade de se interpretar a lei ordinária em consonância com direitos e garantias

---

320 STF (2ª Turma). **Agravo Regimental no *Habeas Corpus* n.º 157.627/PR**. Rel. Min. Edson Fachin, Rel. p/ Acórdão Min. Ricardo Lewandowski, DJe 17/03/2020, Brasília (DF), 27 ago. 2019a, p. 49.

321 STF (2ª Turma). **Agravo Regimental no *Habeas Corpus* n.º 157.627/PR**. Rel. Min. Edson Fachin, Rel. p/ Acórdão Min. Ricardo Lewandowski, DJe 17/03/2020, Brasília (DF), 27 ago. 2019a, p. 53.

constitucionais (filtragem), bem como com previsões de Direitos Humanos assumidas pelo Brasil em Tratados Internacionais, como a Convenção Americana sobre Direitos Humanos.

Sobre a questão concreta, Nefi Cordeiro conclui que "realmente não há contraditório efetivo se é a defesa obrigada à prova ou à manifestação antes – ou durante – a prova ou manifestação da acusação, e o colaborador essa condição assume como auxiliar da acusação em face dos corréus"[322].

Como consequência direta do julgamento do Agravo Regimental no *Habeas Corpus* n.º 157.627/PR, no dia seguinte, o Ministro Edson Fachin (outrora vencido) afetou o *Habeas Corpus* n.º 166.373/PR, impetrado em favor de Márcio de Almeida Ferreira[323], ao Plenário, como forma de pacificar e uniformizar a questão.

Em 02 de outubro de 2019, o Tribunal Pleno do STF votou no mesmo sentido do órgão fracionário, concedendo a ordem, para anular a sentença, determinando-se o retorno dos autos à fase de alegações finais, a qual deverá seguir a ordem constitucional sucessiva, ou seja, primeiro a acusação, depois o delator e por fim o delatado. Na sequência, o julgamento foi suspenso para a fixação de tese geral, o que só ocorreu na sessão de julgamento de 30 de novembro de 2022, quando a unanimidade do colegiado firmou a tese de que "havendo pedido expresso da defesa no momento processual adequado (art. 403 do CPP e art. 11 da Lei 8.038/90), os réus têm o direito de apresentar suas alegações finais após a manifestação das defesas dos colaboradores, sob pena de nulidade"[324].

Analisando o julgamento, Georges Abboud pondera:

> Contextualizando a discussão, a L 12850/2013, que regulamentou no Brasil a figura da colaboração premiada como meio de prova, é omissa quanto às

---

322 Cordeiro, 2020, p. 169.

323 Trata-se de ex-gerente de empreendimentos da Petrobras S/A, que havia sido condenado a 10 anos de reclusão por corrupção passiva e lavagem de capitais.

324 Rodas, 2022.

posições processuais desses "réus qualificados" (réus delatores e delatados), tornando o CPP 403 insuficiente para regrar a nova realidade. A leitura constitucional desse último dispositivo se impõe com a força inegável de uma garantia: sem ela o delatado não teria como se contrapor com efetividade, a toda carga acusatória que lhe é imposta durante o processo.

De nossa parte, entendemos que a maior lição a ser tirada desse julgamento é a vitória da Constituição na era do eficienticismo. A maioria da Corte não se pautou pelas consequências práticas que a decisão poderia, ou não, ter com relação ao combate à corrupção.

Pautou-se, antes, pela necessidade de uma leitura constitucional do CPP 403 e da posição que os réus delatados possuem no processo penal brasileiro, e não pela vontade anônima das maiorias eventuais. Prevaleceu o paradigma da autonomia do direito. Julgamos como o direito diz que deve ser. Não utilizamos conceitos extralegais como "combate à corrupção" para suspender a normatividade da nossa Constituição[325].

De fato, trata-se de corajosa decisão da Corte Suprema que tenta recolocar o processo criminal brasileiro – especialmente quando vinculado à justiça negocial – no caminho constitucional, sem adesão automática ao discurso punitivista e eficientista.

Imperioso lembrar que, quando do julgamento do *Habeas Corpus* n.º 127.483/PR[326], o Plenário do STF consignou que não cabe ao delatado impugnar o acordo de colaboração premiada, sob o argumento de que se trata de negócio jurídico processual personalíssimo que se circunscreve na esfera da autonomia das partes. Neste sentido, Fé e Afonso concluem que:

> A busca por mecanismos de investigação modernos pelo Estado na busca por justiça penal é necessária e, nas organizações criminosas, o instituto da colaboração premiada é um instrumento legal de grande impacto e resolutividade. No entanto, o devido processo legal e seus princípios, como

---

325 Abboud, 2020.

326 STF (Tribunal Pleno). **Habeas Corpus 127.483/PR**. Rel. Min. Dias Toffoli. DJe 04/02/2016. Brasília (DF), 27 ago. 2015b. p. 1–154.

o contraditório e ampla defesa, são base do Estado Democrático de Direito e conquista na evolução dos direitos humanos, visando evitar acusações penais injustas e temerárias. Neste sentido, deve ser preservado o direito de o delatado manejar sua impugnação no momento apropriado do acordo de colaboração premiada[327].

Marcos Paulo Dutra Santos alerta que "se os pronunciamentos dos delatados antecedem ao do delator, este, nas suas alegações, explorará as suas fraquezas e inconsistências, apontando em qual medida a cooperação prestada evidencia o acerto da *tese* acusatória, **resgatando-a, depois de veiculada a *antítese* defensiva**" (grifos originais) [328].

Aliás, incorporando os argumentos da doutrina e a conclusão da maioria dos Ministros do STF, a Lei 13.964[329] – Pacote Anticrime – incorporou esta sistemática à Lei de Organização Criminosa, incluindo o § 10-A ao art. 4º, com a seguinte redação "em todas as fases do processo, deve-se garantir ao réu delatado a oportunidade de manifestar-se após o decurso do prazo concedido ao réu que o delatou."

Deste modo, ainda que o julgamento do *Habeas Corpus* n.º 166.373/PR ainda esteja aguardando a fixação de tese, a modificação legislativa introduzida pelo Pacote Anticrime encerrou a celeuma dos resistentes à efetivação do contraditório com a concessão de prazos sucessivos entre delator e delatado.

4.3.2. Momento do interrogatório do réu-colaborador na audiência

No capítulo 1.1, foi mencionada de modo resumida a celeuma em torno da evolução do interrogatório do acusado desde a promulgação da Constituição de 1988. Pela redação original do CPP, o interrogatório era o

---

327 Fé; Afonso, 2022, p. 458.

328 Santos, 2020, p. 259.

329 Brasil, **2019**.

primeiro ato da instrução criminal e dispensava a presença de defensor constituído. Somente em 2003 a legislação processual passou a exigir a presença de advogado com o réu e, apenas em 2008, a instrução criminal foi remodelada, passando o interrogatório a ser o último ato da instrução criminal.

Neste interstício de 2 décadas entre a promulgação da CF e a Reforma do CPP de 2008, já havia a previsão do contraditório e da ampla defesa como direitos e garantias fundamentais, entretanto as decisões judiciais simplesmente ignoravam tais preceitos constitucionais sob a justificativa de cumprimento da lei ordinária.

A partir do momento em que a legislação ordinária comum disciplinou o interrogatório do réu como o último ato da instrução criminal, contudo, iniciou-se a reação de perplexidade em relação aos procedimentos especiais como na justiça castrense – art. 302[330], do CPPM (1969) – e nos processos atinentes à Lei de Drogas – art. 57[331], da Lei n.º 11.343[332].

Esta perplexidade somente recebeu solução em 2016, quando o Plenário do STF julgou o *Habeas Corpus* n.º 127.900/AM, reconhecendo a necessidade de o interrogatório do acusado ser o último ato da instrução criminal mesmo nos processos regulados por procedimento especial:

> *Habeas corpus*. Penal e processual penal militar. [...]
> 3. Nulidade do interrogatório dos pacientes como primeiro ato da instrução processual (CPPM, art. 302).
> 4. A Lei nº 11.719/08 adequou o sistema acusatório democrático,

---

330 O acusado será qualificado e interrogado num só ato, no lugar, dia e hora designados pelo juiz, após o recebimento da denúncia; e, se presente à instrução criminal ou preso, antes de ouvidas as testemunhas.

331 Na audiência de instrução e julgamento, após o interrogatório do acusado e a inquirição das testemunhas, será dada a palavra, sucessivamente, ao representante do Ministério Público e ao defensor do acusado, para sustentação oral, pelo prazo de 20 (vinte) minutos para cada um, prorrogável por mais 10 (dez), a critério do juiz.

332 Brasil. **2006**.

202

integrando-o de forma mais harmoniosa aos preceitos constitucionais da Carta de República de 1988, assegurando-se maior efetividade a seus princípios, notadamente, os do contraditório e da ampla defesa (art. 5º, inciso LV).

5. Por ser mais benéfica (**lex mitior**) e harmoniosa com a Constituição Federal, há de preponderar, no processo penal militar (Decreto-Lei nº 1.002/69), a regra do art. 400 do Código de Processo Penal.

6. De modo a não comprometer o princípio da segurança jurídica (CF, art. 5º, XXXVI) nos feitos já sentenciados, essa orientação deve ser aplicada somente aos processos penais militares cuja instrução não se tenha encerrado, o que não é o caso dos autos, já que há sentença condenatória proferida em desfavor dos pacientes desde 29/7/14.

7. Ordem denegada, com a fixação da seguinte orientação: a norma inscrita no art. 400 do Código de Processo Penal comum aplica-se, a partir da publicação da ata do presente julgamento, aos processos penais militares, aos processos penais eleitorais e a todos os procedimentos penais regidos por legislação especial incidindo somente naquelas ações penais cuja instrução não se tenha encerrado (grifos originais)[333].

Importante perceber que a solução encontrada não envolveu modificação legislativa; as leis especiais seguem prevendo o interrogatório no início da instrução criminal. Entretanto, o que se nota é que o acórdão concluiu que os direitos fundamentais são mais que uma carta de intenções, sendo dotados de força normativa. Sobre este ponto, preciosa a lição de Konrad Hesse:

> Finalmente, a *interpretação* tem significado decisivo para a consolidação e preservação da força normativa da Constituição. A interpretação constitucional está submetida ao princípio da ótima concretização da norma (*Gebot optiraler Verwirklichung der Norm*). Evidentemente, esse princípio não pode ser aplicado com base nos meios fornecidos pela submissão lógica e pela construção conceitual. Se o direito e, sobretudo, a

---

333 STF (Tribunal Pleno). **Habeas Corpus n.º 127.900/AM**. *Habeas corpus*. Rel. Min. Dias Toffoli. Brasília (DF), 3 mar. 2016b.

Constituição têm sua eficácia condicionada pelos fatos concretos da vida, não se afigura possível que a interpretação faça deles tábula rasa. Ela há de contemplar essas condicionantes, correlacionando-as com as proposições normativas da Constituição. A interpretação adequada é aquela que consegue concretizar, de forma excelente, o sentido (*Sinn*) da proposição normativa dentro das condições reais dominantes numa determinada situação[334].

Neste sentido, ainda que o STF tenha admitido por longos anos como compatível com os direitos fundamentais do contraditório e da ampla defesa o interrogatório realizado na abertura da ação penal, com a evolução social dos fatos esta interpretação da norma constitucional foi se mostrando sem irrazoável, porque afastava a realidade social da concretização da norma constitucional.

Gilmar Mendes e Paulo Gustavo Gonet Branco lecionam que este fenômeno é conhecido como mutação constitucional, que representa:

[...] uma evolução na situação de fato sobre a qual incide a norma, ou ainda por força de uma nova visão jurídica que passa a predominar na sociedade, a Constituição muda, sem que as suas palavras hajam sofrido modificação alguma. O texto é o mesmo, mas o sentido que lhe é atribuído é outro. Como a norma não se confunde com o texto, repara-se, aí, uma mudança da norma, mantido o texto[335].

No mesmo sentido é a lição de Luís Roberto Barroso:

A interpretação evolutiva é um processo informal de reforma do texto da Constituição. Consiste ela na atribuição de novos conteúdos à norma constitucional, sem modificação do seu teor literal, em razão de mudanças históricas ou de fatores políticos e sociais que não estavam presentes na

---

334 Hesse, 2009, p. 135–136.

335 Mendes; Branco, 2012, p. 134.

mente dos constituintes[336].

Assim como ocorreu com o caso do interrogatório (em que uma modificação legislativa escancarou que a legislação especial continha previsão incompatível com a concretização de direitos fundamentais), a questão dos prazos sucessivos – estudada no capítulo anterior – resultou da aplicação do que Hesse denominou de "princípio da ótima concretização da norma". Somente após a manifestação jurisdicional é que o Congresso Nacional modificou a Lei n.º 12.850/13, prevendo os prazos sucessivos.

Ocorre que tanto a definição do STF quanto a modificação legislativa trazida pelo Pacote Anticrime não solucionaram outra questão de alta relevância da colaboração premiada: o momento do interrogatório do réu-colaborador.

Conforme já mencionado, o colaborador assina um negócio jurídico processual com o órgão de acusação, comprometendo-se a fornecer elementos de convencimento prejudiciais a seus comparsas em troca de prêmios.

Naturalmente, se houver cisão de processos e o colaborador não figurar como acusado, será tratado como testemunha de acusação, com todas as formalidades do CPP. O problema a que se dedica este capítulo se instala quando o colaborador também é um dos denunciados na ação penal, isso porque:

> O delator acusado é uma figura híbrida, mista, que serve como prova trazida pela acusação e para comprovação de sua tese, ainda que também esteja sendo acusado (mas, com a peculiaridade, de que irá assumir a hipótese acusatória e com ela 'colaborar', para obter o prêmio). Essa hibridez exige

---

336 Barroso, 2009, p. 151.

um tratamento diferenciado dos padrões estabelecidos até então[337].

Pela definição legal do CPP (art. 155[338]) a prova está umbilicalmente vinculada à concretização do contraditório judicial. Prescreve o dispositivo legal que, ressalvadas as provas cautelares, não repetíveis e antecipadas, os elementos de convencimento aptos a chancelar a sentença são aqueles produzidos em juízo. Justamente por conta disto Ferrer Beltrán destaca a necessidade de "maximizarse la participación de las partes a través del principio de contradicción, dando en todo momento a cada parte la oportunidad de contra-probar lo alegado por la parte contraria"[339][340].

Se a evolução jurídica brasileira demonstrou a necessidade de o interrogatório judicial ser o último ato da instrução criminal como forma de concretização dos direitos fundamentais do contraditório e da ampla defesa, com o surgimento da figura do réu-delator surge a necessidade de reinterpretação do texto constitucional.

A partir do momento em que o indivíduo assinou pacto com o Ministério Público, confessando seus delitos, fornecendo elementos de convicção desfavoráveis aos seus comparsas, renunciando ao exercício do direito ao silêncio e comprometendo-se a comparecer em juízo para prestar de declarações, há seu reconhecimento explícito e contratual de que não pretende se contrapor à tese acusatória e nem exercer a ampla defesa.

Não há como se pensar a finalidade da oitiva do réu-colaborador como

---

337 Lopes Junior; Paczek, 2019.

338 O juiz formará sua convicção pela livre apreciação da prova produzida em contraditório judicial, não podendo fundamentar sua decisão exclusivamente nos elementos informativos colhidos na investigação, ressalvadas as provas cautelares, não repetíveis e antecipadas.

339 Tradução do autor: "maximizar-se a participação das partes através do princípio do contraditório, dando a cada parte a oportunidade a todo o momento de contraprovar o que é alegado pela outra parte".

340 Brasil, 2003, p. 28.

sua defesa da tese acusatória, que foi consensualmente descartada no momento da assinatura do contrato com os órgãos de persecução penal.

A estratégia jurídica do réu-colaborador – e havendo acordo de colaboração premiada na ação penal, não se discute mais a questão probatória, mas sim a melhor estratégia para conquistar os prêmios previstos na avença – será inevitavelmente a incriminação do corréu delatado e da aderência à hipótese acusatória.

Nefi Cordeiro compreendeu com maestria a celeuma:

> Como concretização do contraditório, deve ser ao delatado permitido conhecer a atuar em face das razões e provas do delator de modo pleno, como se defronte ao acusador penal estivesse – pois essa intenção concretamente assume o colaborador, de auxiliar a acusação na condenação dos corréus. É que embora formalmente mantenha o colaborador a condição processual de acusado, materialmente em parte relevante de sua atuação atua como suplente acusatório, buscando a reunião de provas da culpa de corréus. Essa relevante distinção exige que já não mais seja o delatado impedido de acompanhar e reperguntar no interrogatório dos delatores, bem como exige venha o delatado a ser ouvido e apresentar razões finais apenas em momento posterior aos delatores – não há como contradizer ou contraprovar o que não se conhece[341]!

Ocorre que a mera observância da decisão do STF e da atual redação do art. 4º, § 10-A, da Lei n.º 12.850/13, é insuficiente para a concretização do contraditório e da ampla defesa em processos onde delator e delatado integram o polo passivo. Não basta que o prazo de manifestação do delatado seja posterior ao de seu delator. Também não é o bastante que o interrogatório do delator preceda o do delatado.

Por ter aderido contratualmente à tese acusatória, o delator abdicou voluntariamente do exercício do contraditório e da ampla defesa. Caso mantida estritamente a ordem definida pelo art. 400, do CPP, o delator terá

---

341 Cordeiro, 2020, p. 166–167.

a oportunidade de se manifestar após todas as testemunhas de defesa, podendo contraditá-las demoradamente para a demonstração de seu ponto de vista, sendo que a única forma de contraposição seria justamente o interrogatório do delatado.

Por certo, esta interpretação não atende o princípio da ótima concretização da norma[342], já que prestigia a supremacia da lei ordinária sobre o direito fundamental. Lopes Junior e Paczek[343] lembram ser "decorrência básica do direito de defesa, ter conhecimento de toda a tese e prova acusatória antes de exercê-la. É por isso que a prova testemunhal trazida pela acusação tem que ser, sempre, produzida antes das testemunhas arroladas pela defesa."

Deste modo, com a adesão do colaborador à tese acusatória, a sequência do art. 400, do CPP, precisa ser modificada em respeito justamente ao contraditório e à ampla defesa. É necessário que o réu-colaborador seja inquirido após as testemunhas de acusação, mas antes das de defesa. Para tanto, propõe-se a seguinte interpretação da ordem do art. 400, do CPP quando houver réus delator e delatado na mesma ação penal:

Figura 5: Proposta para ações penais com delator e delatado

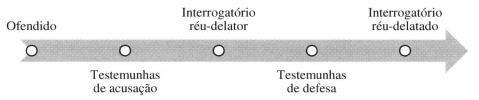

Fonte: Proposta do autor.

Destaca-se que, no interrogatório do delator, deve ser garantido aos

---

342 Hesse, 2009.

343 Lopes Junior; Paczek, 2019.

delatados a plena possibilidade de inquirição sobre os fatos objeto da ação penal[344].

Já que o entendimento consolidado no STF (*Habeas Corpus* n.º 127.483/PR) é o de que são raríssimas as possibilidades de questionamento sobre o acordo de colaboração premiada em si, somente permitindo a elaboração de questionamentos diretamente para o delator em audiência é possível ao delatado o pleno exercício da ampla defesa.

Deste modo, observa-se que o réu-delatado somente passa a ter conhecimento de todos os elementos de convencimento de que dispõe a acusação após a realização do interrogatório do réu-colaborador. Aí será possível direcionar os questionamentos às testemunhas de defesa no sentido de fornecer uma verdadeira antítese à tese acusatória e, ao final, realizar o interrogatório daquele que verdadeiramente quer exercer a ampla defesa.

---

344 Vasconcellos, 2020.

Conclusão

No início do trabalho, foi mencionado que a Constituição de 1988 é fruto da união de esforços para que o país superasse o último período ditatorial que lhe precedeu, sendo, também por esta razão, abrangente na previsão de direitos e garantias fundamentais. Para fins processuais, trata-se de um marco civilizatório na direção de um processo efetivamente democrático e livre de amarras inquisitoriais.

A concretização destes direitos e garantias fundamentais, entretanto, demanda a filtragem da legislação ordinária, a fim de que leis anteriores (como o CPP) sejam reinterpretadas sob novos paradigmas e que leis posteriores (como a Lei de Organização Criminosa, que regulamentou o procedimento da colaboração premiada) contem com interpretação conforme a Constituição.

No primeiro capítulo, buscou-se demonstrar como o processo penal teve uma lenta evolução ao longo da história humana, desde a vingança privada até a compreensão da necessidade de respeito a garantias processuais prévias. Esta compreensão sobre a necessidade de o Estado limitar seu próprio poder, respeitando liberdades do indivíduo, representa a gênese dos direitos humanos, que não são um dado da natureza, mas fruto de constante luta entre novas liberdades e velhos poderes.

Esta evolução sofreu avanços e retrocessos até que a 2ª Guerra Mundial evidenciou os horrores que os seres humanos podem causar a seu semelhante. Após o conflito, ocorreu a criação da Organização das Nações Unidas (ONU) (1945) e a Declaração Universal de Direitos Humanos (DUDH) (1948), com o florescimento dos direitos humanos como forma de se evitar a repetição de atrocidades vivenciadas naquele período.

No âmbito regional, foi criada a Organização dos Estados Americanos (OEA) (1948) e assinada a Convenção Americana dos Direitos Humanos (CADH) (1969). Como o Brasil vivia sob a Ditadura Militar no período, somente com o processo de redemocratização e promulgação da Constituição de 1988 é que a CADH foi ratificada em 1992.

Fato é que a Constituição de 1988 enumerou diversos direitos e garantias fundamentais, como o devido processo legal, o contraditório, a ampla defesa, a presunção de inocência e o direito ao silêncio, que eram inconciliáveis com o texto do Código de Processo Penal, de forte e declarada inspiração fascista. Inaugurava-se a necessidade de filtragem constitucional.

Foram anos para que reflexos concretos dos direitos fundamentais fossem efetivados, como os exemplos mencionados do exercício do direito ao silêncio não causar prejuízo a quem o invoca e que o interrogatório do acusado fosse o último ato da instrução criminal, a fim de que possa exercer realmente a ampla defesa que a CF lhe garante.

Concomitante a isso, a justiça criminal negocial dava os primeiros passos no Brasil, primeiro com as previsões de consenso da Lei dos Juizados Especiais e depois buscando formas de estimular vítimas, testemunhas e comparsas de grupos criminosos diversos a contribuir com investigações, a fim de desmantelar organizações criminosas, recuperar produtos do crime ou ainda resgatar reféns.

Várias leis trataram do tema, mas costumeiramente previam causas de diminuição para aqueles que colaboravam, moduladoras estas que ganhavam concretude somente quando da prolação da sentença (não raras vezes, anos após a contribuição do indivíduo). Faltava ao colaborador segurança jurídica, pois acertava sua colaboração com um agente público (Ministério Público ou Polícia Civil), mas a decisão sobre os prêmios ficava a cargo do magistrado, sem nenhuma vinculação.

Este cenário foi radicalmente modificado com a Lei n.º 12.850/13 que, sob reconhecida influência do *common law*, buscou regular um procedimento negocial em que o Estado firmasse um compromisso contratual com o colaborador, definindo explicitamente qual a colaboração esperada e quais os prêmios pactuados.

Essa incorporação ao sistema jurídico brasileiro de meio de negociação ampla entre as partes não equivale ao conhecido *plea bargain* ianque. Em verdade, a redação original da Lei n.º12.850/13 contava com diversas lacunas que, diante do uso sistemático da colaboração no âmbito da Operação Lava Jato, ensejaram diversas manifestações dos Tribunais Superiores para aclarar zonas de penumbra, adequando o instituto ao texto constitucional brasileiro. Na sequência, como reflexo do processo *dinamogênico* do direito, várias definições da jurisprudência foram incluídas na própria Lei de Organização Criminosa.

Para compreensão do escopo da colaboração premiada regulada pela Lei n.º 12.850/13, imperioso esmiuçar os pressupostos de admissibilidade e os requisitos de validade do negócio jurídico processual, como adequação ao caso concreto, necessidade do meio de obtenção de prova, proporcionalidade dos prêmios, confissão do delator, incriminação de terceiros, voluntariedade e inteligência do colaborador, que deve sempre estar acompanhado do defensor técnico.

Neste cenário, já no segundo capítulo, entra a Operação Lava Jato que, logo após a vigência da Lei n.º 12.850/13, começou a utilizar a colaboração premiada como método sistêmico de investigação especialmente para apuração de casos de desvios de dinheiro público ligados à Petrobrás S/A. Embora fruto de investigações anteriores, o caso só ganhou a mídia a partir de 2014.

Foi neste ano que Alberto Youssef e Paulo Roberto Costa foram presos cautelarmente, bem como assinaram os primeiros acordos de colaboração premiada da Operação Lava Jato. A partir daí, referida operação se desenvolveu em fases sucessivas com notável exposição na mídia e influência sobre a opinião pública.

O *site* do Ministério Público Federal traça uma linha do tempo da operação, bem como aglutina diversos números da mesma, demonstrando o superdimensionamento da força tarefa. Não se encontra nos números, todavia, que os acontecimentos políticos demonstraram um intuito deliberado dos membros da força tarefa em alcançar criminalmente o então ex-Presidente da República Luiz Inácio Lula da Silva e que, após a eleição de Bolsonaro, a operação simplesmente foi extinta.

Este traço político, embora fuja do escopo do presente trabalho, deve estar presente ao se analisar a movimentação jurídica da Operação Lava Jato, sob pena de se incorrer em análise viciada. Sob este prisma, a operação pode ser melhor compreendida como uma continuação dos órgãos de persecução penal ao julgamento da Ação Penal n.º 470 (Mensalão), no STF, em 2012.

Concomitantemente ao processamento da Ação Penal n.º 470, tramitava no Paraná o "Caso Banestado", tendo Alberto Youssef também como delator antes mesmo da Lei n.º 12.850/13. Fato é que com a vigência desta lei, o Ministério Público Federal avançou sobre os indícios delitivos na Petrobras S/A, utilizando-se da colaboração premiada em escala fordista, tornando demasiadamente flexível todo o processamento de ações penais da operação, em abandono do processo penal tradicional.

Esse abandono ficou evidente nas previsões contratuais dos prêmios nos acordos de colaboração premiada da Operação Lava Jato. A individualização da pena é um ponto essencial para a compreensão de um processo penal justo e democrático; em processos envolvendo colaborador a questão ganha mais uma camada, pela necessidade de se pactuar benefícios que, posteriormente, serão aplicados pelo Poder Judiciário.

214

Mesmo com a Lei n.º 12.850/13 prevendo várias possibilidades de benefícios ao colaborador, os acordos da operação foram bastante criativos na pactuação de prêmios que escapavam das previsões legais, como fixação do tempo máximo de cumprimento de pena privativa de liberdade (independente das penas cominadas em sentença), progressão automática de regime prisional, utilização de bens produto de crime por parentes, etc.

Apesar da perplexidade causada, de modo geral, o Poder Judiciário chancelou tais cláusulas, todavia o Pacote Anticrime – Lei n.º 13.964/19 – representou reação do Poder Legislativo a esta abertura excessiva, incluindo na Lei de Organização Criminosa restrições a possíveis prêmios.

Em decorrência da multiplicidade de acordos no curso da operação, foi efetuado um corte metodológico para análise qualitativa de dois pontos sensíveis nos últimos capítulos.

A primeira questão, sobre a qual se aprofunda o terceiro capítulo, é atinente à chamada "cláusula de performance", em que o acordo abre a possibilidade de o colaborador permanecer com parte de instrumentos, produtos ou proveitos do crime, mediante entrega do principal.

Trata-se de medida inovadora já que além da preocupação com a própria liberdade é evidente que o colaborador busca resguardar sua situação financeira. Numa sociedade capitalista, a classe abastada demonstra menor desconforto em passar período da vida preso do que ser conduzido à pobreza.

A aplicação da "cláusula de performance", contudo, é de constitucionalidade e legalidade bastante duvidosa. Isso porque tanto o texto constitucional quanto as previsões do Código Penal caminham no sentido de se impedir o enriquecimento ilícito, destinando o patrimônio espúrio ao perdimento ou confisco. Não se trata sequer de pena, mas de efeito da condenação.

Os acordos de colaboração premiada selecionados para análise empírica demonstram que ora há uma divisão extrajudicial do que seria patrimônio

215

lícito e ilícito, ora há mero silêncio sobre o tema com a destinação de parte do patrimônio ao colaborador ou sua família. Com esta divisão chancelada pelo *Parquet* e homologada pelo Poder Judiciário, sequer existe mais espaço para debate, restando ao colaborador patrimônio livre de questionamentos.

Ainda mais ousada é a cláusula constante no acordo de colaboração premiada de Alberto Youssef prevendo premiação financeira pelo auxílio em conseguir a recuperação de patrimônio de outras pessoas em favor do Estado. Ou seja, o Estado reconhece que a contribuição de Alberto Youssef é relevante ao ponto de lhe entregar 1 milhão de reais de origem duvidosa a cada 50 milhões de reais de outros acusados que conseguisse auxiliar na recuperação para o Estado.

Não fosse o bastante, é bastante perceptível que, ao cuidarem da questão patrimonial, os acordos acabam misturando multas, indenizações e produtos do crime como tudo o que sai do patrimônio do colaborador e é entregue ao Estado. Esta imprecisão acaba resultando em insegurança jurídica, eis que – acaso fosse respeitada a regra geral – os efeitos da condenação teriam aplicação automatizada no momento da sentença.

Apesar disso tudo, como forma de admitir a barganha como um estímulo ao colaborador, o Supremo Tribunal Federal entendeu ser plausível que determinados bens do colaborador possam ser imunizados contra o perdimento, no caso de uma sentença condenatória (*Habeas Corpus* n.º 127.483/PR).

Em verdade, trata-se de postura bastante arriscada a ampliação desmedida do escopo de possibilidade dos acordos de colaboração premiada. A partir do momento em que se chancela a possibilidade de negociações desta natureza, o custo-benefício da colaboração premiada deixa de ser orientado por padrões éticos, morais ou legais e passa a ser compreendido por um modelo econômico de escolha racional.

O colaborador busca não apenas minimizar os prejuízos (sanções penais), mas principalmente maximizar os lucros (isenção de perdimento de produtos e proveitos do crime). Diante disso, não é difícil prever comportamentos de colaboradores que "turbinam" suas declarações em busca de maiores prêmios. Some-se a isso o fato de considerável parcela dos processos da Operação Lava Jato contarem com elementos de convencimento majoritariamente testemunhais.

Por fim, o quarto capítulo busca demonstrar e esclarecer os problemas estruturais causados pela presença do réu-colaborador no polo passivo da ação penal.

A questão inicial é que direitos fundamentais, por mais que devam ser exercidos de modo individual, são garantias pensadas em aspecto coletivo, a fim de que valham para toda a sociedade. Já a justiça criminal negocial funciona sob outro prisma: o acordo exterioriza uma busca por benefícios individuais, com a renúncia ao exercício de direitos fundamentais.

De largada, esta diferença gera uma importante modificação estrutural no processo penal, pois deixa de ser apenas um procedimento tradicional e duro para ser um processo ambivalente em que a rigidez do ordenamento convive com a flexibilidade. Importante evidenciar que esta flexibilização não parte da legislação em si, mas nasce da postura do próprio suspeito ou acusado que adere à colaboração premiada e negocia deu destino.

A partir desta adesão o delator sai da posição de resistência processual e passa a colaborar em alguma medida com o órgão acusador. O problema é que a colaboração premiada é um negócio jurídico processual bastante peculiar que envolve terceiro que escapa do controle do acordo: o delatado.

Se o delator assume contratualmente o compromisso de apresentar elementos que prejudicam seu comparsa, certamente este assumirá uma postura de resistência não apenas em relação ao Ministério Público, mas também – e principalmente – em relação ao conteúdo entregue pelo colaborador.

Quando o delator não figura entre os denunciados da ação penal do delator, será tratado como testemunha de acusação. A celeuma se instala

217

quando delator e delatado figuram no polo passivo da mesma ação penal. Isso porque não há como dispensar ao delator o tratamento de testemunha ou assistente de acusação, mas também não se trata de um réu comum, sendo impossível sua classificação nestas categorias pré-existentes.

Em todos os acordos de colaboração premiada analisados, há cláusula expressa prevendo a renúncia ao exercício do direito ao silêncio e de garantia contra autoincriminação. Trata-se de previsão esperada pela própria natureza do acordo, em que o delator confessa a prática delitiva como melhor estratégia processual e apresenta elementos de convencimento em desfavor de terceiros.

Esta renúncia se mostra temerária quando se recorda que a Operação Lava Jato se desdobrava em vários núcleos e diversas ações envolvendo inúmeros delatados. Além de o delator não ter conhecimento prévio sobre quantas serão as oportunidades em que deverá se manifestar, ainda há que se considerar que a renúncia não se limita aos questionamentos da acusação, mas a todas perguntas que lhe sejam dirigidas.

Neste cenário, pode ocorrer de os questionamentos direcionados ao delator serem direcionados a questões fora do escopo do processo, que incriminem o mesmo por questões não abrangidas pelo acordo. Neste caso, sem prejuízo do acordo, deve ser garantido ao colaborador o exercício do direito ao silêncio.

Também problemática é a circunstância de acordos de colaboração premiada interdependentes ou prevendo benefícios a terceiros ou a familiares. Já em seu primeiro acordo – o de Paulo Roberto Costa – havia previsão contratual vinculando aquele pacto ao oferecimento de similares à cônjuge e a parentes do colaborador, acordos estes que guardariam relação de "principal e acessórios" entre si.

Os acordos de Alberto Youssef e Pedro José Barusco Filho contaram com cláusulas menos diretas, mas também com direitos e obrigações que alcançavam familiares. Tal situação se mostra temerária, eis que a colaboração premiada não pode ser utilizada como ameaça injustificada (velada ou explícita) de pressão aos familiares do colaborador.

No curso da Operação Lava Jato, em 2017, também ficou famoso o episódio da "delação do fim do mundo" em que 77 executivos do Grupo Odebrecht firmaram acordos incriminando mais de 400 pessoas.

A exigência dos delatores era de que os acordos fossem negociados em conjunto, colocando o Ministério Público numa situação de tudo ou nada. O *Parquet* aquiesceu e todos os colaboradores conseguiram seus benefícios. Anos mais tarde, os resultados foram decepcionantes, como por exemplo 77 casos de arquivamento ainda na fase investigativa.

Especificamente sobre a posição processual do réu-colaborador, duas questões foram destacadas: o prazo para a prática de atos processuais e a posição do interrogatório do delator em audiência de instrução criminal.

Como recorrência do princípio da ampla defesa, cabe ao réu sempre a oportunidade de falar após a acusação. Havendo diversos acusados e sendo o processo virtual (como é a regra hoje em dia) é corriqueiro que o prazo das defesas técnicas seja comum, pois – pelo processo tradicional e rígido – todos os réus adotam a postura de resistência à pretensão acusatória.

Como já mencionado, a assinatura de acordo de colaboração premiada modifica a estrutura do processo, tornando o procedimento flexível, já que o colaborador tem mais interesse em colaborar com a acusação do que em resistir ao *Parquet*.

Numa visão estreita e desvinculada da garantia processual, os processos da Operação Lava Jato insistentemente previam prazos comuns aos acusados, ainda que delator e delatado ocupassem o mesmo polo passivo na ação penal e a defesa técnica do delatado destacasse a necessidade de prévio conhecimento das alegações do delator.

A questão chegou ao Supremo Tribunal Federal que reconheceu a insuficiência das previsões do CPP para dar concretude aos princípios do contraditório e da ampla defesa nesta situação, concluindo pela necessidade de prazos sucessivos entre delator e delatado. Posteriormente, o Congresso Nacional positivou esta regra, incluindo o § 10-A ao art. 4º, da Lei n.º 12.850/13, com a seguinte redação "em todas as fases do processo, deve-se garantir ao réu delatado a oportunidade de manifestar-se após o decurso do prazo concedido ao réu que o delatou."

Esta solução do STF e positivação da garantia de o delatado falar por último abre as portas para a última questão analisada por este trabalho: o momento do interrogatório do réu-colaborador.

Quando da promulgação da Constituição de 1988, o interrogatório do acusado era o primeiro ato da instrução criminal, sendo inclusive dispensada a presença de seu advogado para a prática do ato. Foram décadas de insurgência da doutrina e reclamações de advogados até que se compreendeu a necessidade de deslocar o interrogatório do acusado para o fim da instrução, garantindo-lhe também quando exerce a autodefesa o direito de falar por último.

A presença de delator e delatado em audiência de instrução e julgamento novamente cria situação de perplexidade que não consegue ser solucionada nem mesmo pela aplicação analógica da regra mencionada do art. 4º, § 10-A, da Lei n.º 12.850/13, já que não basta realizar o interrogatório do delator antes do ato do delatado.

O delator é alguém que contratualmente se comprometeu a aderir à tese acusatória e a apresentar elementos de convencimento contra o delatado. Neste sentido, o interrogatório do réu-colaborador não representa mais um exercício de autodefesa, mas sim o momento de produção de provas da acusação.

Sob esse prisma, não há sentido em se manter o interrogatório do réu-colaborador após as testemunhas de defesa, que são justamente os elementos de convencimento orais de que dispõe o delatado. Mantida a estrita ordem legal, além de a defesa técnica do delatado direcionar seus questionamentos às testemunhas de defesa sem o conhecimento das declarações do delator, ainda há o problema de o delator (aderente à acusação) se manifestar após as testemunhas defensivas.

Desta forma, uma interpretação que dê concretude aos princípios do contraditório e da ampla defesa pressupõe o deslocamento do interrogatório do réu-colaborador dentro da audiência de instrução e julgamento. Após as testemunhas de acusação, mas antes das de defesa, deve ser realizado o interrogatório do réu-colaborador.

Somente assim seria possível atender o princípio da ótima concretização da norma, garantindo ao delatado – que mantém a postura do processo penal rígido – a aplicação efetiva dos princípios do contraditório e da ampla defesa.

Referências

A Bíblia Sagrada. Tradução João Ferreira de Almeida. 2ª ed., São Paulo: Sociedade Bíblica do Brasil, 1993.

ABBOUD, Georges. **Processo constitucional brasileiro (*on-line*)**. 4ª ed., São Paulo: Thomson Reuters Brasil, 2020. ISBN: 978-65-5614-025-4. Disponível em: https://proview.thomsonreuters.com/launchapp/title/rt/monografias/111488027/v4/page/RB-3.84.

AFONSO, Paulo Adaias Carvalho; PEREIRA, Ricardo Souza; LOFRANO, José Renato Hojas; FLORES, Andréa; MORAIS JÚNIOR, José Borges de. Individualização da pena na colaboração premiada / *Individualization of the penalty in the award-winning collaboration*. **Brazilian Journal of Development**, Curitiba (PR), v. 7, n. 12, p. 115208–115230, 2021. ISSN: 2525-8761. DOI: 10.34117/bjdv7n12-336. Disponível em: https://brazilianjournals.com/ojs/index.php/BRJD/article/view/41051. Acesso em: 4 jan. 2022.

ALVAREZ, Marcos César. Tortura, história e sociedade: algumas reflexões. **Revista Brasileira de Ciências Criminais**, São Paulo, v. 72, p. 275–294, 2008. ISSN: 1415-5400.

AMATO, Ábio; LIS, Laís. Aras diz que PGR não será submissa, elogia Lava Jato, mas admite "correções" na operação. **G1**, Brasília, 2019. Disponível em: https://g1.globo.com/politica/noticia/2019/09/25/ccj-senado-sabatina-augusto-aras-procurador-geral-da-republica.ghtml.

Acesso em: 26 nov. 2022.

ARRUDA, Rejane Alves de; FLORES, Andréa. A importância das circunstâncias judiciais para a efetividade do princípio constitucional da individualização da pena. **Revista Jurídica**, Curitiba (PR), v. 2, n. 59, p. 499–521, 2020. ISSN: 2316-753X. Disponível em: http://revista.unicuritiba.edu.br/index.php/RevJur/article/view/4102. Acesso em: 27 fev. 2022.

AZEVEDO, Antônio Junqueira de. **Negócio jurídico: existência, validade e eficácia**. 4. ed., São Paulo: Saraiva, 2002. ISBN: 978-85-02-03802-8.

BÄCHTOLD, Felipe. Deltan Dallagnol pede exoneração do Ministério Público. **Folha de São Paulo**, São Paulo, 2021. Disponível em: https://www1.folha.uol.com.br/poder/2021/11/deltan-dallagnol-ex-coordenador-da-lava-jato-pede-exoneracao-do-ministerio-publico.shtml. Acesso em: 26 nov. 2022.

BADARÓ, Gustavo Henrique Righi Ivahy. **Processo penal**. 5ª ed., São Paulo: RT, 2017. ISBN: 978-85-203-7327-9.

BADARÓ, Gustavo Henrique Righi Ivahy. **Epistemologia judiciária e prova penal**. São Paulo: Thomson Reuters Brasil, 2019. ISBN: 978-85-532-1861-5.

BARAN, Katna. Ex-presidente Lula é solto após 580 dias preso na Polícia Federal em Curitiba - 08/11/2019 - Poder - Folha. **Folha de São Paulo**, São Paulo, 2019. Disponível em: https://www1.folha.uol.com.br/poder/2019/11/ex-presidente-lula-e-solto-apos-580-dias-preso-na-policia-federal-em-curitiba.shtml. Acesso em: 28 nov. 2022.

BARROSO, Anamaria Prates; REICHERT, Vanessa; VASCONCELLOS, Vinicius Gomes de. A boa-fé e o compartilhamento de provas obtidas por meio de acordo de colaboração premiada. **Revista Brasileira de Ciências Criminais**, São Paulo, v. 177, p. 47–69, 2021. ISSN: 1415-5400.

BARROSO, Luís Roberto. **Interpretação e aplicação da Constituição**. 7. ed.,

São Paulo: Saraiva, 2009.

BARROSO, Luís Roberto. Prefácio - Empurrando a história: combate à corrupção, mudança de paradigmas e refundação do Brasil. *In*: PINOTTI, Maria Cristina (org.). **Corrupção: Lava Jato e Mãos Limpas**. São Paulo: Portfolio-Peguin, 2019. p. 9–19. ISBN: 978-85-8285-084-8.

BAUMAN, Zygmunt. **Vida para consumo: a transformação das pessoas em mercadorias**. Tradução Carlos Alberto Medeiros. Rio de Janeiro: Jorge Zahar, 2008. ISBN: 978-85-378-0066-9.

BECCARIA, Cesare. **Dos delitos e das penas**. Tradução Torrieti Guimarães. São Paulo: Martin Claret, 2002.

BELLO, Enzo; CAPELA, Gustavo Moreira; KELLER, Rene José. Operação Lava Jato: ideologia, narrativa e (re)articulação da hegemonia/*Carwash Operation: Ideology, Narrative and (re)articulation of hegemony*. **Revista Direito e Práxis**, Rio de Janeiro, v. 12, n. 3, p. 1645–1678, 2021. ISSN: 2179-8966. DOI: 10.1590/2179-8966/2020/53884. Disponível em: https://www.e-publicacoes.uerj.br/index.php/ revistaceaju/article/view/53884. Acesso em: 29 set. 2021.

BITENCOURT, Cezar Roberto. **Tratado de direito penal: Parte Geral**. 17. ed., São Paulo: Saraiva, 2012. ISBN: 978-85-02-14909-0.

BITTAR, Eduardo Carlos Bianca. **Introdução ao Estudo do Direito: humanismo, democracia e justiça**. 3. ed., São Paulo: SaraivaJur, 2022. ISBN: 978-65-5559-706-6.

BOBBIO, Norberto. **A era dos direitos**. Tradução Carlos Nelson Coutinho. Rio de Janeiro: Elsevier, 2004.

BOSI, Alfredo (Org.). **Essencial Padre Antônio Vieira**. São Paulo: Penguin Books, 2011. ISBN: 978-85-63560-28-5.

BOTTINO, Thiago. Colaboração premiada e incentivos à cooperação no processo penal: uma análise crítica dos acordos firmados na "Operação Lava Jato". **Revista Brasileira de Ciências Criminais**, São Paulo, v. 122,

p. 359–390, 2016. ISSN: 1415-5400.

BRASIL. **Código Civil**. Lei n.º 10.406, de 10 de janeiro de 2002. Brasília (DF). 2002a. Disponível em: http://www.planalto.gov.br/ccivil_03/Leis/2002/L10406.htm.

BRASIL. **Código de Processo Civil**. Lei n.º 13.105, de 16 de março de 2015. Brasília (DF). 2015a. Disponível em: http://www.planalto.gov.br/ccivil_03/_ato2015-2018/2015/lei/L13105.htm.

BRASIL. **Código de Processo Penal**. Decreto-Lei n.º 3.689, de 3 de outubro de 1941, Rio de Janeiro (DF), 1941. Disponível em: http://www.planalto.gov.br/ccivil_03/Decreto-Lei/Del3689.htm.

BRASIL. **Código de Processo Penal Militar**. Decreto-Lei n.º 1.002, de 21 de outubro de 1969, Brasília (DF), 21 out. 1969. Disponível em: http://www.planalto.gov.br/ccivil_03/Decreto-Lei/Del1002.htm.

BRASIL. **Código Penal**. Decreto-Lei n.º 2.848, de 7 de dezembro de 1940, Rio de Janeiro (DF), 1940. Disponível em: http://www.planalto.gov.br/CCIVIL_03/Decreto-Lei/Del2848.htm.

BRASIL. **Lei n.º 7.210, de 11 de julho de 1984**. Institui a Lei de Execução Penal, Brasília (DF), 11 jul. 1984a. Disponível em: http://www.planalto.gov.br/ccivil_03/leis/l7210.htm.

BRASIL. **Lei n.º 7.209, 11 de julho de 1984**. Altera dispositivos do Decreto-Lei n° 2.848, de 7 de dezembro de 1940 - Código Penal, e dá outras providências, Brasília (DF), 11 jul. 1984b. Disponível em: https://www.planalto.gov.br/CCIVIL_03/LEIS/1980-1988/L7209.htm.

BRASIL. **Constituição da República Federativa do Brasil**, Brasília (DF), 5 out. 1988. Disponível em: http://www.planalto.gov.br/ccivil_03/Constituicao/Constituicao.htm.

BRASIL. **Lei n.º 8.072, de 25 de julho de 1990**. Lei de Crimes Hediondos, Brasília (DF), 25 jul. 1990. Disponível em: http://www.planalto.gov.br/ccivil_03/Leis/L8072.htm.

BRASIL. **Decreto n.º 678, de 6 de novembro de 1992**. Promulga a

Convenção Americana sobre Direitos Humanos (Pacto de São José da Costa Rica), de 22 de novembro de 1969. Brasília (DF). 1992. Disponível em: http://www.planalto.gov.br/ccivil_03/decreto/d0678.htm.

BRASIL. **Lei n.º 9.034, de 3 de maio de 1995**. Dispõe sobre a utilização de meios operacionais para a prevenção e repressão de ações praticadas por organizações criminosas, Brasília (DF), 3 maio. 1995a. Disponível em: http://www.planalto.gov.br/ccivil_03/leis/l9034.htm.

BRASIL. **Lei n.º 9.099, de 26 de setembro de 1995**. Dispõe sobre os Juizados Especiais Cíveis e Criminais e dá outras providências, Brasília (DF), 26 set. 1995b. Disponível em: http://www.planalto.gov.br/ccivil_03/leis/ l9099.htm.

BRASIL. **Lei n.º 9.807, de 13 de julho de 1999**. Estabelece normas para a organização e a manutenção de programas especiais de proteção a vítimas e a testemunhas ameaçadas, institui o Programa Federal de Assistência a Vítimas e a Testemunhas Ameaçadas e dispõe sobre a proteção de acusados ou condenados que tenham voluntariamente prestado efetiva colaboração à investigação policial e ao processo criminal, Brasília (DF), 13 jul. 1999. Disponível em: http://www.planalto.gov.br/ccivil_03/leis/l9807.htm.

BRASIL. Supremo Tribunal Federal (Tribunal Pleno). *Habeas Corpus* n.º **79.589/DF**. Comissão Parlamentar de Inquérito. Direito ao silêncio. Pedido deferido para que, caso reconvocado a depor, não seja o paciente preso ou ameaçado de prisão pela recusa de responder a pergunta cujas respostas entenda poderem vir a incriminá-lo. Rel. Min. Octavio Gallotti, DJ 06/10/2000, Brasília (DF), 5 abr. 2000a. Disponível em: https://redir.stf.jus.br/paginadorpub/paginador.jsp?docTP=AC&docI D=78113.

BRASIL. Supremo Tribunal Federal (1ª Turma). **Recurso em** *Habeas Corpus* n.º **80.091/SP**. Recurso ordinário em *"Habeas Corpus"*. - A jurisprudência desta Corte já se firmou no sentido de que, para a validade desse ato, não é necessária a presença de advogado - e,

227

portanto, não há necessidade de intimação dele -, porque o interrogatório judicial é ato pessoal do juiz, não estando sujeito ao princípio do contraditório (assim, nos HCs 69372 e 68.882). [...] Recurso ordinário a que se nega provimento. Rel. Min. Moreira Alves, Brasília (DF), 25 abr. 2000b. Disponível em: https://redir.stf.jus.br/paginadorpub/paginador.jsp?docTP=AC&docID=102690.

BRASIL. **Lei n.º 10.409, de 11 de janeiro de 2002.** Dispõe sobre a prevenção, o tratamento, a fiscalização, o controle e a repressão à produção, ao uso e ao tráfico ilícitos de produtos, substâncias ou drogas ilícitas que causem dependência física ou psíquica, assim elencados pelo Ministério da Saúde, e dá outras providências, Brasília (DF), 11 jan. 2002b. Disponível em: http://www.planalto.gov.br/ccivil_03/leis/2002/l10409.htm.

BRASIL. Supremo Tribunal Federal (1ª Turma). *Habeas Corpus* n.º **82.463/MG.** *Habeas Corpus.* Juizados Especiais Criminais. Lei nº 9.099/95. Art. 72. Audiência preliminar. Desnecessidade de oferecimento prévio da denúncia. Declarações do acusado. Direito ao silêncio. [...] Não tendo sido o acusado informado do seu direito ao silêncio pelo Juízo (art. 5º, inciso LXIII), a audiência realizada, que se restringiu à sua oitiva, é nula. 3. Pedido deferido em parte. Rel.ª Min.ª Ellen Gracie, 1ª T., j. 05/11/2002, DJ 19/12/2002). Brasília (DF), 5 nov. 2002c. p. 745–748. Disponível em: https://redir.stf.jus.br/paginadorpub/paginador.jsp?docTP=AC&docID=79061.

BRASIL. Superior Tribunal de Justiça (6ª Turma). **Recurso Especial n.º 446.042/RS.** PROCESSUAL PENAL. RECURSO ESPECIAL. NULIDADE. INTERROGATÓRIO DO RÉU. PRESENÇA DO DEFENSOR. 1. A ausência do defensor do réu durante o interrogatório não acarreta nulidade. O interrogatório é ato privativo do juiz, não sujeito ao princípio do contraditório, não sendo obrigatória a participação do representante do Ministério Público e do defensor do acusado. 2. Recurso conhecido e provido. Rel. Min. Paulo Gallotti. DJ

09/12/2003. Brasília (DF), 26 nov. 2002d. Disponível em: https://scon.stj.jus.br/SCON/GetInteiroTeorDoAcordao?num_registr o=200200845591&dt_publicacao=09/12/2003.

BRASIL. **Lei n.º 10.792, de 1º de dezembro de 2003**. Altera a Lei n.º 7.210, de 11 de junho de 1984 - Lei de Execução Penal e o Decreto-Lei n.º 3.689, de 3 de outubro de 1941 - Código de Processo Penal e dá outras providências. Brasília (DF), 1 dez. 2003. Disponível em: http://www.planalto.gov.br/ccivil_03/LEIS/2003/L10.792.htm.

BRASIL. **Decreto n.º 5.015 de 12 de março de 2004**, Brasília (DF), 2004. Disponível em: http://www.planalto.gov.br/ccivil_03/_ato2004-2006/2004/decreto/d5015.htm.

BRASIL. **Decreto n.º 5.687, de 31 de janeiro de 2006**, Brasília (DF), 2006 a. Disponível em: http://www.planalto.gov.br/ccivil_03/_ato2004-2006/2006/decreto/d5687.htm.

BRASIL. **Lei n.º 11.343, de 23 de agosto de 2006**. Institui o Sistema Nacional de Políticas Públicas sobre Drogas - Sisnad; prescreve medidas para prevenção do uso indevido, atenção e reinserção social de usuários e dependentes de drogas; estabelece normas para repressão à produção não autorizada e ao tráfico ilícito de drogas; define crimes e dá outras providências. Brasília (DF), 23 ago. 2006b. Disponível em: http://www.planalto.gov.br/ccivil_03/_ato2004-2006/2006/lei/l11343.htm.

BRASIL. **Lei n.º 11.719, de 20 de junho de 2008**. Altera dispositivos do Código de Processo Penal, relativos à suspensão do processo, *emendatio libelli, mutatio libelli* e aos procedimentos. Brasília (DF). 20 jun. 2008. Disponível em: http://www.planalto.gov.br/ccivil_03/_Ato2007-2010/2008/Lei/L11719.htm.

BRASIL. **Lei n.º 12.694, de 24 de julho de 2012**. Dispõe sobre o processo e o julgamento colegiado em primeiro grau de jurisdição de crimes praticados por organizações criminosas; altera o Decreto-Lei nº 2.848, de 7 de dezembro de 1940 - Código Penal, o Decreto-Lei n° 3.689, de 3 de outubro de 1941 - Código de Processo Penal, e as Leis n°s 9.503, de 23 de setembro de 1997 - Código de Trânsito Brasileiro, e 10.826, de 22 de dezembro de 2003; e dá outras providências. Brasília (DF), 24 jul. 2012a. Disponível em: https://www.planalto.gov.br/CCIVIL_03/_Ato2011-2014/2012/Lei/L12694.htm.

BRASIL. **Lei n.º 12.850, de 2 de agosto de 2013.** Define organização criminosa e dispõe sobre a investigação criminal, os meios de obtenção da prova, infrações penais correlatas e o procedimento criminal; altera o Decreto-Lei n° 2.848, de 7 de dezembro de 1940 (Código Penal); revoga a Lei n° 9.034, de 3 de maio de 1995; e dá outras providências. Brasília (DF), 2 ago. 2013. Disponível em: http://www.planalto.gov.br/ccivil_03/_ato2011-2014/2013/lei/l12850.htm.

BRASIL. **Lei n.º 13.869, de 5 de setembro de 2019.** Dispõe sobre os crimes de abuso de autoridade e outras providências. Brasília (DF), 5 set. 2019b. Disponível em: http://www.planalto.gov.br/ccivil_03/_ato2019-2022/2019/lei/L13869.htm.

BRASIL. **Lei n.º 13.964, de 24 de dezembro de 2019.** Aperfeiçoa a legislação penal e processual penal. Brasília (DF), 24 dez. 2019d. Disponível em: http://www.planalto.gov.br/ccivil_03/_Ato2019-2022/2019/Lei/L13964.htm.

BRASIL, Ministério Público Federal. **Conheça a Linha do tempo - Caso Lava Jato.** Institucional. 2022b. Disponível em: http://www.mpf.mp.br/grandes-casos/lava-jato/linha-do-tempo. Acesso em: 11 ago. 2022.

BRASIL. **Orientação conjunta n.º 1/2018.** Brasília: Ministério Público Federal, 2018a. Disponível em: http://www.mpf.mp.br/atuacao-tematica/ccr5/orientacoes/orientacao-conjunta-no-1-2018.pdf. Acesso em: 22 jul. 2022.

BRASIL. Superior Tribunal de Justiça (5ª Turma). **Agravo Regimental no Recurso Especial n.º 1.768.487/RS.** Direito penal e processual penal. Corrupção passiva. Lavagem de dinheiro e associação criminosa. [...]

Dosimetria. Personalidade do agente. Ausência de fundamentação concreta. Configuração. *Habeas corpus ex officio*. Concessão. Readequação das penas privativa de liberdade e de multa. Rel. Ministro Felix Fischer. DJe 23/09/2020. Brasília (DF), 15 set. 2020. Disponível em: https://scon.stj.jus.br/SCON/GetInteiroTeorDoAcordao?num_re gistro=201802496410&dt_publicacao=23/09/2020.

BRASIL. Superior Tribunal de Justiça (5ª Turma). **Recurso Especial n.º 1.102.736/SP**. [...] O instituto da delação premiada incide quando o Réu, voluntariamente, colabora de maneira efetiva com a investigação e o processo criminal. Esse testemunho qualificado deve vir acompanhado da admissão de culpa e deve servir para a identificação dos demais coautores ou partícipes e na recuperação do produto do crime, o que não se verificou no caso dos autos. [...] Rel.ª Min.ª Laurita Vaz, DJe de 29/3/2010. Brasília (DF), 4 mar. 2010. Disponível em: https://scon.stj.jus.br/SCON/GetInteiroTeorDoAcordao?num_registr o=200802643166&dt_publicacao=29/03/2010.

BRASIL. Superior Tribunal de Justiça (6ª Turma). *Habeas Corpus* **n.º 703.978/SC**. *HABEAS CORPUS*. [...] O interrogatório, como meio de defesa, implica ao imputado a possibilidade de responder a todas, nenhuma ou a apenas algumas perguntas direcionadas ao acusado, que tem direito de poder escolher a estratégia que melhor lhe aprouver à sua defesa [...]. Rel. Des. Fed. conv. Olindo Menezes, DJe de 07/04/2022. Brasília (DF), 5 abr. 2022a. Disponível em: https://scon.stj.jus.br/ SCON/GetInteiroTeorDoAcordao?num_registro=202103512141&dt_ publicacao=07/04/2022.

BRASIL. Supremo Tribunal Federal (2ª Turma). **Agravo Regimental no Inquérito 4.420/DF**. Penal e Processual Penal. 2. Compartilhamento de provas e acordo de leniência. 3. A possibilidade de compartilhamento de provas produzidas consensualmente para outras investigações não incluídas na abrangência do negócio jurídico pode colocar em risco a sua efetividade e a esfera de direitos dos imputados que consentirem em colaborar com a persecução estatal. 4. No caso em concreto, o inquérito civil investiga possível prática de ato que envolve imputado que não é abrangido pelo acordo de leniência em questão. 5. Contudo, deverão ser respeitados os termos do acordo em relação à agravante e aos demais aderentes, em caso de eventual prejuízo a tais pessoas. 6. Nego provimento ao agravo, mantendo a decisão impugnada e o compartilhamento de provas, observados os limites estabelecidos no acordo de leniência em relação à agravante e aos demais aderentes. Rel. Min. Gilmar Mendes, DJe 13/09/2018. Brasília (DF), 28 ago. 2018b. Disponível em: https://redir.stf.jus.br/paginadorpub/paginador.jsp?docTP=TP&docID=748191792.

BRASIL. Supremo Tribunal Federal (2ª Turma). **Agravo Regimental no Habeas Corpus n.º 157.627/PR**. [...] II – Decisão de primeiro grau de jurisdição que indefere pedido para apresentação de memoriais escritos após o prazo dos réus colaboradores. Prejuízo demonstrado. III – Memoriais escritos de réus colaboradores, com nítida carga acusatória, deverão preceder aos dos réus delatados, sob pena de nulidade do julgamento. Exegese imediata dos preceitos fundamentais do contraditório e da ampla defesa (art. 5º, LV, da CF/88) que prescindem da previsão expressa de regras infraconstitucionais. [...] Rel. Min. Edson Fachin, Rel. p/ Acórdão Min. Ricardo Lewandowski, DJe 17/03/2020, Brasília (DF), 27 ago. 2019a. Disponível em: https://redir.stf.jus.br/paginadorpub/paginador.jsp?docTP=TP&docID=752248712.

BRASIL. Supremo Tribunal Federal (Tribunal Pleno). **Ação Penal n.º 470/MG**. Rel. Min. Joaquim Barbosa, DJe 22/04/2013. Brasília (DF), 17 dez. 2012b. p. 1–8405. Disponível em: https://redir.stf.jus.br/paginadorpub/paginador.jsp?docTP=TP&docID=3678648.

BRASIL. Supremo Tribunal Federal (Tribunal Pleno). **Ações Declaratórias de Constitucionalidade n.º 43, 44 e 54**. PENA – EXECUÇÃO PROVISÓRIA – IMPOSSIBILIDADE – PRINCÍPIO DA NÃO CULPABILIDADE. Surge constitucional o artigo 283 do Código de

Processo Penal, a condicionar o início do cumprimento da pena ao trânsito em julgado da sentença penal condenatória, considerado o alcance da garantia versada no artigo 5º, inciso LVII, da Constituição Federal, no que direciona a apurar para, selada a culpa em virtude de título precluso na via da recorribilidade, prender, em execução da sanção, a qual não admite forma provisória. Rel. Min. Marco Aurélio, DJe 12/11/2020. Brasília (DF), 7 nov. 2019c. Disponível em: https://redir.stf.jus.br/paginadorpub/paginador.jsp?docTP=TP&docID=754357342.

BRASIL. Supremo Tribunal Federal (Tribunal Pleno). *Habeas Corpus* **127.483/PR**. [...] Negócio jurídico processual personalíssimo. Impugnação por coautores ou partícipes do colaborador. Inadmissibilidade. [...] Rel. Min. Dias Toffoli. DJe 04/02/2016. Brasília (DF), 27 ago. 2015b. p. 1–154. Disponível em: https://redir.stf.jus.br/paginadorpub/paginador.jsp?docTP=TP&docID=10199666.

BRASIL. Supremo Tribunal Federal (Tribunal Pleno). *Habeas Corpus* n.º **126.292/SP**. CONSTITUCIONAL. *HABEAS CORPUS*. PRINCÍPIO CONSTITUCIONAL DA PRESUNÇÃO DE INOCÊNCIA (CF, ART. 5º, LVII). SENTENÇA PENAL CONDENATÓRIA CONFIRMADA POR TRIBUNAL DE SEGUNDO GRAU DE JURISDIÇÃO. EXECUÇÃO PROVISÓRIA. POSSIBILIDADE. 1. A execução provisória de acórdão penal condenatório proferido em grau de apelação, ainda que sujeito a recurso especial ou extraordinário, não compromete o princípio constitucional da presunção de inocência afirmado pelo artigo 5º, inciso LVII da Constituição Federal. 2. *Habeas corpus* denegado. Rel. Min. Teori Zavascki, DJe 17/05/2016. Brasília (DF), 17 fev. 2016a. Disponível em: https://redir.stf.jus.br/paginadorpub/paginador.jsp?docTP=TP&docID=10964246.

BRASIL. Supremo Tribunal Federal (Tribunal Pleno). *Habeas Corpus* n.º **127.900/AM**. *Habeas corpus*. Penal e processual penal militar. [...] Incidência da norma inscrita no art. 400 do Código de Processo Penal comum aos processos penais militares cuja instrução não se tenha encerrado, o que não é o caso. Ordem denegada. Fixada orientação quanto a incidência da norma inscrita no art. 400 do Código de Processo Penal comum a partir da publicação da ata do presente julgamento, aos processos penais militares, aos processos penais eleitorais e a todos os procedimentos penais regidos por legislação especial, incidindo somente naquelas ações penais cuja instrução não se tenha encerrado. Rel. Min. Dias Toffoli. Brasília (DF), 3 mar. 2016b. Disponível em: https://redir.stf.jus.br/paginadorpub/paginador.jsp?docTP=TP&docI D=11451173.

BRASIL. Supremo Tribunal Federal (Tribunal Pleno). **Reclamação n.º 17.623/PR**. Rel. Min. Teori Zavascki. Brasília (DF), 19 maio. 2014. Disponível em: https://portal.stf.jus.br/processos/detalhe.asp?incidente=4561953.

BRASIL, Supremo Tribunal Federal (Tribunal Pleno). **Súmula vinculante 14**. É direito do defensor, no interesse do representado, ter acesso amplo aos elementos de prova que, já documentados em procedimento investigatório realizado por órgão com competência de polícia judiciária, digam respeito ao exercício do direito de defesa. Brasília (DF), 2 fev. 2009. Disponível em: https://jurisprudencia.stf.jus.br/pages/search/seq-sumula762/false.

CAMPOS, Francisco. **Exposição de motivos do Código de Processo Penal**. Rio de Janeiro (DF): Ministério da Justiça e Negócios Interiores, 1941. Disponível em: http://honoriscausa.weebly.com/uploads/1/7/4/2/17427811/exmcpp_processo_penal.pdf. Acesso em: 1 jun. 2021.

CAMPOS, Francisco. **O Estado nacional: sua estrutura, seu conteúdo ideológico**. Brasília (DF): Senado Federal, Conselho Editorial, 2001. Disponível em: http://www2.senado.leg.br/bdsf/handle/id/1056. Acesso em: 2 mar. 2022.

CANÁRIO, Pedro. Supremo reconhece validade de acordo de delação premiada de Alberto Youssef. **Consultor Jurídico (ConJur)**, São Paulo,

2015. ISSN: 1809-2829. Disponível em: http://www.conjur.com.br/2015-ago-27/supremo-reconhece-validade-acordo-delacao-premiada-youssef. Acesso em: 12 ago. 2022.

CANOTILHO, José Joaquim Gomes; BRANDÃO, Nuno. Colaboração premiada: Reflexões críticas sobre os acordos fundantes da Operação Lava Jato. **Revista Brasileira de Ciências Criminais**, São Paulo, v. 133, n. 25, p. 133–171, 2017. ISSN: 1415-5400. Disponível em: http://hdl.handle.net/10316/43348. Acesso em: 17 nov. 2020.

CARNELUTTI, Francesco. **As misérias do processo penal**. Tradução Ricardo Rodrigues Gama. Campinas: Russell, 2013.

CARRARA, Francesco. **Programa de derecho criminal: Parte general**. Tradução José Joaquín Ortega Torres, Jorge Guerrero. 4. ed., Bogotá: Temis Librería, 1985.

CARVALHO, Luis Gustavo Grandinetti Castanho de. **Processo penal e Constituição: princípios constitucionais do processo penal**. 6. ed., São Paulo: Saraiva, 2014. ISBN: 978-85-02-22430-8.

CASTRO, Ana Lara Camargo de. *Plea Bargain*: **Resolução penal pactuada nos Estados Unidos**. Belo Horizonte: D'Plácido, 2019. ISBN: 978-85-60519-78-1.

CIOCCARI, Deysi. Operação Lava Jato: escândalo, agendamento e enquadramento. **Revista Alterjor**, São Paulo, v. 12, n. 2, p. 58–78, 2015. ISSN: 2176-1507. Disponível em: https://www.revistas.usp.br/alterjor/article/view/aj12-a04. Acesso em: 26 nov. 2022.

COMPARATO, Fábio Konder. **A afirmação histórica dos direitos humanos**. 12ª ed., São Paulo: Saraiva Educação, 2019. ISBN: 978-85-536-0409-8.

CORDEIRO, Nefi. **Colaboração premiada: atualizada pela lei anticrime**. Belo Horizonte: Grupo Editorial Letramento, Casa do Direito, 2020. ISBN: 9786586025743.

COSTA, Nilton César Antunes da. **Poderes do árbitro: de acordo com a Lei**

9.307/96. São Paulo: RT, 2002. ISBN: 85-203-2239-5.

DALLA, Humberto; WUNDER, Paulo. Os benefícios legais da colaboração premiada. **Revista Eletrônica de Direito Processual**, Rio de Janeiro, v. 19, n. 1, p. 107–144, 2018. ISSN: 1982-7636. DOI: 10.12957/redp.2018.33460. Disponível em: http://www.e-publicacoes.uerj.br/index.php/redp/article/view/33460. Acesso em: 05 jun. 2022.

DALLAGNOL, Deltan Martinazzo. **A luta contra a corrupção: a Lava Jato e o futuro de um país marcado pela impunidade**. Rio de Janeiro: Primeira Pessoa, 2017. ISBN: 978-85-68377-10-9.

DE SÁ E SILVA, Fabio. Vetores, desafios e apostas possíveis na pesquisa empírica em direito no Brasil. **Revista de Estudos Empíricos em Direito**, São Paulo, v. 3, n. 1, p. 24–53, 2016. ISSN: 2319-0817. DOI: 10.19092/reed.v3i1.95. Disponível em: https://revistareed.em nuvens.com.br/reed/article/view/95. Acesso em: 27 mar. 2021.

DE SÁ E SILVA, Fabio. Responsabilización legalizada y prevención de la tortura en la conciencia jurídica de activistas brasileños. *In:* **Respondiendo a la tortura: perspectivas latinoamericanas un desafío global**. Bogotá: International Bar Association's Human Rights Institute; Universidad Externado de Colombia, 2020a. p. 60–91. ISBN: 978-958-790-326-3.

DE SÁ E SILVA, Fabio. From Car Wash to Bolsonaro: Law and Lawyers in Brazil's Illiberal Turn (2014–2018). **Journal of Law and Society**, Cardiff, v. 47, n. S1, p. 1–21, 2020b. ISSN: 0263-323X, 1467-6478. DOI: 10.1111/jols.12250. Disponível em: https://onlinelibrary.wiley.com/doi/10.1111/jols.12250. Acesso em: 19 jan. 2022.

DELAÇÃO... Delação da Odebrecht fez barulho, mas, por falta de provas, rendeu pouca coisa. **Consultor Jurídico (ConJur)**, São Paulo, 2021. ISSN: 1809-2829. Disponível em: https://www.conjur.com.br/2021-mai-25/delacao-odebrecht-fez-barulho-rendeu-coisa. Acesso em: 8 out.

2021.

DE-LORENZI, Felipe da Costa. A determinação da pena na colaboração premiada: análise da fixação dos benefícios conforme a Lei 12.850/2013 e o Supremo Tribunal Federal. **Revista Brasileira de Ciências Criminais**, São Paulo, v. 155, n. 27, p. 293–337, 2019. ISSN: 1415-5400.

DI NAPOLI, Silvana. O devido processo legal como mecanismo para a proteção dos direitos fundamentais. **Revista de Direito Constitucional e Internacional**, São Paulo, v. 118, p. 189–205, 2020. ISSN: 1518-272X.

DIPP, Gilson. **A "delação" ou colaboração premiada: uma análise do instituto pela interpretação da lei**. Brasília: Instituto Brasiliense de Direito Público, 2015. ISBN: 978-85-65604-57-4. DOI: 10.11117/9788565604574. Disponível em: http://www.idp.edu.br/publicacoes/portal-de-ebooks/2628-2015-02-05-19-29-48. Acesso em: 05 jun. 2020.

EL TASSE, Adel. Delação premiada: Novo passo para um procedimento medieval. **Ciências Penais: Revista da Associação Brasileira de Professores de Ciências Penais**, São Paulo, v. 5, n. Jul-Dez, p. 269–283, 2006. ISSN: 1679-673X.

ESSADO, Tiago Cintra. Delação premiada e idoneidade probatória. **Revista Brasileira de Ciências Criminais**, São Paulo, v. 101, p. 203–227, 2013. ISSN: 1415-5400.

FABRETTI, Humberto Barrionuevo; SILVA, Virgínia Gomes de Barros e. O sistema de justiça negociada em matéria criminal: Reflexões sobre a experiência brasileira. **Revista Direito UFMS**, Campo Grande (MS), v. 4, n. 1, p. 279–297, 2018. ISSN: 2447-2336. DOI: 10.21671/rdufms.v4i1.5919. Disponível em: https://seer.ufms.br/index.php/revdir/article/view/5919. Acesso em: 25 abr. 2022.

FÉ, Valmir Messias de Moura; AFONSO, Paulo Adaias Carvalho. O direito à impugnação do acordo de colaboração premiada. *In:* SANTORO, Antonio Eduardo Ramires; SILVA, Flavio Mirza da; GUEDES, Maurício

Pires; SILVA, Rogerio Borba da (Org.). **Reflexões sobre Direito e sociedade**. Deerfield Beach, FL: Pembroke Collins, 2022. p. 446–460. ISBN: 9798886700343.

FERRARI, Bárbara Dorati. Análise crítica de acordos de colaboração realizados no âmbito da operação Lava-Jato à luz das coordenadas constitucionais. **Revista do Ministério Público do Estado do Rio de Janeiro**, Rio de Janeiro, v. 78, p. 45–73, 2020. Disponível em: http://www.mprj.mp.br/servicos/revista-do-mp/revista-78/artigo-das-pags-45-73. Acesso em: 11 ago. 2022.

FERRER BELTRÁN, Jordi. Derecho a la prueba y racionalidad de las decisiones judiciales. **Jueces para la democracia**, *[S. l.]*, n. 47, p. 27–34, 2003. ISSN: 1133-0627. Disponível em: https://dialnet.unirioja.es/servlet/articulo?codigo=668796. Acesso em: 27 nov. 2022.

FICO, Carlos. **História do Brasil contemporâneo: da morte de Vargas aos dias atuais**. São Paulo: Editora Contexto, 2015. 158 p. (Coleção História na universidade). ISBN: 978-85-7244-935-9.

FONSECA, Alana. Moro pede exoneração do cargo de juiz federal para ser ministro do novo governo. **G1**, Curitiba, 2018. Disponível em: https://g1.globo.com/pr/parana/noticia/2018/11/16/presidente-do-trf-4-assina-exoneracao-de-sergio-moro.ghtml. Acesso em: 26 nov. 2022.

FREIRE, Marcelo. Conheça dez histórias de corrupção durante a ditadura militar. **Universo Online (UOL)**, São Paulo, 2015. Disponível em: https://noticias.uol.com.br/politica/ultimas-noticias/2015/04/01/conheca-dez-historias-de-corrupcao-durante-a-ditadura-militar.htm. Acesso em: 7 ago. 2022.

FREITAS, Thainá Almeida de. A serendipidade nas interceptações telefônicas e a admissibilidade processual das provas fortuitamente obtidas: A gênese da Operação Lava Jato. **Revista Brasileira de Ciências Criminais**, São Paulo, v. 160, p. 177–218, 2019. ISSN: 1415-5400.

GASPAR, Malu. **A organização: a Odebrecht e o esquema de corrupção que**

chocou o mundo. São Paulo: Companhia das Letras, 2020. ISBN: 978-85-359-3399-4.

GASPARINI, Diogenes. **Direito administrativo**. 17. ed., São Paulo: Saraiva, 2012. ISBN: 978-85-02-14923-6.

GOMES FILHO, Antônio Magalhães; BADARÓ, Gustavo Henrique Righi Ivahy. Prova e sucedâneos de prova no processo penal brasileiro. **Revista Brasileira de Ciências Criminais**, São Paulo, v. 65, p. 175–208, 2007. ISSN: 1415-5400.

GRECO, Rogério. **Curso de direito penal: volume 1: parte geral: arts. 1º a 120 do Código Penal**. 24. ed., Barueri: Atlas, 2022. ISBN: 978-65-59-77148-6.

GREFF, André Luiz Carvalho; FLORES, Andréa. O direito penal do inimigo: Da presunção de culpa à antecipação da punibilidade, incompatibilidade com os direitos fundamentais no sistema constitucional brasileiro. **Revista Jurídica Direito, Sociedade e Justiça**, Dourados (MS), v. 5, n. 7, 2018. ISSN: 2318-7034. Disponível em: http://200.181.121.140/index.php/RJDSJ/article/view/3147. Acesso em: 27 fev. 2022.

GRINOVER, Ada Pellegrini. O interrogatório como meio de defesa (Lei 10.792/2003). **Revista Brasileira de Ciências Criminais**, São Paulo, v. 53, p. 185–200, 2005. ISSN: 1415-5400.

GRINOVER, Ada Pellegrini; FERNANDES, Antônio Scarance; GOMES FILHO, Antônio Magalhães. **As nulidades no processo penal**. 2. ed., São Paulo: Malheiros, 1992.

GUERRA FILHO, Willis Santiago. A dimensão processual dos direitos fundamentais. **Revista de Processo**, São Paulo, v. 87, p. 166–174, 1997.

GUERRA FILHO, Willis Santiago. **Processo constitucional e direitos fundamentais**. 4. ed., São Paulo: RCS Editora, 2005. ISBN: 85-98030-08-8.

HESSE, Konrad. **Temas fundamentais de direito constitucional**. Tradução

Carlos dos Santos Almeida, Gilmar Ferreira Mendes, Inocêncio Mártires Coelho. São Paulo: Saraiva, 2009. ISBN: 978-85-02-08147-5.

JARDIM, Afrânio Silva. Acordo de cooperação premiada. Quais são os limites? **Revista Eletrônica de Direito Processual**, Rio de Janeiro, v. 17, n. 1, p. 2–6, 2016. ISSN: 1982-7636. DOI: 10.12957/redp.2016.23110. Disponível em: http://www.e-publicacoes.uerj.br/index.php/redp/article/view/23110. Acesso em: 25 jul. 2022.

JARDIM, Afrânio Silva. Réu delator funciona como espécie de assistente da acusação trazida pelo MP. **Consultor Jurídico (ConJur)**, São Paulo, 2019. ISSN: 1809-2829. Disponível em: https://www.conjur.com.br/2019-set-02/afranio-silva-jardim-reu-delator-atua-assistente-acusacao. Acesso em: 2 nov. 2022.

KAFKA, Franz. **O processo**. Tradução Marcus Penchel. Petrópolis: Vozes, 2019. ISBN: 978-85-326-6408-2.

KALKMANN, Tiago. Análise Econômica da Racionalidade do Acordo de Colaboração Premiada. **Revista Brasileira de Direito Processual Penal**, Porto Alegre, v. 5, n. 1, p. 469, 2019. ISSN: 2525-510X. DOI: 10.22197/rbdpp.v5i1.195. Disponível em: https://revista.ibraspp.com.br/RBDPP/article/view/195. Acesso em: 27 set. 2022.

LAFER, Celso. **A internacionalização dos direitos humanos: Constituição, racismo e relações internacionais**. Barueri: Manole, 2005. ISBN: 978-85-204-2429-2.

LANGER, Máximo. Dos transplantes jurídicos às traduções jurídicas: A globalização do *plea bargaining* e a tese da americanização do processo penal. Tradução Ricardo Jacobsen Gloeckner e Frederico C. M. Faria. *DELICTAE*: **Revista de Estudos Interdisciplinares sobre o Delito**, Belo Horizonte, v. 2, n. 3, p. 19–115, 2017. ISSN: 2526-5180. DOI: 10.24861/2526-5180.v2i3.41. Disponível em: http://delictae.com.br/

index.php/revista/article/view/41. Acesso em: 1 dez. 2020.

LEITE, Alaor; GRECO, Luís. O *status* processual do corréu delator. **JOTA Info**, São Paulo, 2019. Disponível em: https://www.jota.info/opiniao-e-analise/colunas/penal-em-foco/o-status-processual-do-correu-delator-30092019. Acesso em: 2 nov. 2022.

LIMA, Amanda Evelyn Cavalcanti de. **Entre parábolas e teoremas: uma sociologia política de Lava Jato e *Mani Pulite*.** 2021. Doutorado em Sociologia - Universidade do Estado do Rio de Janeiro, Rio de Janeiro, 2021. Disponível em: http://www.bdtd.uerj.br/handle/1/17489. Acesso em: 25 fev. 2022.

LIMA, Amanda Evelyn Cavalcanti de; PILAU, Lucas e Silva Batista. Os Usos da *Vaza Jato*: entre enquadramentos e lutas políticas. **Revista de Ciências Sociais**, Fortaleza, v. 53, n. 2, p. 153–196, 2022. ISSN: 2318-4620. DOI: 10.36517/rcs.53.2.d05. Disponível em: Erro! A referência de hiperlink não é válida.. Acesso em: 26 nov. 2022.

LIMA, Roberto Kant de; MOUZINHO, Glaucia Maria Pontes. Produção e reprodução da tradição inquisitorial no Brasil: Entre delações e confissões premiadas. **Dilemas: Revista de Estudos de Conflito e Controle Social**, Rio de Janeiro, v. 9, n. 3, p. 505–529, 2016. ISSN: 2178-2792. Disponível em: https://revistas.ufrj.br/index.php/dilemas/article/view/7743. Acesso em: 26 set. 2021.

LIMONGI, Fernando. From birth to agony: The political life of Operation Car Wash (Operação Lava Jato). **University of Toronto Law Journal**, Toronto (Canadá), v. 71, n. supplement 1, p. 151–173, 2021. ISSN: 0042-0220, 1710-1174. DOI: 10.3138/utlj-2021-0043. Disponível em: https://utpjournals.press/doi/10.3138/utlj-2021-0043. Acesso em: 30 jan. 2022.

LONDRES, Mariana. Posto que deu nome à Lava Jato funciona normalmente em Brasília mesmo com o dono preso há dois anos. **R7.com**, Brasília, 2016. Disponível em: http://noticias.r7.com/brasil/

posto-que-deu-nome-a-lava-jato-funciona-normalmente-em-brasilia-mesmo-com-o-dono-preso-ha-dois-anos-22082021. Acesso em: 26 nov. 2022.

LOPES JUNIOR, Aury. **Direito processual penal**. 14ª ed., São Paulo: Saraiva, 2017. ISBN: 978-85-472-1398-5.

LOPES JUNIOR, Aury. A tridimensionalidade da crise do processo penal brasileiro: Crise existencial, identitária da jurisdição e de (in)eficácia do regime de liberdade individual. **Revista Brasileira de Ciências Criminais**, São Paulo, v. 143, p. 117–153, 2018. ISSN: 1415-5400.

LOPES JUNIOR, Aury. **Fundamentos do processo penal**. 6. ed., São Paulo: Saraiva Educação, 2020. ISBN: 9786555592306.

LOPES JUNIOR, Aury; PACZEK, Vítor. Corréu-delator tem que ser ouvido antes das testemunhas de defesa. **Consultor Jurídico (ConJur)**, São Paulo, 2019. ISSN: 1809-2829. Disponível em: https://www.conjur.com.br/2019-set-27/limite-penal-correu-delator-ouvido-antes-testemunhas-defesa. Acesso em: 27 nov. 2022.

LOPES, Leiliane. Dallagnol se defende após fala de Lula: "Não provou inocência". **Pleno.News**, Rio de Janeiro, 2022. Disponível em: https://pleno.news/brasil/dallagnol-se-defende-apos-fala-de-lula-nao-provou-inocencia.html. Acesso em: 28 nov. 2022.

MASSON, Cleber; MARÇAL, Vinícius. **Crime organizado**. 6. ed., Rio de Janeiro: Método, 2021. ISBN: 978-85-309-9304-7.

MEDEIROS, Cintia Rodrigues de Oliveira; SILVEIRA, Rafael Alcadipani da. A Petrobrás nas teias da corrupção: mecanismos discursivos da mídia brasileira na cobertura da Operação Lava Jato. **Revista de Contabilidade e Organizações**, São Paulo, v. 11, n. 31, p. 11–20, 2018. ISSN: 1982-6486. DOI: 10.11606/rco.v11i31.134817. Disponível em: http://www.revistas.usp.br/rco/article/view/134817. Acesso em: 26 nov. 2022.

MENDES, Gilmar Ferreira. Sistema de Justiça e Colaboração Premiada: o desafio da conciliação. **Revista Jurídica da Presidência**, Brasília, v. 21, n. 124, p. 240, 2019. ISSN: 2236-3645. DOI: 10.20499/2236-3645.RJP2019 v21e124-2019. Disponível em: https://revistajuridica.presidencia.gov.br/ index.php/saj/article/view/2019. Acesso em: 4 maio. 2021.

MENDES, Gilmar Ferreira; BRANCO, Paulo Gustavo Gonet. **Curso de Direito Constitucional**. São Paulo: Saraiva, 2012. ISBN: 978-85-02-115507-7.

MENDES, Lucas. Plenário do STF anula condenações de Lula na Lava Jato. **Poder360**, Brasília, 2021. Disponível em: Erro! A referência de hiperlink não é válida.. Acesso em: 28 nov. 2022.

MENDES, Soraia da Rosa. **Pacote anticrime: comentários críticos à Lei 13.964/2019**. São Paulo: Atlas, 2020. ISBN: 978-85-970249-9-9.

MENDONÇA, Andrey Borges de. A Colaboração premiada e a nova Lei do Crime Organizado (Lei 12.850/2013). *Custos Legis*: **A revista eletrônica do Ministério Público Federal**, Rio de Janeiro, v. 4, p. 1–38, 2013. ISSN: 2177-0921. Disponível em: http://www.mpsp.mp.br/portal/page/portal/Criminal/Investigacao_Criminal/Artigos_e_Noticias/Colaborac ao_Premiada/10%20-%20Revista%20Eletronica_Custus%20Legis_An drey_A%20delacao_premiada.pdf. Acesso em: 27 jun. 2021.

MENDONÇA, Andrey Borges de. Os benefícios possíveis na colaboração premiada: Entre a legalidade e a autonomia da vontade. *In:* BOTTINI, Pierpaolo Cruz; MOURA, Maria Thereza de Assis (Org.). **Colaboração premiada (*on-line*)**. São Paulo: Revista dos Tribunais, 2017. ISBN: 978-85-203-7192-3. Disponível em: Erro! A referência de hiperlink não é válida.. Acesso em: 5 jun. 2022.

MONTESQUIEU, Charles de Secondat, Baron de. **O espírito das leis**. Tradução Cristina Murachco. São Paulo: Martins Fontes, 1996. ISBN: 978-85-336-0553-4.

MORO, Sérgio Fernando. Considerações sobre a operação *mani pulite*. **Revista CEJ**, Brasília, v. 8, n. 26, p. 56–62, 2004. Disponível em:

https://revistacej.cjf.jus.br/cej/index.php/revcej/article/view/625. Acesso em: 8 jun. 2021.

MORO, Sérgio Fernando. Colheita compulsória de material biológico para exame genético em casos criminais. **Revista dos Tribunais**, São Paulo, v. 853, p. 429–441, 2006.

MORO, Sérgio Fernando. Sobre a operação Lava Jato. *In:* **Corrupção: Lava Jato e Mãos Limpas**. São Paulo: Portfolio-Peguin, 2019. p. 184–216.

NASPOLINI, Samyra Haydêe Dal Farra; SILVEIRA, Vladmir Oliveira da. A presunção de inocência como um direito humano fundamental na Constituição brasileira e sua aplicação pelo Supremo Tribunal Federal. **Revista Eletrônica do Curso de Direito da UFSM**, Santa Maria (RS), v. 13, n. 3, p. 858, 2018. ISSN: 1981-3694, 1981-3694. DOI: 10.5902/1981369433845. Disponível em: https://periodicos.ufsm.br/revistadireito/article/view/33845. Acesso em: 27 fev. 2022.

NUCCI, Guilherme de Souza. **Individualização da pena**. 4ª ed., São Paulo: RT, 2011. ISBN: 978-85-203-4061-5.

NUCCI, Guilherme de Souza. **Manual de processo penal e execução penal**. 13ª ed., Rio de Janeiro: Forense, 2016. ISBN: 978-85-309-6700-0.

NUCCI, Guilherme de Souza. **Pacote anticrime comentado: Lei 13.964, de 24.12.2019**. Rio de Janeiro: Forense, 2020. ISBN: 978-85-309-8949-1.

OEA, Organização dos Estados Americanos. **Convenção Americana sobre Direitos Humanos**, San Jose (Costa Rica), 22 nov. 1969. Disponível em: https://www.cidh.oas.org/basicos/portugues/c.convencao_americana.htm.

ONU, Organização das Nações Unidas. **Declaração Universal dos Direitos Humanos**, Paris, 10 dez. 1948. Disponível em: https://www.unicef.org/brazil/declaracao-universal-dos-direitos-humanos.

ONU, Organização das Nações Unidas. **Pacto Internacional sobre Direitos Civis e Políticos**, New York, 16 dez. 1966. Disponível em: https://www.oas.org/dil/port/1966%20Pacto%20Internacional%20sob

re%20Direitos%20Civis%20e%20Pol%C3%ADticos.pdf.

PAGLIARINI, Alexandre Coutinho; CLETO, Vinicius Hsu. Um Balanço sobre Colaboração Premiada. **Revista Brasileira de Direitos Fundamentais & Justiça**, Porto Alegre, v. 12, n. 39, p. 313–335, 2019. ISSN: 2527-0001. DOI: 10.30899/dfj.v12i39.632. Disponível em: http://dfj.emnuvens.com.br/dfj/article/view/632. Acesso em: 4 maio. 2021.

PÉREZ LUÑO, Antonio Enrique. **Perspectivas e tendências atuais do estado constitucional**. Tradução José Luis Bolzan de Morais, Valéria Ribas do Nascimento. Porto Alegre: Livraria do Advogado, 2012. ISBN: 978-85-7348-809-8.

PRADO, Geraldo. **Em torno da jurisdição**. Rio de Janeiro: Lumen Juris, 2010.

PRONER, Carol; RICOBOM, Gisele. O devido processo legal em risco no Brasil: A jurisprudência da Corte Interamericana de Direitos Humanos na análise da sentença condenatória de Luiz Inácio Lula da Silva e outros. *In:* PRONER, Carol; CITTADINO, Gisele Guimarães; RICOBOM, Gisele; DORNELLES, João Ricardo W. (Org.). **Comentários a uma sentença anunciada: o processo Lula**. Bauru: Canal 6, 2017. p. 77–82. (Projeto editorial praxis). ISBN: 978-85-7917-439-1.

RAMALHO, José Ricardo. **Mundo do crime: a ordem pelo avesso**. Rio de Janeiro: Centro Edelstein, 2008. ISBN: 978-85-99662-26-7. DOI: 10.7476/9788599662267. Disponível em: http://books.scielo.org/id/4dp27. Acesso em: 22 set. 2022.

RAMALHO, Renan. Lula livre? Como ficaram os 20 processos e inquéritos contra o ex-presidente. **Gazeta do Povo**, Brasília, 2021. Disponível em: https://www.gazetadopovo.com.br/republica/lula-livre-como-ficaram-as-20-acoes-e-investigacoes-contra-o-ex-presidente/. Acesso em: 28 nov. 2022.

RANGEL, Rodrigo; PEREIRA, Daniel; BONIN, Robson; BORGES, Laryssa.

A delação do fim do mundo. **Veja**, São Paulo, p. *On-line*, 2017. Disponível em: https://veja.abril.com.br/brasil/delacao-da-odebrecht-acusados/. Acesso em: 22 nov. 2022.

REALE, Miguel. **Teoria tridimensional do direito**. 5. ed., São Paulo: Saraiva, 1994. ISBN: 85-02-01405-6.

REDAÇÃO, ConJur. Delegado da PF mostra que delação de Palocci foi inventada. **Consultor Jurídico (ConJur)**, São Paulo, 2020. ISSN: 1809-2829. Disponível em: https://www.conjur.com.br/2020-ago-16/delegado-pf-mostra-delacao-palocci-foi-inventada. Acesso em: 5 out. 2022.

ROCHA, Marcelo. STF homologa delação premiada de Paulo Roberto Costa. **Época**, Rio de Janeiro, 2014. Disponível em: https://epoca.globo.com/tempo/noticia/ 2014/09/stf-homologa-bdelacao-premiada-de-paulo-roberto-costab.html. Acesso em: 12 ago. 2022.

RODAS, Sérgio. Ao "combater a corrupção", "lava jato" preserva patrimônio de delatores. **Consultor Jurídico (ConJur)**, São Paulo, 2020. ISSN: 1809-2829. Disponível em: https://www.conjur.com.br/2020-set-29/combater-corrupcao-lava-jato-preserva-patrimonio-delatores. Acesso em: 8 out. 2021.

RODAS, Sérgio. Maioria do Supremo vota para anular delação de Sérgio Cabral com a PF. **Consultor Jurídico (ConJur)**, São Paulo, 2021. ISSN: 1809-2829. Disponível em: https://www.conjur.com.br/2021-mai-27/stf-forma-maioria-anular-delacao-sergio-cabral-pf. Acesso em: 4 set. 2022.

RODAS, Sérgio. STF firma tese para que réu delatado possa se manifestar após delator. **Consultor Jurídico (ConJur)**, São Paulo, 2022. ISSN: 1809-2829. Disponível em: https://www.conjur.com.br/2022-nov-30/stf-firma-tese-reu-delatado-manifeste-delator. Acesso em: 8 dez. 2022.

RODRIGUES, Fabiana Alves. **Lava jato: aprendizado institucional e ação** estratégica na Justiça. 1. ed., São Paulo: Editora WMF Martins Fontes, 2020. ISBN: 978-65-86016-31-4.

ROSA, Alexandre Morais da. **Guia do processo penal conforme a teoria dos jogos**. 5ª ed., Florianópolis: EMais, 2019. ISBN: 978-85-941426-4-1.

ROSA, Alexandre Morais da; BERMUDEZ, André Luiz. **Para entender a delação premiada pela teoria dos jogos: táticas e estratégias do negócio jurídico**. 2. ed., Florianópolis: EMais, 2019. ISBN: 978-85-941427-6-4.

ROUSSEAU, Jean-Jacques. **Do contrato social: princípios do direito político**. Tradução José Cretella Júnior, Agnes Cretella. São Paulo: Revista dos Tribunais, 2002. ISBN: 978-85-203-2265-9.

SANTORO, Antonio Eduardo Ramires. Breve Análise Histórica dos Empecilhos Políticos para a Efetivação dos Direitos Humanos no Continente Americano. **Revista de Teorias e Filosofias do Estado**, Florianópolis, v. 1, n. 1, p. 157–182, 2015. ISSN: 2525-9652. DOI: 10.26668/IndexLawJournals/2525-9652/2015.v1i1.685. Disponível em: http://www.indexlaw.org/index.php/revistateoriasfilosofias/article/vie w/685. Acesso em: 5 jun. 2020.

SANTOS, Boaventura de Sousa. Uma concepção multicultural de direitos humanos. **Lua Nova: Revista de Cultura e Política**, São Paulo, n. 39, p. 105–124, 1997. ISSN: 0102-6445. DOI: 10.1590/S0102-64451997000100007. Disponível em: http://www.scielo.br/scielo.php?script=sci_arttext&pid=S0102-64451997000100007&lng=pt&tlng=pt. Acesso em: 9 maio. 2022.

SANTOS, Marcos Paulo Dutra. **Colaboração (delação) Premiada**. 4. ed., Salvador: Juspodivm, 2020.

SILVA, Ticiano Alves e. O devido processo convencional: levando a sério os direitos humanos processuais. **Revista de Processo**, São Paulo, v. 259, p. 55–78, 2016.

SILVEIRA, Vladmir Oliveira da; ROCASOLANO, María Méndez. **Direitos

Humanos: Conceitos, significados e funções. São Paulo: Saraiva, 2010.

SUXBERGER, Antonio Henrique Graciano; DE MELLO, Gabriela Starling Jorge Vieira. A voluntariedade da colaboração premiada e sua relação com a prisão processual do colaborador. **Revista Brasileira de Direito Processual Penal**, Porto Alegre, v. 3, n. 1, p. 189–224, 2017. ISSN: 2525-510X. DOI: 10.22197/rbdpp.v3i1.40. Disponível em: https://www.senate.gov/civics/constitution_item/constitution.htm. Acesso em: 19 out. 2020.

USA, United States of América. **Constitution of the United States**, 1789. Disponível em: https://www.senate.gov/civics/constitution_item/constitution.htm. Acesso em: 14 mar. 2022.

VALLE, Juliano Keller do; GARCIA, Marcos Leite. A lógica perversa da colaboração premiada no processo penal brasileiro: Por que (ainda) é necessário falar sobre o garantismo de Ferrajoli? **Revista de Direito Penal, Processo Penal e Constituição**, Maranhão, v. 3, n. 2, p. 181, 2017. ISSN: 2526-0200, 2526-0200. DOI: 10.26668/IndexLawJournals/2526-0200/2017.v3i2.3743. Disponível em: http://www.indexlaw.org/index.php/direitopenal/article/view/3743. Acesso em: 4 maio. 2021.

VASCONCELLOS, Vinicius Gomes de. **Colaboração premiada no processo penal**. 3. ed., São Paulo: Thomson Reuters Brasil, 2020. ISBN: 978-65-5065-370-5.

VASCONCELLOS, Vinicius Gomes de; GALÍCIA, Caíque Ribeiro. Consenso e acordos na justiça criminal diante do devido processo penal: Contribuições de Giacomolli à dogmática processual penal. *In:* VALENTE, Manuel Monteiro Guedes; WUNDERLICH, Alexandre (Org.). **Direito e liberdade: estudos em homenagem ao professor doutor Nereu José Giacomolli**. São Paulo: Almedina, 2022. p. 1245–1258. ISBN: 978-65-5627-388-4.

WACQUANT, Loïc. O lugar da prisão na nova administração da pobreza. **Novo Estudos**, São Paulo, v. 27, n. 1, p. 9–19, 2008. ISSN: 0101-3300. Disponível em: https://novosestudos.com.br/produto/edicao-80/.

Acesso em: 22 set. 2022.

WERMUTH, Maiquel Ângelo Dezordi; DALLA ZEN, Maurício Habckost. Colaboração premiada e seletividade do sistema penal: problematizações acerca da utilização de acordos na Operação Lava Jato. **Revista Brasileira de Políticas Públicas**, Brasília, v. 10, n. 1, p. 314–336, 2020. ISSN: 2236-1677, 2179-8338. DOI: 10.5102/rbpp.v10i1.6459. Disponível em: https://www.publicacoes.uniceub.br/ RBPP/article/view/6459. Acesso em: 4 maio. 2021.

WERNECK, Natasha. Moro sobre Lula falar no debate que foi absolvido: "Fake news". **Estado de Minas**, Belo Horizonte, 2022. Disponível em: https://www.em.com.br/ app/noticia/politica/2022/09/30/interna_poli tica,1400263/moro-sobre-lula-falar-no-debate-que-foi-absolvido-fake-news.shtml. Acesso em: 28 nov. 2022.

WOLKMER, Antônio Carlos. **Pluralismo jurídico: Fundamentos de uma nova cultura no direito**. 3. ed., São Paulo: Editora Alfa Ômega, 2001.

ANEXOS

Anexo 1: Acordo de Paulo Roberto Costa

Via. 13ª VFCriminal de Curitiba
Brasília, 29/08/2014

S4P

Márcio Schiefler Fontes
Juiz Instrutor
Gab. Ministro Teori Zavascki

MINISTÉRIO PÚBLICO FEDERAL
PROCURADORIA DA REPÚBLICA NO PARANÁ

TERMO DE ACORDO DE COLABORAÇÃO PREMIADA

O Ministério Público Federal – MPF, por intermédio dos Procuradores Regionais da República e Procuradores da República abaixo-assinados, com delegação do Exmo. Procurador-Geral da República, e Paulo Roberto Costa,[1] réu nas ações penais 5026212-82.2014.404.7000 5025676-71.2014.404.7000 e investigado em diversos procedimentos, incluindo a representação 5014901-94.2014.404.7000, todos em trâmite perante a 13ª Vara Federal Criminal da Subseção Judiciária de Curitiba, devidamente assistido por sua advogada constituída que assina este instrumento, formalizam acordo de colaboração premiada nos termos que seguem, envolvendo os fatos investigados no Caso Lavajato assim como fatos novos que não são objeto de investigação e os que vierem a ser revelados em razão das investigações.

Parte I – Base Jurídica

Cláusula 1ª. O presente acordo funda-se no artigo 129, inciso I, da Constituição Federal, nos artigos 13 a 15 da Lei n. 9.807/99, no art. 1º, §5º, da Lei 9.613/98, no art. 26 da Convenção de Palermo, e no art. 37 da Convenção de Mérida, nos artigos 4º a 8º da Lei 12.850/2013, bem como nos princípios gerais do Direito.

Cláusula 2ª. O interesse público é atendido com a presente proposta tendo em vista a necessidade de conferir efetividade à persecução criminal de outros criminosos e ampliar e aprofundar, em todo o País, as investigações em torno de crimes contra a Administração Pública, contra o Sistema Financeiro Nacional, crimes de lavagem de dinheiro e crimes praticados por organizações criminosas, inclusive no que diz respeito à repercussão desses ilícitos penais na esfera cível, tributária, administrativa, disciplinar e de responsabilidade. Há, ainda, eminente interesse na recuperação das vantagens

---

1 **PAULO ROBERTO COSTA**, brasileiro, casado, nascido em 1/1/1954, filho de Paulo Bachmann Costa e Evolina Pereira da Silva Costa, natural de Monte Alegre/Paraná, terceiro grau completo, engenheiro, portador do documento de identidade nº 1708889876/CREA-RJ, CPF 302.612.879-15, com endereço na Rua Ivando de Azambuja, casa 30, condomínio Rio Mar IX, Barra da Tijuca, Rio de Janeiro/RJ, atualmente recolhido na carceragem da Polícia Federal de Curitiba.

Rua Marechal Deodoro, 933 - Centro - Curitiba/PR - CEP 80.060-010 - FAX: (41)3219-8700
1 de 16

Via 13ª VF Criminal de Curitiba
Brasília, 29/09/2014

Márcio Schiefler Fontes
Juiz Instrutor
Gab. Ministro Teori Zavascki

MINISTÉRIO PÚBLICO FEDERAL
PROCURADORIA DA REPÚBLICA NO PARANÁ

econômicas ilícitas oriundas dos cofres públicos, distribuídas entre diversos agentes públicos e particulares ainda não identificados, bem como na investigação da corrupção de agentes públicos de diferentes setores e níveis praticada mediante oferecimento de vantagens por grandes empresas, nos termos da Lei 12.846/2013.

Parte II – Proposta do Ministério Público Federal

Cláusula 3ª. Paulo Roberto Costa, sua esposa Marici da Silva Azevedo Costa e seus parentes Ariana Azevedo Costa Bachmann, Marcio Lewkowicz, Shanni Azevedo Costa Bachmann e Humberto Sampaio de Mesquita estão sendo investigados e/ou processados criminalmente no âmbito da Operação Lavajato, por diversos crimes tais como corrupção, peculato, lavagem de dinheiro oriundo de crimes contra a Administração Pública, formação de organização criminosa e obstrução da investigação de organização criminosa.

Cláusula 4ª. Essas apurações estão relacionadas à atividade do réu Paulo Roberto Costa que, enquanto Diretor de Abastecimento da Petrobras e mesmo após, atuou como líder de organização criminosa voltada ao cometimento de fraudes em contratações e desvio de recursos em diversos âmbitos e formas, totalizando dezenas de milhões de reais, tendo sido a vantagem distribuída entre diversos agentes, públicos e privados, em grande parte ainda não identificados.

2 **MARICI DA SILVA AZEVEDO COSTA**, data de nascimento 6/9/1954, filha de Jocelina da Silva Azevedo e Alvaro Gomes de Azevedo, CPF 337.854.307-87, endereço Rua Ivaldo de Azambuja, n° 30, Rio Mar IX, Barra da Tijuca, Rio de Janeiro/RJ, CEP 22793-316

3 **ARIANNA AZEVEDO COSTA BACHMANN**, nascida em 2/2/1983, filha de PAULO ROBERTO COSTA e Marici da Silva Azevedo Costa, CPF 098.666.447-23, com endereço na Rua João Cabral de Melo Neto, 350, Bloco 1, Barra da Tijuca, Rio de Janeiro/RJ.

4 **MARCIO LEWKOWICZ**, casado com ARIANNA AZEVEDO COSTA BACHMANN, nascido em 12/3/1979, CPF 078.689.907-75, com endereço na Rua João Cabral de Melo Neto, 350, bloco 1, Barra da Tijuca, Rio de Janeiro/RJ, CEP 22.775-05.

5 **SHANNI AZEVEDO COSTA BACHMANN**, nascida em 13/08/1981, filha de PAULO ROBERTO COSTA e Marici da Silva Azevedo Costa, CPF 091.878.667-30, com endereço na Rua dos Jacarandás, 1000, Bloco 3, apartamento 501, Barra da Tijuca, Rio de Janeiro/RJ, CEP 22.776-050.

6 **HUMBERTO SAMPAIO DE MESQUITA**, casado com SHANNI AZEVEDO COSTA BACHMANN, nascido em 4/7/1974, filho de Arthur Eugênio Ferreira de Mesquita e Cintia Maria Baronto Sampaio de Mesquita, CPF 052.574.807-51, RG n° 01354036010, com endereço na Rua dos Jacarandás, 1000, Bloco 3, ap 501, Barra da Tijuca, Rio de Janeiro.

Rua Marechal Deodoro, 933 – Centro – Curitiba/PR – CEP 80.060-010 – PABX (41)3219-8700
7 de 16

Via 13ªVFCriminal de Curitiba
Brasília, 29/08/2014

Márcio Schiefler Fontes
Juiz Instrutor
Gab. Ministro Teori Zavascki

MINISTÉRIO PÚBLICO FEDERAL
PROCURADORIA DA REPÚBLICA NO PARANÁ

Cláusula 5ª. Em vista disto, salvaguardada a necessidade de ratificação e homologação judicial deste acordo, uma vez cumpridas integralmente as condições impostas adiante, neste acordo, para o recebimento dos benefícios, bem como no caso haver efetividade da colaboração, o Ministério Público Federal (MPF) propõe ao acusado os seguintes benefícios legais, cumulativamente:

I. Pleiteará que, pelos crimes que são objeto do presente acordo, o acusado fique sujeito à continuidade da prisão cautelar e a penas criminais nos termos seguintes:

a) prisão domiciliar pelo prazo de 1 (um) ano, com tornozeleira eletrônica ou equipamento similar, na medida da efetividade da colaboração e nos termos dos parágrafos deste artigo, sem detração do prazo de prisão preventiva cumprido;

b) após cumprido o período de prisão domiciliar (cautelar ou penal), existindo sentença condenatória transitada em julgado, o cumprimento de parte da pena privativa de liberdade imposta em regime semi-aberto, em período de zero a dois anos, a ser definido pelo Juízo tomando em consideração o grau de efetividade da colaboração;

c) após cumprido o período de prisão em regime semi-aberto, o restante da pena será cumprida em regime aberto até o seu total cumprimento;

d) a qualquer tempo, o regime da pena será regredido para regime fechado ou semi-aberto, de acordo com os ditames do art. 33 do Código Penal, na hipótese de descumprimento do presente acordo, e nos demais casos previstos em lei de regressão, caso em que o benefício concedido neste artigo, como os demais, deixará de ter efeito;

II. Promoverá o arquivamento de fatos novos em relação ao acusado trazidos pelo colaborador em relação aos quais não exista, na data do acordo, nenhuma linha de investigação em qualquer juízo ou instância;

III. Pleiteará a suspensão de processos instaurados, e do respectivo prazo prescricional, por 10 (dez) anos,[7] em todos os casos em desfavor do colaborador não transitados em julgado, assim que atingida a pena unificada de 20 anos resultante de condenações transitadas em julgado;

---

7 Prorrogada a cada seis meses, nos termos da lei, conforme seja necessário para acompanhar a execução do acordo.

Rua Marechal Deodoro, 933 - Centro - Curitiba/PR - CEP 80.060-010 - FAX: (41)3219-8700
1 de 14

Vra 13ª VF Criminal de Curitiba
Brasília, 28/09/2014

Márcio Schiefler Fontes
Juiz Instrutor
Gab. Ministro Teori Zavascki

MINISTÉRIO PÚBLICO FEDERAL
PROCURADORIA DA REPÚBLICA NO PARANÁ

IV. O Ministério Público poderá, a depender da efetividade da colaboração, segundo sua avaliação exclusiva, pedir o sobrestamento de inquéritos e outros procedimentos pré-judiciais ou judiciais, assim como promover a suspensão de feitos antes de atingido o montante de 20 anos de condenação;

V. Após transcorrido o prazo de 10 anos sem quebra do acordo que venha a acarretar sua rescisão, pleiteará que volte a fluir o prazo prescricional até a extinção da punibilidade, deixando o Ministério Público de oferecer denúncia em procedimentos pré-judiciais na hipótese de não ser rescindido o acordo.

VI. Ocorrendo quebra ou rescisão do acordo imputável ao beneficiário, voltarão a fluir as ações penais suspensas e intentadas novas ações até o esgotamento da investigação.

VII. O MPF ofertará aos parentes do colaborador, mencionados na Cláusula 3, os quais tenham participado ou praticado da atividade criminosa que é objeto deste acordo, proposta de acordo de colaboração premiada acessória e individual. Cada um destes acordos acessórios seguirá a sorte deste acordo principal no caso de rescisão, não homologação ou inefetividade deste último, exceto se o Ministério Público entender que a colaboração de cada beneficiário for suficiente para garantir-lhe, independentemente, os benefícios, no todo ou em parte, adiante listados.

VIII. Em tais acordos acessórios o Ministério Público oferecerá os seguintes benefícios, na hipótese de cumprirem exigências idênticas às deste acordo (as quais incluem aquelas deste item II, §§ 8º a 10, assim como as condições da proposta do item III a XII, seguintes, adequadas a cada caso, ressalvado que há desnecessidade de pagamento de indenização adicional), incluindo necessariamente a renúncia a bens e valores que são produto e proveito de atividade criminosa ou valor equivalente:

a) pleiteará seja fixado regime aberto de cumprimento de pena nas condenações relativas a novas acusações oferecidas, mesmo sem o preenchimento dos requisitos legais, em analogia aos termos do art. 4º, § 5º, da Lei 12.850/2013;

b) pleiteará a substituição da pena privativa de liberdade por restritivas de direitos caso condenados na ação federal 5025676-71.2014.404.7000;

c) pleiteará, depois de obtida uma condenação transitada em julgado por lavagem de dinheiro oriundo de crimes contra

255

Via 13ª VFCriminal de Curitiba
Brasília, 29/08/2014

Márcio Schiefler Fontes
Juiz Instrutor
Gab. Ministro Teori Zavascki

**MINISTÉRIO PÚBLICO FEDERAL
PROCURADORIA DA REPÚBLICA NO PARANÁ**

Administração Pública, a suspensão dos demais processos criminais instaurados, pelo prazo de 10 (dez) anos, tão logo oferecidas as acusações;

d) O Ministério Público poderá, a depender da efetividade da colaboração principal e/ou acessória, segundo sua avaliação, pedir o sobrestamento, de inquéritos e outros procedimentos pré-judiciais ou judiciais;

e) pleiteará, caso transcorrido o prazo de 10 anos sem quebra do acordo (principal ou acessório), que volte a correr o prazo prescricional até a extinção da punibilidade;

f) o Ministério Público não considerará violado este acordo principal pela violação dos acordos eventualmente feitos com os familiares (acordos acessórios), mas a rescisão do acordo principal acarretará a rescisão dos acordos acessórios;

e) pleiteará seja fixada a pena de multa no mínimo legal, tendo em conta os valores que estão sendo pagos, a outros títulos, pelo colaborador, conforme item III deste termo de acordo.

§1º. O Ministério Público pleiteará que a prisão domiciliar com tornozeleira, referida na presente cláusula, seja a forma de execução da custódia cautelar (art. 318 do CPP) até o trânsito em julgado das ações penais em desfavor do colaborador e, caso se encerrem todas, que tal prisão, limitada em seu total ao montante especificado neste artigo, corresponda ao modo de início de execução da pena. O Ministério Público pleiteará que, depois de decorrido o prazo da prisão domiciliar com tornozeleira, o modo de execução de eventuais penas privativas seja o regime semi-aberto, por até dois anos, ou o regime aberto comum, nos termos deste artigo.

§2º. A avaliação da produtividade do acordo, para fins de fixação do tempo de regime semi-aberto a cumprir, entre 0 e dois anos, será feita pelo Juízo com base em relatórios a serem apresentados pelo Ministério Público e pela defesa, e deverá tomar em consideração fatores tais como número de prisões, investigações, processos penais e ações cíveis resultantes, assim como valores recuperados no Brasil e no Exterior.

---

8 Prorrogada a cada seis meses, nos termos da lei, conforme seja necessário para acompanhar a execução do acordo.

Rua Marechal Deodoro, 933 — Centro — Curitiba/PR — CEP 80.060-010 — FABX (41)3219-8700
5 de 16

Vic 13ª VF Criminal de Curitiba
Brasília, 28/09/2014

Márcio Schiefler Fontes
Juiz Instrutor
Gab. Ministro Teori Zavascki

MINISTÉRIO PÚBLICO FEDERAL
PROCURADORIA DA REPÚBLICA NO PARANÁ

§3°. A pena cumprida cautelarmente, seja de prisão comum, seja de prisão domiciliar, assim como a pena de prisão domiciliar, seja cautelar ou penal, não interferirão no tempo de pena de até dois anos em regime semi-aberto estabelecido em sentença. O tempo de eventual trabalho também não interferirá para fins de progressão do regime.

§4°. O Ministério Público pleiteará a conversão da prisão preventiva comum em prisão cautelar domiciliar com monitoramento eletrônico apenas depois de colhidos todos os depoimentos por meio dos quais o colaborador trouxer todas as informações e provas disponíveis sobre os fatos em investigação e sobre todos e quaisquer crimes de que tenha conhecimento, tenha ou não deles participado, envolvendo, direta ou indiretamente:
a) a Petrobrás;
b) a Administração Pública direta ou indireta, seus atos ou contratos;
c) pessoas físicas e jurídicas que tenham se relacionado de algum modo com a Administração Pública direta ou indireta;
d) recursos, total ou parcialmente, públicos.

§5°. O prazo mencionado no parágrafo anterior, de prisão comum, é o prazo em que será permitido ao colaborador declinar todos e quaisquer fatos que queira ver incluídos no objeto de sua colaboração sem que o acordo seja considerado rescindido por omissão ou ocultação de fatos e/ou provas.

§6°. O prazo de prisão cautelar comum, em qualquer hipótese, não será inferior a 15 dias contados da data deste acordo, e não será superior a 30 dias, a contar da assinatura do presente acordo.

§7°. O prazo da prisão domiciliar com tornozeleira terá seu marco inicial, para efeitos de contagem, 15 dias depois da assinatura deste acordo, ainda que o acusado seja mantido por prazo superior sob reclusão cautelar comum (nos termos dos parágrafos antecedentes); de modo que o tempo de segregação cautelar comum que exceda 15 dias a partir da data deste

257

Márcio Schiefler Fontes
Juiz Instrutor
Gab. Ministro Teori Zavascki

MINISTÉRIO PÚBLICO FEDERAL
PROCURADORIA DA REPÚBLICA NO PARANÁ

acordo será diminuído do prazo de prisão domiciliar com tornozeleira a cumprir.

§8º. Os benefícios não abrangem fatos ilícitos posteriores à data do acordo, em qualquer hipótese, nem fatos anteriores que sejam (estes últimos) completamente dissociados do objeto deste acordo.

§9º. Os benefícios propostos não eximem o colaborador de obrigações ou penalidades de cunho administrativo e tributário, eventualmente exigíveis.

§10. Se o investigado, por si ou por seu procurador, solicitar medidas para garantia de sua segurança, a Polícia Federal, o MPF e o Juízo Federal adotarão as providências necessárias para sua inclusão imediata no programa federal de proteção ao depoente especial, com as garantias dos artigos 8º e 15 da Lei n. 9.807/99.

§11. O Ministério Público concordará com a liberação dos passaportes do colaborador ao final do período de prisão domiciliar, ficando, contudo, sua saída do país submetida à autorização judicial até a extinção da pena.

§12. Qualquer mudança de endereço durante o período da prisão domiciliar será excepcional e previamente autorizada pelo juiz competente.

Parte III – Condições da Proposta

Cláusula 6ª. O colaborador renuncia, em favor da União, a qualquer direito sobre valores mantidos em contas bancárias e investimentos no exterior, em qualquer país, inclusive mantidos no Royal Bank of Canada em Cayman (aproximadamente USD 2,8 milhões sob os nomes dos familiares Márcio e Humberto) e os aproximadamente USD 23 (vinte e três) milhões mantidos na Suíça (em contas em nome de Marici, Paulo Roberto e Arianna), controladas direta ou indiretamente por ele, ainda que mediante empresas *offshores* e familiares, incluindo os valores mantidos por meio das *offshores* AQUILA HOLDING LTD. ELLIA

Rua Marechal Deodoro, 921 – Centro – Curitiba/PR – CEP 85.060-010 – FAX: (41)3219-8700
7 de 16

Via 13ª Vara Criminal de Curitiba.
Brasília, 29/09/2014

Márcio Schiefler Fontes
Juiz Instrutor
Gab. Ministro Teori Zavascki

MINISTÉRIO PÚBLICO FEDERAL
PROCURADORIA DA REPÚBLICA NO PARANÁ

SERVICES LTD, GLACIER FINANCE INC, INTERNATIONAL TEAM ENTERPRISE LTD, LAROSE HOLDINGS SA, OMEGA PARTNERS SA, QUINUS SERVICES SA, ROCK CANYON INVEST SA, SAGAR HOLDING SA, SANTA CLARA PRIVATE EQUITY, SANTA TEREZA SERVICES LTD, SYGNUS ASSETS SA, os quais reconhece serem todos, integralmente, produto de atividade criminosa O colaborador se compromete a prontamente praticar qualquer ato necessário à repatriação desses valores em benefício do país, assinando, em anexo, desde logo, termo nesse sentido.

Cláusula 7ª. O colaborador autorizará o Ministério Público ou outros órgãos, nacionais ou estrangeiros indicados pelo Ministério Público, a acessarem todos os dados de sua movimentação financeira no exterior, mesmo que as contas não estejam em seu nome (p. ex., em nome de *offshores* ou interpostas pessoas, inclusive familiares), o que inclui, exemplificativamente, todos os documentos cadastrais, extratos, cartões de assinaturas, dados relativos a cartões de crédito, aplicações e identificação de depositantes e beneficiários de transações financeiras, assinando, desde logo, termo anexo nesse sentido.

Cláusula 8ª. O colaborador se compromete a pagar, de modo irretratável e irrevogável, a título de indenização civel, pelos danos que reconhece causados pelos diversos crimes (não só contra a Administração Pública mas de lavagem de ativos, dentre outros), o valor de R$ 5.000.000,00 (cinco milhões de reais), a serem depositados perante a 13ª Vara Federal Criminal, no prazo de dois meses contados da assinatura do acordo, bem como a entregar, a título de compensação civel de danos também, os seguintes bens que reconhece serem produto ou proveito de atividade criminosa ou seu equivalente em termos de valor: lancha COSTA AZUL, em nome da empresa SUNSET (R$ 1.100.000,00); terreno adquiridos pela SUNSET, em Mangaratiba/RJ, matrícula 20721 (R$3.202.000,00); valores apreendidos em sua residência quando da busca e apreensão (R$ 762.250,00, USD 181.495,00 e EUR 10.850,00); bem como veículo EVOQUE recebido de Alberto Youssef (R$300.000,00). Desde logo o colaborador concorda com a reversão dos valores bloqueados em banco no Brasil para substituir o imóvel referido da matrícula 20721.

Rua Marechal Deodoro, 933 - Centro - Curitiba/PR - CEP 80.060-010 - FONE (41)3219-7700
4 de 6

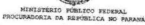

Márcio Schiefler Fontes
Juiz Instrutor
Gab. Ministro Teori Zavascki

MINISTÉRIO PÚBLICO FEDERAL
PROCURADORIA DA REPÚBLICA NO PARANÁ

§1°. O colaborador oferece neste ato, em garantia do pagamento dos valores, os bens que estão já bloqueados pela 13ª Vara Federal Criminal, sendo que as garantias poderão ser reduzidas à medida em que pago o valor da indenização, ressalvada a manutenção do bloqueio dos bens necessários para a fiança estabelecida na cláusula 10.

§2°. Os bens bloqueados pela 13ª Vara Federal Criminal poderão servir para o pagamento da multa compensatória estipulada neste artigo.

Cláusula 9ª. Se forem identificados outros bens além daqueles que constam na última declaração de imposto de renda do colaborador ou daqueles que já foram bloqueados na ação cautelar patrimonial por pertencerem formalmente ao colaborador, após a assinatura do acordo, os quais constituam produto ou proveito da atividade criminosa, será dado perdimento a eles em sentença, ou mediante ação penal declaratória incindada posterior à sentença, com direito a contraditório e ampla defesa, sem prejuízo da rescisão do acordo.

Cláusula 10. Para garantir seu comparecimento em juízo, o acusado oferecerá fiança, que consistirá na apresentação de imóveis para garantia, que totalizem o valor de R$ 5.000.000,00, indicando para tanto, desde logo, os imóveis que foram bloqueados pela 13ª Vara Federal Criminal.

§1°. O colaborador, no prazo de 60 dias, individualizará os imóveis que pretende que façam parte desta fiança criminal, podendo substitui-los por fiança bancária.

§2° Os imóveis indicados pelo colaborador serão submetidos a avaliação judicial, comprometendo-se o acusado a complementar a fiança até o montante de R$ 5 milhões.

§3°. Não serão liberados os bens bloqueados que sejam necessários para garantir essa fiança, enquanto ela não for estabelecida, resguardados bens suficientes independentes para garantir o pagamento de indenização, tal como estabelecido na cláusula 8ª.

Rua Marechal Deodoro, 933 - Centro - Curitiba/PR - CEP 82.060-010 - FAXX (41)3219-8700
9 de 18

Via 13ª V.F.Criminal de Curitiba
Brasília, 29/09/2014

Márcio Schiefler Fontes
Juiz Instrutor
Gab. Ministro Teori Zavascki

MINISTÉRIO PÚBLICO FEDERAL
PROCURADORIA DA REPÚBLICA NO PARANÁ

Cláusula 11. A defesa e o acusado concordam com a suspensão de todas as ações penais em andamento em relação a ele, bem como com o adiamento de atos processuais, sem que isso caracterize ou venha a caracterizar excesso de prazo da prisão, uma vez que são feitos em seu interesse, na hipótese de o Ministério Público entender necessário seu sobrestamento para avaliar a produtividade da colaboração ou adotar outras medidas pertinentes à colaboração.

Cláusula 12. A defesa desistirá de todos os *habeas corpus* impetrados no prazo de 48 horas, desistindo também do exercício de defesas processuais, inclusive de discussões sobre competência e nulidades.

Cláusula 13. Para que do acordo proposto pelo MPF possam derivar os benefícios elencados na Parte II deste termo, a colaboração do investigado deve ser voluntária, ampla, efetiva, eficaz e conducente:

a) à identificação de todos os coautores e partícipes da organização criminosa sob investigação no Caso Lavajato e das infrações penais por eles praticadas, que sejam ou que venham a ser do seu conhecimento;

b) à revelação da estrutura hierárquica e a divisão de tarefas da organização criminosa;

c) à recuperação total ou parcial do produto e/ou proveito das infrações penais praticadas pela organização criminosa, tanto no Brasil, quanto no exterior;

Cláusula 14. Para tanto, o acusado se obriga, sem malícia ou reservas mentais, e imediatamente, a esclarecer cada um dos esquemas criminosos apontados nos diversos Anexos deste termo de acordo, fornecendo todas as informações e evidências que estejam ao seu alcance, bem como indicando provas potencialmente alcançáveis. Cada Anexo assinado pelas partes diz respeito a um fato ou pessoa, em relação ao qual o colaborador contribuirá para indicar diligências que possam ser empregadas para sua apuração em caráter sigiloso. O sigilo estrito das declarações será mantido sob pena de prejuízo à efetividade das investigações em curso, razão pela qual o sigilo de cada Anexo será levantado assim que não houver risco

Rua Marechal Deodoro, 933 - Centro - Curitiba/PR - CEP 80.060-010 - PABX (41)3219-8700
16 de 16

261

Vía BVF Criminal de Curitiba
Brasília, 29/08/2014

Márcio Schieffer Fontes
Juiz Instrutor
Gab. Ministro Teori Zavascki

MINISTÉRIO PÚBLICO FEDERAL
PROCURADORIA DA REPÚBLICA NO PARANÁ

a tal efetividade, segundo entenderem o Ministério Público, o
Poder Judiciário e a Polícia, nos termos da súmula vinculante
n. 14 do STF.

Parágrafo único. Os depoimentos colhidos serão registrados
em uma única via, de que não terá cópia o colaborador,
resguardado o seu direito de receber, a cada depoimento, um
termo declarando que prestou declarações em determinado dia e
horário no interesse de determinada investigação.

Cláusula 15. Para que do acordo derivem benefícios, ainda, o
colaborador se obriga, sem malícia ou reservas mentais, e
imediatamente, a:

a) falar a verdade, incondicionalmente e sob compromisso,
em todas as investigações - inclusive nos inquéritos
policiais, inquéritos civis e ações civeis e processos
administrativos disciplinares e tributários - e ações penais,
em que doravante venha a ser chamado a depor na condição de
testemunha ou interrogado, nos limites deste acordo;

b) indicar pessoas que possam prestar depoimento sobre os
fatos em investigação, nos limites deste acordo, propiciando
as informações necessárias à localização de tais depoentes;

c) cooperar sempre que solicitado, mediante comparecimento
pessoal a qualquer das sedes do MPF, da Polícia Federal ou da
Receita Federal, para analisar documentos e provas, reconhecer
pessoas, prestar depoimentos e auxiliar peritos na análise
pericial;

d) entregar todos os documentos, papéis, escritos,
fotografias, bancos de dados, arquivos eletrônicos etc., de
que disponha, estejam em seu poder ou sob a guarda de
terceiros, e que possam contribuir, a juízo do MPF, para a
elucidação dos crimes;

e) cooperar com o MPF e com outras autoridades públicas por
este apontadas para detalhar os crimes de corrupção, peculato,
lavagem de capitais, sonegação fiscal, evasão de divisas e
outros delitos correlatos a estes.

f) colaborar amplamente com o MPF e com outras autoridades
públicas por este apontadas em tudo mais que diga respeito ao
caso e aos fatos que o colaborador se compromete a elucidar;

g) não impugnar, por qualquer meio, o acordo de
colaboração, em qualquer dos inquéritos policiais ou ações
penais nos quais esteja envolvido, no Brasil ou no exterior,

Rua Marechal Deodoro, 933 - Centro - Curitiba/PR - CEP 80.060-010 - PABX (41)3219-8700
11 de 16

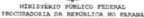

Márcio Schiefler Fontes
Juiz Instrutor
Gab. Ministro Teori Zavascki

MINISTÉRIO PÚBLICO FEDERAL
PROCURADORIA DA REPÚBLICA NO PARANÁ

salvo por fato superveniente à homologação judicial, em função
de descumprimento do acordo pelo MPF ou pelo Juízo Federal;

h) afastar-se de suas atividades criminosas,
especificamente não vindo a contribuir, de qualquer forma, com
as atividades da organização criminosa investigada;

i) comunicar imediatamente o MPF caso seja contatado por
qualquer dos demais integrantes da organização criminosa, por
qualquer meio; e

j) pagar a multa que for fixada na ação penal, oferecendo
ainda garantia idônea ao cumprimento desta obrigação.

Parágrafo único. A enumeração de casos específicos nos
quais se reclama a colaboração do acusado não tem caráter
exaustivo, tendo ele o dever genérico de cooperar, nas formas
acima relacionadas, com o MPF ou com outras autoridades
públicas por este apontadas, para o esclarecimento de
quaisquer fatos relacionados ao objeto deste acordo.

Parte IV – Validade da Prova

Cláusula 16. A prova obtida mediante a presente avença de
colaboração premiada será utilizada validamente para a
instrução de inquéritos policiais, procedimentos
administrativos criminais, ações penais, ações civis e de
improbidade administrativa e inquéritos civis, podendo ser
emprestada também ao Ministério Público dos Estados, à Receita
Federal, à Procuradoria da Fazenda Nacional, ao Banco Central
do Brasil e a outros órgãos, inclusive de países e entidades
estrangeiras, para a instrução de procedimentos e ações
fiscais, civeis, administrativas (inclusive disciplinares), de
responsabilidade bem como qualquer outro procedimento público
de apuração dos fatos.

Parte V – Garantia contra a autoincriminação, direito ao silêncio e direito a recurso

Cláusula 17. Ao assinar o acordo de colaboração premiada, o
colaborador, na presença de seu advogado, está ciente do
direito constitucional ao silêncio e da garantia contra a
autoincriminação. Nos termos do art. 4º, §14, da Lei
12.850/2013, o colaborador renuncia, nos depoimentos em que
prestar, ao exercício do direito ao silêncio e estará sujeito
ao compromisso legal de dizer a verdade. O colaborador
renuncia ainda, ao exercício do direito de recorrer das

Márcio Schiefler Fontes
Juiz Instrutor
Gab. Ministro Teori Zavascki

MINISTÉRIO PÚBLICO FEDERAL
PROCURADORIA DA REPÚBLICA NO PARANÁ

sentenças penais condenatórias proferidas em relação aos fatos que são objeto deste acordo, desde que elas respeitem os termos aqui formulados.

Parte VI – Imprescindibilidade da Defesa Técnica

Cláusula 18. Este acordo de colaboração somente terá validade se aceito, integralmente, sem ressalvas, pelo investigado PAULO ROBERTO COSTA e por seu defensor, Dra. BEATRIZ CATTA PRETA, inscrita na OAB/SP, sob o n. 153879.

Parágrafo único. Ademais, nos termos do art. 4°, §15, da Lei 12.850/2013, em todos os atos de confirmação e execução da presente colaboração, o colaborador deverá estar assistido por defensor.

Parte VII – Cláusula de Sigilo

Cláusula 19. Nos termos do art. 7°, §3°, da Lei 12.850/2013, as partes comprometem-se a preservar o sigilo sobre a presente proposta e o acordo dela decorrente, até que o termo seja juntado aos autos.

§1°. O acusado se compromete ainda a preservar o sigilo a respeito da existência e do conteúdo das investigações apontadas nos Anexos, perante qualquer autoridade (fiscal, bancária etc.) distinta do Ministério Público, Poder Judiciário e Polícia Federal responsáveis pela administração do acordo de colaboração, enquanto o Ministério Público não entender que a publicidade não prejudicará a efetividade das investigações.

§2°. Após o recebimento da denúncia, eventuais acusados incriminados em virtude da cooperação de colaborador poderão ter vista deste termo, mediante autorização judicial, sem prejuízo dos direitos assegurados ao colaborador, nos termos do art. 5° da Lei 12.850/2013, bem como do Anexo respectivo que tenha embasado a investigação que ensejou a denúncia. Os demais Anexos, não relacionados ao feito, serão mantidos em sigilo enquanto for necessário para a preservação do sigilo das investigações, nos termos da Súmula Vinculante 14 do STF.

Parte VIII – Ratificação pelo Procurador-Geral da República

Rua Marechal Deodoro, 933 – Centro – Curitiba/PR – CEP 80.060-010 – PABX (11)3219-8700
13 de 16

Via 13ª v/Criminal de Curitiba
Brasília, 28/09/2014.

Márcio Schiefler Fontes
Juiz Instrutor
Gab. Ministro Teori Zavascki

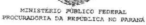

MINISTÉRIO PÚBLICO FEDERAL
PROCURADORIA DA REPÚBLICA NO PARANÁ

Cláusula 20. Na hipótese de que a colaboração eventualmente venha a implicar autoridades que gozam de prerrogativa de foro perante o E. Supremo Tribunal Federal e E. Superior Tribunal de Justiça, o presente acordo fica sujeito a ratificação do Procurador-Geral da República, que tomará as medidas cabíveis junto à respectiva Corte.

Cláusula 21. Na hipótese de que a colaboração eventualmente venha a implicar autoridades submetidas a outros foros, os signatários gestionarão buscando a adesão dos outros membros do Ministério Público aos termos do presente acordo.

Parte IX - Homologação Judicial

Cláusula 22. Para ter eficácia, o presente termo de colaboração será levado ao conhecimento do Juiz Federal responsável pela 13ª Vara Federal Criminal de Curitiba, bem como aos Tribunais competentes para a apreciação dos fatos contidos nos Anexos deste Acordo, juntamente com as declarações do colaborador que digam respeito à competência da respetiva Vara ou Tribunal e de cópia das principais peças da investigação existente até a presente data, nos termos do art. 4°, §7°, da Lei 12.850/2013, para homologação.

Parte X - Rescisão

Cláusula 23. O acordo perderá efeito, considerando rescindido, *ipso facto*:

a) se o colaborador descumprir, sem justificativa, qualquer das cláusulas, subcláusulas ou itens em relação às quais se obrigou;

b) se o colaborador sonegar a verdade ou mentir em relação a fatos em apuração, em relação aos quais se obrigou a cooperar;

c) se o colaborador vier a recusar-se a prestar qualquer informação de que tenha conhecimento;

d) se o colaborador recusar-se a entregar documento ou prova que tenha em seu poder ou sob a guarda de pessoa de suas relações ou sujeito a sua autoridade ou influência;

e) se ficar provado que o colaborador sonegou, adulterou, destruiu ou suprimiu provas que tinha em seu poder ou sob sua disponibilidade;

Rua Marechal Deodoro, 933   Centro   Curitiba/PR - CEP 80.060-010   FONE (41)3219-8700
4 de 10

Márcio Schiefler Fontes
Juiz Instrutor
Gab. Ministro Teori Zavascki

MINISTÉRIO PÚBLICO FEDERAL
PROCURADORIA DA REPÚBLICA NO PARANÁ

f) se o colaborador vier a praticar qualquer outro crime, após a homologação judicial da avença;

g) se o colaborador fugir ou tentar furtar-se à ação da Justiça Criminal;

h) se o MPF não pleitear em seu favor os benefícios legais aqui acordados;

i) se o sigilo a respeito deste acordo for quebrado por parte do colaborador e da Defesa ou pelo MPF;

j) se o colaborador não efetuar o pagamento da multa compensatória ou não oferecer as garantias a título de fiança com que se compromete;

k) se não forem assegurados ao colaborador os direitos previstos no art. 5º da Lei 12.850/2013, quando cabíveis; e

l) se o acusado, direta ou indiretamente, impugnar os termos deste acordo ou a sentença que for exarada nos limites acertados neste acordo.

Cláusula 24. Em caso de rescisão do acordo, o colaborador perderá automaticamente direito aos benefícios que lhe forem concedidos em virtude da cooperação com o Ministério Público Federal, e será considerada quebrada a fiança, prevista na cláusula 10, com a manutenção da validade das provas já produzidas.

§1º. Se a rescisão for imputável ao MPF ou ao Juízo Federal, o acusado poderá, a seu critério, cessar a cooperação, com a manutenção dos benefícios já concedidos e validade das provas já produzidas.

§2º.O colaborador fica ciente de que, caso venha a imputar falsamente, sob pretexto de colaboração com a justiça, a prática de infração penal a pessoa que sabe inocente, ou revelar informações sobre a estrutura de organização criminosa que sabe inverídicas, poderá ser responsabilizado pelo crime previsto no art. 19 da Lei 12.850/2013, cuja pena é de reclusão, de 1 (um) a 4 (quatro) anos de prisão, e multa.

Parte XI – Duração Temporal
Cláusula 25. O presente acordo valerá, caso não hajam rescisão, até o trânsito em julgado da(s) sentença(s)

Rua Marechal Deodoro, 933 Centro - Curitiba/PR - CEP 80.060-010 - FAX (41)3219-8700
15 de 16

Via 3ª Vara Criminal de Curitiba
Brasília, 28/08/2014

Márcio Schiefler Fontes
Juiz Instrutor
Gab. Ministro Teori Zavascki

47ρ

MINISTÉRIO PÚBLICO FEDERAL
PROCURADORIA DA REPÚBLICA NO PARANÁ

condenatória(s) relacionadas aos fatos que forem revelados em
decorrência deste acordo, já investigados ou a investigar em
virtude da colaboração, inclusive em relação aos processos de
terceiros que forem atingidos.

Parte XII - Declaração de Aceitação

Cláusula 26. Nos termos do art. 6º, inc. III, da Lei
12.850/2013, o colaborador e seu defensor declaram a aceitação
ao presente acordo de livre e espontânea vontade –
reconhecendo, inclusive, que a iniciativa do acordo foi do
próprio acusado, quem procurou o Ministério Público por meio
de sua advogada constituída a fim de colaborar com a Justiça –
e, por estarem concordes, firmam as partes o presente acordo
de colaboração premiada, em três vias, de igual teor e forma.

Curitiba/PR, 27 de agosto de 2014.

Pelo MPF:

Deltan Martinazzo Dallagnol
Procurador da República

Januário Palude   Carlos Fernando dos Santos Lima
Procurador da República   Procurador Regional da República

Orlando Martello   Andrey Borges de Mendonça
Procurador Regional da República   Procurador da República

Pela Defesa:

Beatriz Catta Preta   Paulo Roberto Costa
Advogada, OAB 153879   Colaborador

Anexo 2: Acordo De Alberto Youssef

Ministério Público Federal

PROCURADORIA DA REPÚBLICA NO PARANÁ Vica da 13ª VF de Sekção

FORÇA TAREFA "OPERAÇÃO LAVA JATO" Judiciária de Cumbba/PR

uárdo Schieller Fontes
Juiz Instrutor
Gab. Ministro Teori Zavascki

<u>TERMO DE COLABORAÇÃO PREMIADA</u>

O **Ministério Público Federal** – **MPF**, por intermédio dos Procuradores Regionais da República e Procuradores da República abaixo-assinados, em atribuição própria e por delegação do Exmo. Procurador-Geral da República (Portaria PGR/MPF nº 698, de 10 de setembro de 2014), e **ALBERTO YOUSSEF** doravante denominado **COLABORADOR**, atualmente réu nas ações penais 5025687-03.2014.404.7000, 5025699-17.2014.404.7000, 5026212-82.2014.404.7000, 5047229-77.2014.404.7000, 5049898-06.2014.404.7000, 5035110-84.2014.404.7000 e 5035707-53.2014.404.7000, bem como investigado em diversos procedimentos, todos em trâmite perante a 13ª Vara Federal Criminal da Subseção Judiciária de Curitiba, devidamente assistido por seus advogados constituídos, que assinam este instrumento, formalizam acordo de colaboração premiada nos termos:

I – Base Jurídica

Cláusula 1ª. O presente acordo funda-se no artigo 129, inciso I, da Constituição Federal, nos artigos 13 a 15 da Lei n. 9.807/99, no art. 1º, §5º, da Lei 9.613/98, no art. 26 da Convenção de Palermo, no art. 37 da Convenção de Mérida e nos artigos 4º a 8º da Lei 12.850/2013.

Cláusula 2ª. O interesse público é atendido com a presente proposta tendo em vista a necessidade de conferir efetividade à persecução criminal de outros suspeitos e ampliar e aprofundar, em todo o País, as investigações em torno de crimes contra a Administração, contra o Sistema Financeiro Nacional, crimes de lavagem de dinheiro, entre outros, inclusive no que diz respeito à repercussão desses ilícitos penais na esfera cível, administrativa, tributária e disciplinar.

II – Proposta do Ministério Público Federal

Cláusula 3ª. O **COLABORADOR** está sendo processado nos autos 5025687-03.2014.404.7000, 5025699-17.2014.404.7000, 5026212-

1/16

269

Ministério Público Federal

PROCURADORIA DA REPÚBLICA NO PARANÁ

FORÇA TAREFA "OPERAÇÃO LAVA JATO"

82.2014.404.7000, 5047229-77.2014.404.7000, 5049898-06.2014.404.7000, 5035110-84.2014.404.7000 e 5035707-53.2014.404.7000, bem como investigado em diversos procedimentos, todos em trâmite perante a 13ª Vara Federal Criminal da Subseção Judiciária de Curitiba, pela prática de crimes contra o sistema financeiro, crimes de corrupção, crimes de peculato, crimes de lavagem de dinheiro e de organização criminosa, dentre outros, de modo que o objeto do presente acordo abrange tais feitos e aqueles contemplados no acordo anterior.

Cláusula 4ª. Essas apurações estão relacionadas à atuação do **COLABORADOR**, dentre outras atividades criminosas, como instituição financeira paralela, responsável pela evasão de divisas de milhões de reais ao exterior e pela movimentação de valores provenientes de diversos crimes contra a administração pública, sobretudo fraudes em contratações e desvio de recursos em diversos âmbitos e formas, totalizando centenas de milhões de reais, sendo que as vantagens indevidas foram distribuídas entre diversos agentes, públicos e privados, em grande parte ainda não identificados e destinadas, também, à agentes políticos.

Cláusula 5ª. Considerando os antecedentes e a personalidade do **COLABORADOR**, bem como à gravidade dos fatos por ele praticados e a repercussão social do fato criminoso, uma vez cumpridas integralmente as condições impostas neste acordo para o recebimento dos benefícios e desde que efetivamente sejam obtidos os resultados previstos nos incisos I, II, III e IV, do art. 4º, da Lei Federal nº 12.850/2013, o Ministério Público Federal (MPF) propõe ao acusado, nos feitos acima especificados e naqueles que serão instaurados em decorrência dos fatos revelados por intermédio da presente colaboração, os seguintes benefícios legais, cumulativamente:

I. a aplicação ao COLABORADOR de penas privativas de liberdade, nos feitos acima especificados e naqueles que serão instaurados em decorrência dos fatos revelados por intermédio da presente colaboração, as quais depois de unificadas resultem em, no mínimo, 30 (trinta) anos de reclusão;

II. logo após o trânsito em julgado das sentenças condenatórias que somem o montante mínimo de 30 (trinta) anos de prisão a que se refere a alínea anterior, a suspensão em relação exclusivamente ao COLABORADOR de todos os processos e inquéritos policiais em tramitação perante a 13ª Vara Federal Criminal da Subseção Judiciária de Curitiba, assim como daqueles que

2/16

Ministério Público Federal

Procuradoria da República no Paraná
Força Tarefa "Operação Lava Jato"

serão instaurados, inclusive perante outros juízos, em decorrência dos fatos revelados a partir da presente colaboração, com a respectiva suspensão de todos os prazos prescricionais, por 10 (dez) anos[1];

III. o cumprimento pelo COLABORADOR de pena privativa de liberdade em regime fechado por lapso não superior a 5 (cinco) anos e não inferior a 3 (três) anos, iniciando-se a partir da assinatura do presente acordo e detraindo-se o período já cumprido pelo COLABORADOR a título de prisão provisória após a deflagração da "Operação Lava Jato";

IV. a execução da pena privativa de liberdade em local condizente com a condição de COLABORADOR, especialmente nos termos do art. 15, §§1º e §3º, da Lei 9807/1999, observado-se o disposto no art. 5º da Lei 12.850/2013;

V. após o integral cumprimento da pena privativa de liberdade em regime fechado nos termos do inciso III da presente cláusula, a progressão do COLABORADOR diretamente para o regime aberto, mesmo que sem o preenchimento dos requisitos legais, nos termos do art. 4°, §5°, da Lei n° 12.850/2013;

VI. a aplicação da pena de multa a que se refere o art. 58, *caput*, do Código Penal, em seu patamar mínimo, cuja cobrança será realizada pelo Ministério Público Federal nos termos da legislação vigente;

§1°. Transcorrido o prazo de 10 (dez) anos sem a prática de fato pelo COLABORADOR que justifique a rescisão deste acordo, voltarão a fluir os prazos prescricionais de todos os procedimentos suspensos nos termos do inciso II, até a extinção da punibilidade.

§2°. Ocorrendo quebra ou rescisão do acordo imputável ao COLABORADOR, voltarão a fluir todas as ações penais, inquéritos e procedimentos investigatórios suspensos.

§3°. A qualquer tempo, uma vez rescindido o acordo por culpa do COLABORADOR, o regime da pena será regredido para o regime fechado ou semiaberto, de acordo com os ditames do art. 33 do Código Penal, caso em que todos os benefícios concedidos nos termos dessa cláusula, assim como os demais previstos no presente acordo de colaboração, deixarão de ter efeito, sem prejuízo às provas produzidas pelo colaborador.

§4°. Os benefícios previstos na legislação penal, especialmente na Lei de Execução Penal, tais como remição de pena (seja pelo trabalho, frequência

---

1 Prorrogada a cada seis meses, nos termos da lei, conforme seja necessário para acompanhar a execução do acordo.

3/16

Ministério Público Federal

PROCURADORIA DA REPÚBLICA NO PARANÁ
FORÇA TAREFA "OPERAÇÃO LAVA JATO"

escolar ou estudo), suspensão condicional da pena, livramento condicional, saída temporária, anistia e indulto terão como base a pena privativa de liberdade unificada, nos termos do inciso I da presente cláusula;

§5º. O COLABORADOR poderá pleitear ao Juízo competente, ouvido o Ministério Público Federal, a realização de tratamentos ou exames médicos em rede privada, as suas expensas, desde que não disponibilizados na rede pública de saúde e demostrada a essencialidade da medida;

§6º. O COLABORADOR cumprirá imediatamente após a assinatura do presente acordo a pena privativa de liberdade em regime fechado a que se refere o inciso III da presente cláusula.

§7º O montante da pena privativa de liberdade a ser cumprido em regime fechado conforme inciso III da presente cláusula, será determinado de acordo com os resultados advindos da presente colaboração, nos termos dos incisos I, II, III e IV, do art. 4º, da Lei nº 12.850/2013, assim como em face dos depoimentos prestados pelo COLABORADOR, indicação de locais, identificação de pessoas físicas e jurídicas, análise de documentos que já estão apreendidos e de documentos e outras provas materiais fornecidas pelo COLABORADOR, notadamente em relação aos fatos referidos nos anexos deste acordo, observando-se o seguinte procedimento;

a) transcorrido no máximo 1 (um) ano da data de assinatura desse acordo, as partes signatárias se reunirão com a finalidade de analisar os resultados advindos da colaboração e, havendo concordância, assinarão relatório conjunto a ser remetido ao Juízo competente, com a indicação exata do prazo de prisão que será cumprido pelo COLABORADOR em regime fechado;

b) não havendo concordância das partes signatárias após a realização da reunião referida na alínea anterior, será realizada nova reunião para tal finalidade no prazo de até 1 (um) ano e 6 (seis) meses da assinatura deste acordo;

c) caso o Ministério Público e a Defesa, mesmo após a realização das reuniões a que se referem as alíneas anteriores, não entrem em consenso sobre o prazo de prisão a ser cumprido pelo COLABORADOR em regime fechado, apresentarão no prazo de 30 (trinta) dias, contados da reunião prevista na alínea "b", relatórios separados ao Juízo competente;

§8º. Os benefícios previstos nessa cláusula, assim como os demais previstos em outros dispositivos do presente acordo de colaboração, não abrangem fatos ilícitos posteriores a 17 de março de 2014.

§9º. Caso o COLABORADOR, por si ou por seu procurador, solicitar

Ministério Público Federal

PROCURADORIA DA REPÚBLICA NO PARANÁ

FORÇA TAREFA "OPERAÇÃO LAVA JATO"

Márcio Schiefler Fontes
Juiz Instrutor
Gab. Ministro Teori Zavascki

medidas para garantia de sua e de sua família, a Polícia Federal, o MPF e o Juízo adotarão as providências necessárias para sua inclusão imediata no programa federal de proteção ao depoente especial, com as garantias dos artigos 8° e 15 da Lei n. 9.807/99.

§10°. Após a homologação judicial desse acordo e a pedido do COLABORADOR, o Ministério Público Federal expedirá certidão atestando a existência da presente colaboração, a qual somente poderá ser por ele utilizada para instruir processos que, não obstante já estejam em curso em seu desfavor, não estão contemplados no acordo ora celebrado.

§11°. O Ministério Público Federal iniciará as tratativas para a realização de acordo de colaboração premiada com Rafael Angulo Lopes, que será efetivado caso presentes os requisitos legais, bem como critérios de conveniência e oportunidade em prol do interesse público.

III - Condições da Proposta

Cláusula 6ª. Para que do acordo proposto pelo MPF possam derivar quaisquer dos benefícios elencados nesse acordo, a colaboração deve ser voluntária, ampla, efetiva e eficaz e conducente:

a) à identificação dos autores, coautores, partícipes das diversas organizações criminosas de que tenha ou venha a ter conhecimento, notadamente aquelas sob investigação em decorrência da "Operação Lava Jato", bem como à identificação e comprovação das infrações penais por eles praticadas, que sejam ou que venham a ser do seu conhecimento, inclusive agentes políticos que tenham praticado ou participado de ilícitos;

b) à revelação da estrutura hierárquica e à divisão de tarefas das organizações criminosas de que tenha ou venha a ter conhecimento;

c) à recuperação total ou parcial do produto e/ou proveito das infrações penais de que tenha ou venha a ter conhecimento, tanto no Brasil, quanto no exterior;

d) à identificação de pessoas físicas e jurídicas utilizadas pelas organizações criminosas supramencionadas para prática de ilícitos;

e) ao fornecimento de documentos e outras provas materiais, notadamente em relação aos fatos referidos nos anexos deste acordo.

§1°. Para tanto, o COLABORADOR se obriga, sem malícia ou reservas mentais, a esclarecer cada um dos esquemas criminosos apontados nos

5/16

Ministério Público Federal

PROCURADORIA DA REPÚBLICA NO PARANÁ
FORÇA TAREFA "OPERAÇÃO LAVA JATO"

Márcio Schiefler Fontes
Juiz Instrutor
Gab. Ministro Teori Zavascki

diversos anexos deste termo de acordo, fornecendo todas as informações e evidências que estejam ao seu alcance, bem como indicando provas potencialmente alcançáveis.

§2°. Cada anexo deste acordo, assinado pelas partes, diz respeito a um fato, ou a um grupo de fatos conexos, em relação ao qual o colaborador prestará seu depoimento pessoal, bem fornecerá provas em seu poder e indicará diligências que possam ser empregadas para sua apuração.

§3°. O sigilo estrito das declarações será mantido enquanto necessário à efetividade das investigações em curso, inclusive quanto ao teor do próprio anexo, a juízo do Ministério Público e do Poder Judiciário, nos termos da súmula vinculante n. 14.

§4°. Os depoimentos colhidos serão registrados em duas vias, das quais não terá cópia o COLABORADOR ou sua defesa técnica, resguardado o direito de receber, a cada depoimento, um termo atestando que prestou declarações em determinado dia e horário no interesse de determinada investigação.

Cláusula 7ª. O COLABORADOR confirma serem de sua propriedade e desde já renuncia em favor da Justiça, de forma irrevogável e irretratável, por se tratarem de produtos e/ou proveitos de crimes, os seguintes bens móveis e imóveis:

a) todos os bens em nome da GFD que estejam administrados pela Web Hotéis Empreendimentos Ltda.,

b) propriedade de 74 unidades autônomas integrantes do Condomínio Hotel Aparecida, bem como do empreendimento Web Hotel Aparecida nele instalado, localizado em Aparecida do Norte-SP[2],

c) 37,23% do imóvel em que se situa o empreendimento Web Hotel Salvador[3].

d) empreendimento Web Hotel Príncipe da Enseada e do respectivo imóvel, localizado em Porto Seguro-BA[4],

e) seis unidades autônomas componentes do Hotel Blue Tree Premiun, localizado em Londrina/PR[5],

f) 34,88% das ações da empresa Hotel Jahu S.A e de parcela ideal do

---

2 R. Isaac Ferreira Encarnação, n° 523, a 600 metros do Santuário Nacional de Aparecida, maior centro de peregrinação católica do país.
3 Localizado à Rua das Alfazemas, n° 752, Caminho das Árvores, Salvador/BA.
4 Rodovia BR 367, Praia Mutá, município de Porto Seguro/BA.
5 Unidades n° 306, 315, 319, 507, 904 e 1502 do imóvel situado à Rua Juscelino Kubitschek, n° 1356.

6/16

Ministério Público Federal

PROCURADORIA DA REPÚBLICA NO PARANÁ

FORÇA TAREFA "OPERAÇÃO LAVA JATO"

Marco Schiefler Fontes
Juiz Instrutor
Gab. Ministro Teori Zavascki

imóvel em que o empreendimento se encontra instalado[6],

g) 50% do terreno formado pelos Lotes 08 e 09, da Quadra F, do Loteamento Granjas Reunidas Ipitanga, situado no município de Lauro de Freitas-BA, com área de 4.800m2, avaliado em R$ 5.300.000,00, bem como do empreendimento que está sendo construído sobre ele, chamado "Dual Medical & Business – Empresarial Odonto Médico",

h) do veículo Volvo XC60, blindado, placas BBB 6244, ano 2011,

i) veículo Mercedes Benz CLS 500, placas BCT 0050, ano 2006,

j) veículo VW Tiguan 2.0 TSI, blindado, placas FLR 4044, ano 2013/2014;

k) imóvel localizado em Camaçari, com área aproximada de 3000m2, cujo contrato se encontra apreendido no bojo da Operação Lava Jato;

§1º.   O COLABORADOR se compromete a não questionar judicialmente, impugnar ou de qualquer forma discutir a renúncia e ou destinação dos bens acima, seja em nome próprio ou por intermédio de outras pessoas, inclusive seus familiares.

§2º. Os bens relacionados acima serão alienados judicialmente imediatamente após a homologação do presente acordo, sendo que o COLABORADOR se compromete a se abster de impugnar ou embargar tais alienações de qualquer forma, inclusive por intermédio de seus familiares ou outras pessoas.

§3º.   Os veículos mencionados nos incisos "h" e "j", blindados serão depositados judicialmente em nome de ▆▆▆▆ ▆▆▆▆▆▆ ▆▆▆▆ e ▆▆▆▆ ▆▆▆▆▆ ▆▆▆▆▆, filhas do COLABORADOR, para que elas possam utilizá-los como medida de segurança durante o período em que o COLABORADOR estiver preso em regime fechado, nos termos da cláusula 5ª, inciso III, do presente acordo, sendo que após a progressão de seu regime de cumprimento de pena, ou desinteresse de uso pelas filhas, tais bens serão objeto de imediata alienação judicial ou destinação para uso pelos órgãos de persecução penal.

§4º.   O imóvel formado pelos prédios de sobrado nº 29, 31, 56 e 62, e pelo terreno em que se situava o prédio de nº 58, no Campo de São Cristóvão, no município do Rio de Janeiro/RJ, é destinado, de forma irretratável e irrevogável, pelo COLABORADOR ao juízo a título de multa compensatória pelas infrações penais por ele praticadas, nos seguintes termos:

a) no período em que o COLABORADOR estiver preso em regime fechado,

---

6   Localizado à Rua Amaral Gurgel, nº 321, município de Jaú/SP.

7/16

Ministério Público Federal
PROCURADORIA DA REPÚBLICA NO PARANÁ
FORÇA TAREFA "OPERAÇÃO LAVA JATO"

nos termos da cláusula 5ª, inciso III, do presente acordo, tal imóvel permanecerá apreendido, sob a administração do Juízo competente, perante o qual serão depositados todos os alugueres dele decorrentes;

b) findo o período a que se refere a alínea anterior será efetuada avaliação judicial do bem imóvel mencionado, bem como se procederá ao cálculo de todos os bens e valores de origem ilícita que puderam ser recuperados única e exclusivamente em decorrência das informações prestadas pelo COLABORADOR no âmbito do presente acordo, e desde que tais informações já não estejam em poder dos órgãos de persecução penal;

c) do valor do bem, será deduzido 1/50 (um cinquenta avos) do valor consolidado de todos os bens e valores ilícitos recuperados, no Brasil ou no exterior, nos termos da alínea "b";

d) se o montante consolidado de 1/50 (um cinquenta avos) dos valores recuperados a que se refere a alínea anterior for igual ou superior ao valor do imóvel, será dispensada a multa compensatória a que se refere o parágrafo 4º desta cláusula e o COLABORADOR poderá destinar o imóvel referido no §4º às suas filhas.

e) se o montante consolidado de 1/50 (um cinquenta avos) dos valores recuperados referido nas alíneas anteriores for inferior ao valor do imóvel, este será alienado judicialmente, sendo que do valor obtido será deduzido da multa compensatória em favor do COLABORADOR o montante proporcional a recuperação já referido;

f) em caso de resçisão do presente acordo em decorrência de conduta imputada ao COLABORADOR o valor do bem referido no parágrafo 4º, caput, supramencionado, será integralmente destinado ao Juízo a título de multa compensatória, independentemente de quaisquer valores ou bens recuperados em decorrência de informações por ele prestadas.

§5º. Será liberado em favor de ████ ████ ███████, ex-mulher do COLABORADOR, o imóvel situado na Rua Afonso Bras, 747, 11º Andar, Ap. 101-A, no Bairro Vila Nova, São Paulo/SP, desde que ela renuncie mediante instrumento separado, em 30 (trinta) dias, a qualquer medida impugnativa em relação ao perdimento ou alienação dos bens indicados neste acordo ou qualquer outro bem que venha a ser apreendido como de propriedade do COLABORADOR.

§6º. Será liberado em favor de ████ ████ ████ █ ████ ████ ███, e ████ ███████ ████, filhas do COLABORADOR, o imóvel situado na Rua Elías César, 155, Ap. 601, em

Ministério Público Federal

PROCURADORIA DA REPÚBLICA NO PARANÁ
FORÇA TAREFA "OPERAÇÃO LAVA JATO"

Londrina – PR;

§7°. Os valores obtidos mediante a alienação dos bens cujo perdimento for declarado nos termos desta cláusula será depositado em conta vinculada ao Juízo competente, obedecendo-se aqui o disposto no art. 7°, §1°, da Lei n° 9.613/98, com redação dada pela Lei n° 12.683/12;

§8°. O COLABORADOR atesta que todos os seus bens e valores, em nome próprio ou por intermédio de terceiras pessoas, foram relacionados na presente cláusula ou na última declaração de imposto de renda, de sorte que, se porventura for encontrado algum outro bem ou valor após a assinatura deste termo, o Ministério Público Federal poderá promover a rescisão do acordo por culpa do COLABORADOR, sem prejuízo ao imediato perdimento de todos os bens objeto deste acordo e, inclusive, do(s) novo(s) bem(ns) encontrado(s).

§9°. Na hipótese da existência de bens não declarados ou informados ao Ministério Público nos termos do §7°, o Ministério Público poderá, a seu critério, ao invés de suscitar a rescisão do acordo, promover as ações legais cabíveis, inclusive penais e sem a limitação da cláusula 5ª, incisos I e II, objetivando promover o perdimento dos bens identificados.

Cláusula 8ª. Como condição do acordo, o colaborador se obriga a informar e renunciar, em favor da União, a qualquer direito sobre valores mantidos em contas bancárias e investimentos no Brasil ou no exterior, que sejam identificados em seu nome ou, ainda, em nome de interpostas pessoas, físicas e jurídicas.

Parágrafo único. O COLABORADOR reconhece como sendo seus os R$ 1.893.410,00 (um milhão, oitocentos e noventa e três mil, quatrocentos e dez reais) e U$ 20.000,00 (vinte mil dólares americanos) apreendidos nas dependências da empresa GFD Investimentos Ltda. por ocasião do cumprimento de busca e apreensão no âmbito da "Operação Lava Jato" e os renuncia, de forma irretratável e irrevogável, em favor da Justiça para destinação nos termos do art. 7°, §1°, da Lei n° 9.613/98, com redação dada pela Lei n° 12.683/12;

Cláusula 9ª. O colaborador autorizará em anexo próprio o Ministério Público Federal ou outros órgãos, nacionais ou estrangeiros indicados pelo Ministério Público, a acessarem todos os dados de sua movimentação financeira no exterior, mesmo que as contas não estejam em seu nome (p. ex.

9/16

Ministério Público Federal

PROCURADORIA DA REPÚBLICA NO PARANÁ

FORÇA TAREFA "OPERAÇÃO LAVA JATO"

em nome de *offshores* ou interpostas pessoas, inclusive familiares), o que inclui, exemplificativamente, todos os documentos cadastrais, extratos, cartões de assinaturas, dados relativos a cartões de crédito, aplicações e identificação de depositantes e beneficiários de transações financeiras, assinando, desde logo, termo anexo nesse sentido.

Cláusula 10. Nos termos da cláusula 6ª retro, e também como parâmetro para a avaliação dos resultados deste acordo, nos termos da cláusula 5ª, § 6°, o colaborador se obriga, sem malícia ou reservas mentais, a:

a) falar a verdade, incondicionalmente e sob compromisso, em todas as investigações - inclusive nos inquéritos policiais, inquéritos civis e ações cíveis e processos administrativos disciplinares e tributários – e ações penais, em que doravante venha a ser chamado a depor na condição de testemunha ou interrogado, nos limites deste acordo;

b) indicar pessoas que possam prestar depoimento sobre os fatos em investigação, nos limites deste acordo, propiciando as informações necessárias à localização de tais depoentes;

c) cooperar sempre que solicitado, mediante comparecimento pessoal a qualquer das sedes do MPF, da Polícia Federal ou da Receita Federal, para analisar documentos e provas, reconhecer pessoas, prestar depoimentos e auxiliar peritos na análise pericial;

d) entregar todos os documentos, papéis, escritos, fotografias, bancos de dados, arquivos eletrônicos etc., de que disponha, estejam em seu poder ou sob a guarda de terceiros, e que possam contribuir, a juízo do MPF, para a elucidação dos crimes, inclusive e especialmente, os apontamentos contábeis de suas transações financeiras, de pessoas jurídicas interpostas, e de terceiros sob as suas ordens;

e) em caso de recusa do fornecimento de provas pelos terceiros referidos na alínea anterior o COLABORADOR indicará ao Ministério Público a forma de obtê-los;

f) cooperar com o MPF e com outras autoridades públicas por este apontadas para detalhar os crimes de corrupção, peculato, lavagem de capitais, sonegação fiscal, evasão de divisas e outros delitos correlatos a estes;

g) colaborar amplamente com o MPF e com outras autoridades públicas por este apontadas em tudo mais que diga respeito ao caso e aos fatos que o colaborador se compromete a elucidar, inclusive conexos;

h) não impugnar, por qualquer meio, o acordo de colaboração, em

10/16

Ministério Público Federal

PROCURADORIA DA REPÚBLICA NO PARANÁ
FORÇA TAREFA "OPERAÇÃO LAVA JATO"

qualquer dos inquéritos policiais ou ações penais nos quais esteja envolvido, no Brasil ou no exterior, salvo por fato superveniente à homologação judicial, em função de descumprimento do acordo pelo MPF ou pelo Juízo de homologação;

i) afastar-se de suas atividades criminosas, especificamente não vindo a contribuir, de qualquer forma, com as atividades da organização criminosa investigada;

j) comunicar imediatamente o MPF caso seja contatado por qualquer dos demais integrantes da organização criminosa, por qualquer meio; e

k) a não impugnar sob qualquer hipótese, salvo o descumprimento do acordo pelo MPF ou pelo Juízo, nenhuma das sentenças condenatórias mencionadas na cláusula 5ª, I, deste acordo;

§1º. A enumeração de casos específicos nos quais se reclama a colaboração do acusado não tem caráter exaustivo, tendo ele o dever genérico de cooperar com o MPF e com outras autoridades públicas por este apontadas, para o esclarecimento de quaisquer fatos relacionados ao objeto deste acordo;

§2º. Considerando a relevância da colaboração o Ministério Público Federal poderá requerer ao juiz pela concessão de benefício não presente neste acordo, nos termos do art. 4º, §2º, da Lei 11.850/2013.

Cláusula 11. A defesa desistirá de todos os *habeas corpus* e recursos decorrentes no prazo de 24 horas contados da assinatura deste acordo, encaminhando ao Ministério Público Federal 48 horas os protocolos de desistência.

IV – Validade da Prova

Cláusula 12. A prova obtida mediante a presente avença de colaboração premiada, após devidamente homologada, será utilizada validamente para a instrução de inquéritos policiais, procedimentos administrativos criminais, ações penais, ações cíveis e de improbidade administrativa e inquéritos civis, podendo ser emprestada também ao Ministério Público dos Estados, à Receita Federal, à Procuradoria da Fazenda Nacional, ao Banco Central do Brasil e a outros órgãos, inclusive de países e entidades estrangeiras, para a instrução de procedimentos e ações fiscais, cíveis, administrativas (inclusive disciplinares),

11/16

Ministério Público Federal

PROCURADORIA DA REPÚBLICA NO PARANÁ

FORÇA TAREFA "OPERAÇÃO LAVA JATO"

de responsabilidade bem como qualquer outro procedimento público de apuração dos fatos, mesmo que rescindido este acordo, salvo se essa rescisão se der por descumprimento desta avença por exclusiva responsabilidade do Ministério Público Federal.

V – Renúncia à garantia contra a autoincriminação e ao direito ao silêncio

Cláusula 13. Ao assinar o acordo de colaboração premiada, o COLABORADOR, na presença de seus advogados, está ciente do direito constitucional ao silêncio e da garantia contra a autoincriminação, ao qual, nos termos do art. 4°, §14, da Lei 12.850/2013, o COLABORADOR **RENUNCIA**, nos depoimentos em que prestar, ao exercício do direito ao silêncio e estará sujeito ao compromisso legal de dizer a verdade.

VI – Imprescindibilidade da Defesa Técnica

Cláusula 14. Este acordo de colaboração somente terá validade se aceito, integralmente, sem ressalvas, no momento da assinatura, pelo COLABORADOR, assistido por seus defensores Dr. ANTÔNIO AUGUSTO FIGUEREDO BASTO (OAB n° 16.950/PR), Dr. LUIS GUSTAVO RODRIGUES FLORES (OAB n° 27.865/PR), Dr. ADRIANO SÉRGIO NUNES BRETAS (OAB n. 38.524/PR) e Dr. TRACY REINALDET (OAB n. 56.300/PR).

Parágrafo único. Nos termos do art. 4°, §15, da Lei 12.850/2013, em todos os atos de confirmação e execução da presente colaboração, o colaborador deverá estar assistido por defensor.

VII – Cláusula de Sigilo

Cláusula 15. Nos termos do art. 7°, §3°, da Lei 12.850/2013, as partes comprometem-se a preservar o sigilo sobre o presente acordo, seus anexos, depoimentos e provas obtidas durante a sua execução, o qual será levantado por ocasião da(s) denúncia(s) e exclusivamente em relação aos fatos nela contemplados.

§1°. O COLABORADOR e seu(s) defensor(es) se comprometem a preservar o sigilo perante qualquer autoridade distinta do Ministério Público, Poder

12/16

Ministério Público Federal

PROCURADORIA DA REPÚBLICA NO PARANÁ
FORÇA TAREFA "OPERAÇÃO LAVA JATO"

Judiciário e Polícia Federal responsáveis pela administração do acordo de colaboração, enquanto o Ministério Público entender que a publicidade prejudicará a efetividade das investigações.

§2°. Após o recebimento da denúncia, eventuais acusados incriminados em virtude da cooperação de COLABORADOR poderão ter vista deste termo, mediante autorização judicial, sem prejuízo dos direitos assegurados ao COLABORADOR, nos termos do art. 5° da Lei 12.850/2013, bem como do respectivo anexo e depoimento que tenha embasado a investigação que ensejou a denúncia.

§3°. Os demais Anexos, não relacionados ao feito, serão mantidos em sigilo enquanto for necessário para a preservação do sigilo das investigações, nos termos da Súmula Vinculante 14 do STF.

§4°. Dentre os defensores do COLABORADOR somente terão acesso ao presente acordo e as informações dele decorrentes os advogados signatários ou que forem por estes substabelecidos com esta específica finalidade.

Parte VIII – Delegação do Procurador-Geral da República

Cláusula 16. O Procurador-Geral da República, no caso de haver a indicação nos anexos ou depoimentos prestados pelo COLABORADOR de pessoas com prerrogativa de foro, delegou aos signatários a possibilidade de assinar o presente acordo de colaboração.

Parte IX – Homologação Judicial

Cláusula 17. Para ter eficácia, o presente termo de colaboração será levado ao conhecimento do Juízo competente para a apreciação dos fatos relatados em função do acordo, juntamente com as declarações do colaborador e de cópia das principais peças da investigação até então existentes, nos termos do art. 4°, §7°, da Lei 12.850/2013, para homologação.

Parágrafo único. Homologado o acordo perante o Supremo Tribunal Federal ou o Superior Tribunal de Justiça, valerá em todo foro e instância que lhe seja inferior, restando desnecessária sua homologação perante tais outras instâncias.

13/16

281

Ministério Público Federal

PROCURADORIA DA REPÚBLICA NO PARANÁ

FORÇA TAREFA "OPERAÇÃO LAVA JATO"

Cláusula 18. O Juízo de execução deste acordo será o Juízo de homologação, ou outro por este designado.

Parte X – Rescisão

Cláusula 19. O acordo perderá efeito, considerando-se rescindido:

a) se o colaborador descumprir, sem justificativa, qualquer das cláusulas, sub-cláusulas, alíneas ou itens em relação aos quais se obrigou;

b) se o colaborador sonegar a verdade ou mentir em relação a fatos em apuração, em relação aos quais se obrigou a cooperar;

c) se o colaborador, ressalvada a hipótese prevista na cláusula 15, vier a recusar-se a prestar qualquer informação de que tenha conhecimento;

d) se o colaborador recusar-se a entregar documento ou prova que tenha em seu poder ou sob a guarda de pessoa de suas relações ou sujeito a sua autoridade ou influência, sendo que, diante da eventual impossibilidade de obtenção direta de tais documentos ou provas, o COLABORADOR indicará ao Ministério Público a pessoa que o guarda e o local onde poderá ser obtido, para a adoção das providências cabíveis;

e) se ficar provado que, após a celebração do acordo, o colaborador sonegou, adulterou, destruiu ou suprimiu provas que tinha em seu poder ou sob sua disponibilidade;

f) se o colaborador vier a praticar qualquer outro crime doloso, após a homologação judicial da avença;

g) se o colaborador fugir ou tentar furtar-se à ação da Justiça Criminal;

h) se o MPF não pleitear em favor do COLABORADOR os benefícios legais aqui acordados;

i) se o sigilo a respeito deste acordo for quebrado por parte do colaborador, da Defesa;

j) se o COLABORADOR, direta ou indiretamente, impugnar os termos deste acordo ou as sentenças que forem exaradas nos limites deste acordo, inclusive para se atingir o montante de pena previsto na cláusula 5ª, inciso I;

k) se o COLABORADOR não desistir de todos os Habeas Corpus referidos na cláusula 11 deste acordo, no prazo de 24hrs de sua assinatura; e

l) se o COLABORADOR, ou qualquer outra pessoa em seu favor, impugnar ou de qualquer forma embargar a destinação dos bens e valores nos termos

14/16

Ministério Público Federal

PROCURADORIA DA REPÚBLICA NO PARANÁ
FORÇA TAREFA "OPERAÇÃO LAVA JATO"

previstos na cláusula 7ª deste acordo.

§1º. Não ocasionará rescisão do presente acordo de colaboração a impossibilidade de pagamento pelo COLABORADOR da multa penal prevista na cláusula 5ª, inciso VI.

§2º. A rescisão do acordo será decidida pelo juízo competente, mediante a prévia distribuição de procedimento próprio, notificação das partes e realização de audiência de justificação.

§3º. Da decisão que rejeitar ou determinar a rescisão do acordo caberá recurso.

Cláusula 20. Em caso de rescisão do acordo por responsabilidade do colaborador, este perderá automaticamente direito aos benefícios que lhe forem concedidos em virtude da cooperação com o Ministério Público Federal.

§1º. Se a rescisão for imputável ao MPF ou ao Juízo Federal, o COLABORADOR poderá, a seu critério, cessar a cooperação, com a manutenção dos benefícios já concedidos e provas já produzidas.

§2º. Se a rescisão for imputável ao COLABORADOR, este perderá todos os benefícios concedidos, permanecendo hígidas e válidas todas as provas produzidas, inclusive depoimentos que houver prestado e documentos que houver apresentado.

§3º. O COLABORADOR fica ciente de que, caso venha a imputar falsamente, sob pretexto de colaboração com a justiça, a prática de infração penal a pessoa que sabe inocente, ou revelar informações sobre a estrutura de organização criminosa que sabe inverídicas, poderá ser responsabilizado pelo crime previsto no art. 19 da Lei 12.850/2013, cuja pena é de reclusão, de 1 (um) a 4 (quatro) anos de prisão, e multa, além da rescisão deste acordo.

XI – Duração Temporal

Cláusula 21. O presente acordo valerá, caso não haja rescisão, até o trânsito em julgado da(s) sentença(s) condenatória(s) relacionadas aos fatos que forem revelados em decorrência deste acordo, já investigados ou a investigar em virtude da colaboração, inclusive em relação aos processos de terceiros que forem atingidos.

15/16

Ministério Público Federal

PROCURADORIA DA REPÚBLICA NO PARANÁ
FORÇA TAREFA "OPERAÇÃO LAVA JATO"

Márcio Schiefler Fontes
Juiz Instrutor
Gab. Ministro Teori Zavascki

XII – Declaração de Aceitação

Cláusula 23. Nos termos do art. 6º, inc. III, da Lei 12.850/2013, o colaborador, assistido por seu(s) defensor(es), declaram a aceitação ao presente acordo de livre e espontânea vontade e, por estarem concordes, firmam as partes o presente acordo de colaboração premiada.

Curitiba, 24 de setembro de 2014.

Alberto Youssef
Colaborador

Antônio Augusto Figueredo Basto
Advogado OAB nº 16.950/PR

Luis Gustavo Rodrigues Flores
Advogado OAB nº 27.865/PR

Adriano Sérgio Nunes Bretas
Advogado OAB nº 38.524/PR

Tracy Reinaldet
Advogado OAB nº 56.300/PR

Deltan Martinazzo Dallagnol
Procurador da República

Douglas Fischer
Procurador Regional da República

Januário Paludo
Procurador da República

Carlos Fernando dos Santos Lima
Procurador Regional da República

Orlando Martello
Procurador Regional da República

Roberson Henrique Pozzobon
Procurador da República

Antônio Carlos Welter
Procurador Regional da República

16/16

Anexo 3: Acordo De Pedro José Barusco Filho

Ministério Público Federal

PROCURADORIA DA REPÚBLICA NO PARANÁ
FORÇA TAREFA "OPERAÇÃO LAVA JATO"

TERMO DE COLABORAÇÃO PREMIADA

O **Ministério Público Federal (MPF)**, por intermédio dos Procuradores Regionais da República e Procuradores da República abaixo-assinados, em atribuição própria e por delegação do Exmo. Procurador-Geral da República (Portaria PGR/MPF n° 698, de 10 de setembro de 2014), e **PEDRO JOSÉ BARUSCO FILHO**, CPF n° 987.145.708-15, RG n° 7.826.428/SSP-SP, Passaporte n° FG592295, doravante denominado **COLABORADOR**, devidamente assistido por sua advogada constituída, que assina este instrumento, tendo em vista os fatos delituosos sob apuração no âmbito da "Operação Lava Jato", objeto do inquérito policial 5049557-14.2013.404.7000 e demais procedimentos conexos, todos em trâmite perante a 13ª Vara Federal Criminal da Subseção Judiciária de Curitiba, considerando a intenção espontaneamente manifestada pelo **COLABORADOR**, no dia 04/11/2014, em reunião de pré-acordo, de assumir todos ilícitos por ele praticados e colaborar com as investigações, formalizam o Acordo de colaboração premiada nos termos a seguir expostos:

I – Base Jurídica

Cláusula 1ª. O presente acordo funda-se no artigo 129, inciso I, da Constituição Federal, nos artigos 13 a 15 da Lei n. 9.807/99, no art. 1°, §5°, da Lei 9.613/98, no art. 26 da Convenção de Palermo, no art. 37 da Convenção de Mérida e nos artigos 4° a 7° da Lei 12.850/2013.

Cláusula 2ª. O interesse público é atendido com a presente proposta tendo em vista a necessidade de conferir efetividade à persecução criminal de outros suspeitos e ampliar e aprofundar, em todo o País, as investigações em torno de crimes contra a Administração, contra o Sistema Financeiro Nacional, contra a Ordem Econômica, e crimes de lavagem de dinheiro, entre outros, inclusive no que diz respeito à repercussão desses ilícitos penais na esfera cível, administrativa, tributária e disciplinar.

II – Objeto da Colaboração

1/16

286

Ministério Público Federal

PROCURADORIA DA REPÚBLICA NO PARANÁ
FORÇA TAREFA "OPERAÇÃO LAVA JATO"

Cláusula 3ª. O **COLABORADOR**, empregado e exercente de cargo em comissão na Petróleo Brasileiro S/A (Petrobras), praticou ou participou da prática de crimes contra o sistema financeiro, crimes de corrupção, crimes de peculato, crimes de lavagem de dinheiro e de organização criminosa, dentre outros, envolvendo a empresa Petróleo Brasileiros S/A, bem como a empresa Sete Brasil Participações S/A, delitos estes que estão sob investigação no bojo da Operação Lava-Jato, objeto do inquérito policial 5049557-14.2013.404.7000 e procedimentos conexos, todos em trâmite perante a 13ª Vara Federal Criminal da Subseção Judiciária de Curitiba, de modo que o objeto do presente acordo abrange os fatos sob apuração ou processamento em tais feitos.

Cláusula 4ª. Este Acordo não deve ser interpretado em prejuízo de Acordo que o **COLABORADOR** venha a celebrar com a Procuradoria da República no Rio de Janeiro, no âmbito do caso SBM.

Parágrafo único. Este acordo, bem como o acordo mencionado na cláusula 4ª acima, estão relacionadas à atuação do **COLABORADOR como funcionário da empresa Petróleo Brasileiro S/A**, situação esta que envolveu a prática de crimes diversos, sobretudo corrupção, lavagem de dinheiro e de organização criminosa, bem como a movimentação ilegal de dezenas de milhões de dólares.

III - Proposta do Ministério Público Federal

Cláusula 5ª. Considerando os antecedentes e a personalidade do **COLABORADOR**, bem como a gravidade dos fatos por ele praticados e a repercussão social do fato criminoso, uma vez cumpridas integralmente as condições impostas neste Acordo para o recebimento dos benefícios e desde que efetivamente sejam obtidos os resultados previstos nos incisos I, II, III e IV, do art. 4°, da Lei Federal n° 12.850/2013, o MPF propõe ao acusado, nos feitos mencionados neste Acordo e naqueles que sejam instaurados em decorrência dos fatos revelados por intermédio da presente colaboração, os seguintes benefícios legais, cumulativamente, sem prejuízo da aplicação de penas mais gravosas, quando cumulados aos previstos em Acordo que o **COLABORADOR** celebre com a Procuradoria da República no Paraná, no âmbito da força-tarefa "lava-jato":

2/16

287

Ministério Público Federal
PROCURADORIA DA REPÚBLICA NO PARANÁ
FORÇA TAREFA "OPERAÇÃO LAVA JATO"

I. a substituição do regime das penas privativas de liberdade aplicadas ao **COLABORADOR** pelo regime aberto diferenciado, no processo penal que vier a ser instaurado com esteio nos feitos mencionados neste acordo e nos eventuais procedimentos instaurados em decorrência da presente colaboração que venham a ser objeto de Denúncia, sem prejuízo de restabelecimento do regime da condenação no caso de rescisão deste Acordo;

II. logo após o trânsito em julgado de Sentença(s) condenatória(s) referente(s) aos feitos objeto do presente acordo que somem o montante mínimo de 15 (quinze) anos de prisão a que se refere a alínea anterior, a suspensão em relação exclusivamente ao **COLABORADOR** de processos criminais e inquéritos policiais em tramitação perante o Juízo mencionado, assim como daqueles que sejam instaurados, inclusive perante outros juízos e ressalvados os feitos conexos ao acordo a que se refere a cláusula 4ª, em decorrência dos fatos revelados a partir da presente colaboração, por 10 (dez) anos[1], com a respectiva suspensão de todos os prazos prescricionais;

III. O(s) regime(s) e a(s) pena(s) privativa(s) de liberdade que for(em) originalmente fixado(s) na(s) sentença(s) condenatória(s) proferida(s) em face do **COLABORADOR** ser(á)(ão) substituído(s) por pena privativa de liberdade em regime aberto diferenciado, por período de 2 (dois) anos, iniciando-se o seu cumprimento a partir do trânsito em julgado da primeira condenação, de acordo com as seguintes obrigações e condições:

a) o recolhimento domiciliar nos finais de semana e, nos demais dias, no horário compreendido entre as 20:00hrs e as 06:00 hrs;

b) a necessidade de comunicar o Juízo de execução, com antecedência mínima de uma semana, viagens que pretenda realizar para o exterior para o tratamento de sua saúde, sendo vedadas viagens internacionais para outros fins; e

c) prestar relatórios bimestrais, ao Juízo de execução, de suas atividades profissionais e viagens realizadas no território nacional;

IV. Cumulativamente ao cumprimento da pena em regime aberto diferenciado prevista no inciso anterior, o **COLABORADOR** prestará serviços a comunidade, à razão de **30 horas por mês**, por período de 02 (dois) a 5 (cinco) anos;

a) o montante da pena de prestação de serviços a comunidade a ser fixado

---

1 Prorrogada a cada seis meses, nos termos da lei, conforme seja necessário para acompanhar a execução do Acordo.

3/16

288

Ministério Público Federal
PROCURADORIA DA REPÚBLICA NO PARANÁ
FORÇA TAREFA "OPERAÇÃO LAVA JATO"

será determinado pelo Juízo de homologação conforme os resultados advindos da presente colaboração, nos termos dos incisos I, II, III e IV, do art. 4°, da Lei n° 12.850/2013, assim como em face dos depoimentos prestados pelo **COLABORADOR**, indicação de locais, identificação de pessoas físicas e jurídicas, análise de documentos e de outras provas materiais fornecidas pelo **COLABORADOR**.

b) os serviços comunitários começaram a ser cumpridos a partir do trânsito em julgado da primeira sentença condenatória;

c) fica facultado ao **COLABORADOR** distribuir as horas de prestação de serviços comunitários, dentro de cada mês, de forma não homogênea ou concentrada, em comum acordo com a entidade assistencial;

V. após o cumprimento da pena em regime aberto diferenciado a que se refere o inciso III e até o término da prestação dos serviços comunitários a que se refere a cláusula IV, o **COLABORADOR** permanecerá obrigado a prestar relatórios bimestrais, ao Juízo de execução, de suas atividades profissionais e viagens realizadas;

VI. o compromisso do MPF de pleitear a aplicação da pena de multa a que se refere o art. 58, do Código Penal, em seu patamar mínimo.

§1°. Transcorrido o prazo de 10 (dez) anos a que se refere o inciso II do presente artigo sem a prática de fato pelo **COLABORADOR** que justifique a rescisão deste acordo, voltarão a fluir os prazos prescricionais de todos os procedimentos suspensos nos termos do inciso II, até a extinção da punibilidade.

§2°. Ocorrendo quebra ou rescisão do Acordo imputável ao **COLABORADOR**, voltarão a fluir todas as eventuais ações penais, inquéritos e procedimentos investigatórios suspensos.

§3°. A qualquer tempo, uma vez rescindido o Acordo por culpa do **COLABORADOR**, o regime da pena será regredido para o regime fixado originalmente em Sentença ou decisão de unificação de penas, de acordo com os ditames do art. 33 do Código Penal, caso em que todos os benefícios concedidos nos termos dessa cláusula, assim como os demais previstos no presente Acordo de colaboração, deixarão de ter efeito, sem prejuízo das provas produzidas pelo **COLABORADOR**.

§4°. Os benefícios previstos na legislação penal e de execução penal, tais como remição de pena (seja pelo trabalho, frequência escolar ou estudo), suspensão condicional da pena, livramento condicional, saída temporária,

4/16

Ministério Público Federal

PROCURADORIA DA REPÚBLICA NO PARANÁ

FORÇA TAREFA "OPERAÇÃO LAVA JATO"

anistia e indulto terão como base a pena privativa de liberdade unificada, nos termos do inciso II da presente cláusula;

§5º Caso o **COLABORADOR**, por si ou por sua defesa, solicite medidas para sua garantia ou de sua família, a Polícia Federal, o MPF e o Juízo adotarão as providências necessárias para sua inclusão em programa de proteção ao depoente especial, sem prejuízo de eventual pedido direto do próprio interessado, tudo nos termos dos artigos 1º a 11 e 15 da Lei n. 9.807/99.

§6º O MPF pleiteará nas ações cíveis e de improbidade administrativa que porventura forem ajuizadas contra o **COLABORADOR** ou suas empresas em decorrência dos fatos revelados no presente acordo, que não lhe sejam aplicadas as sanções delas decorrentes, no caso da Lei nº 8.429/92, aquelas previstas no art. 12, ressalvada a validade da presente cláusula à prévia homologação pela 5ª Câmara de Coordenação e Revisão do MPF.

IV – Condições da Proposta

Cláusula 6ª. Para que do acordo proposto pelo MPF possam derivar quaisquer dos benefícios elencados nesse acordo, a colaboração deve ser voluntária, ampla, efetiva e eficaz e conducente:

a) à identificação dos autores, coautores, partícipes das diversas organizações criminosas de que tenha ou venha a ter conhecimento, notadamente aquelas sob investigação em decorrência da "Operação Lava Jato", bem como à identificação e comprovação das infrações penais por eles praticadas, que sejam ou que venham a ser do seu conhecimento, inclusive agentes públicos que tenham praticado ou participado de ilícitos;

b) à revelação da estrutura hierárquica e à divisão de tarefas das organizações criminosas de que tenha ou venha a ter conhecimento;

c) à recuperação total ou parcial do produto e/ou proveito das infrações penais de que tenha ou venha a ter conhecimento, no Brasil e no exterior;

d) à identificação de pessoas físicas e jurídicas utilizadas pelas organizações criminosas supramencionadas para prática de ilícitos;

e) ao fornecimento de documentos e outras provas materiais, notadamente em relação aos fatos referidos nos anexos deste acordo, fixando-se o prazo de 30 (trinta) dias da assinatura deste Acordo para a entrega da documentação de suas contas bancárias mantidas no exterior, englobando extratos de movimentação e dados que permitam identificar a origem e o destino das transferências de recursos.

§1º. Para tanto, o **COLABORADOR** se obriga, sem malícia ou reservas mentais, a esclarecer cada um dos fatos ou esquemas criminosos apontados

5/16

Ministério Público Federal

PROCURADORIA DA REPÚBLICA NO PARANÁ

FORÇA TAREFA "OPERAÇÃO LAVA JATO"

nos diversos anexos deste termo de acordo, fornecendo todas as informações e evidências que estejam ao seu alcance, bem como indicando provas potencialmente alcançáveis.

§2°. Cada anexo deste acordo, assinado pelas partes, diz respeito a um fato, ou a um grupo de fatos conexos, em relação ao qual o **COLABORADOR** prestará seu depoimento pessoal, bem fornecerá provas em seu poder e indicará diligências que possam ser empregadas para sua apuração.

§3°. O sigilo estrito das declarações será mantido enquanto necessário à efetividade das investigações em curso, inclusive quanto ao teor do próprio anexo, a juízo do Ministério Público e do Poder Judiciário, nos termos da súmula vinculante n. 14.

§4°. Os depoimentos colhidos serão registrados em duas vias, das quais não terá cópia o **COLABORADOR** ou sua defesa técnica, resguardado o direito de receber, a cada depoimento, um termo atestando que prestou declarações em determinado dia e horário no interesse de determinada investigação.

§5°. O **COLABORADOR** compromete-se, no prazo de 15 (quinze) dias da assinatura do presente Acordo, a entregar aos Delegados de Polícia Federal responsáveis pela Operação Lava Jato o seu passaporte italiano;

Cláusula 7ª. O **COLABORADOR** compromete-se a pagar, de modo irretratável e irrevogável, a título de multa compensatória cível pelos danos que reconhece causados pelos diversos crimes por ele praticados em detrimento da administração da Justiça, da Petrobras e outros (Crimes contra a Administração Pública, Crimes Econômicos, Crimes de Lavagem de Ativos, dentre outros), o valor de **R$ 3.250.000,00 (três milhões duzentos e cinquenta mil reais)**, sem prejuízo do valor eventualmente estabelecido em decorrência do Acordo a que faz referência a Cláusula 4ª, o qual será depositado em conta judicial aberta por ordem do Juízo de homologação especificamente para tal finalidade.

Cláusula 8ª. O **COLABORADOR** reconhece que todos os valores depositados nas contas abaixo descritas, controladas direta ou indiretamente por ele, ainda que mediante empresas *offshores ou* familiares, com seus respectivos rendimentos, constituem produto ou proveito de atividades criminosa, sendo que sobre elas renuncia todo e qualquer direito, comprometendo-se a prontamente praticar qualquer ato necessário à

6/16

Ministério Público Federal
Procuradoria da República no Paraná
Força Tarefa "Operação Lava Jato"

repatriação desses valores em benefício do país, assinando, em anexo, desde logo, termos nesse sentido:

a) Nome da Offshore: Dole Tec Inc, Banco J. Safra Sarasin, Conta nº 604355, sem saldo informado;

b) Nome da Offshore: Rhea Comercial INC, Banco J. Safra Sarasin, Conta nº 606419, Saldo aproximado: **US$ 14.300.000,00;**

c) Nome da Offshore: Pexo Corporation, Banco J. Safra Sarasin, Conta nº 509314, saldo aproximado: **US$ 7.300.000,00;**

d) Nome da Offshore: Natiras Investment Corporation, Banco Cramer e Cie, Conta nº 65409, Saldo aproximado: **US$ 200.000,00;**

e) Nome da Offshore: Foundation Blue Label, Banco Cramer e Cie, Conta nº 10863575, Saldo aproximado: **US$ 2.900.000,00;**

f) Nome da Offshore: Lodgy Investment Corporation, Banco Royal Bank of Canada, Conta a ser informada, sem saldo informado;

g) Nome da Offshore: Canyon View Assets SA, Banco Royal Bank of Canada, Conta nº 2411839, Saldo aproximado: **US$ 7.100.000,00;**

h) Nome da Offshore: Aquarius Partner INC, Banco PICTET e Cie, Conta nº J.125477.001, Saldo aproximado: **US$ 1.600.000,00;**

i) Nome da Offshore: Ibiko Consulting SA, Banco PKB, Conta a ser informada, Saldo aproximado: **US$ 11.100.000,00;**

j) Nome da Offshore: Daydream, Banco Lombard Odier, Conta a ser informada. Saldo aproximado: **US$ 7.000.000,00;**

k) Nome da Offshore: Backspin, Banco Lombard Odier, Conta a ser informada, Saldo aproximado: **US$ 7.000.000,00;**

l) Nome da Offshore: A ser informado, Banco Delta, Conta a ser informada Saldo aproximado: **US$ 3.000.000,00;**

TOTAL APROXIMADO: US$ 61.500.000,00 (sessenta e um milhões e quinhentos mil dólares americanos).

§1º O **COLABORADOR** igualmente reconhece ter também recebido o valor aproximado de **US$ 6.000.000,00** (seis milhões de dólares americanos) em nome da Offshore Vanna Hill, em nome de sua esposa LUCIANA ADRIANO FRANCO (CPF. 051.825.087-35, RG nº 090.275.660/IFORJ, Passaporte CZ485162), em conta bancária no Banco HSBC, Genebra, os quais reconhece

7/16

Ministério Público Federal
PROCURADORIA DA REPÚBLICA NO PARANÁ
FORÇA TAREFA "OPERAÇÃO LAVA JATO"

como sendo produto ou proveito de crimes por ele praticados, renunciando a todo e qualquer direito sobre eles e comprometendo-se a prontamente praticar qualquer ato necessário à repatriação desses valores em benefício do país, assinando, em anexo, desde logo, termo nesse sentido.

§2º **LUCIANA ADRIANO FRANCO** reconhece o depósito mencionado no parágrafo anterior, de responsabilidade do **COLABORADOR,** e igualmente renuncia a todo e qualquer direito sobre eles e comprometendo-se a prontamente praticar qualquer ato necessário à repatriação desses valores em benefício do país, assinando, em anexo, desde logo, termo nesse sentido.

§3º Todos valores descritos na presente cláusula, que totalizam o valor aproximado de **US$ 67.500.000,00** (sessenta e sete milhões e quinhentos mil dólares americanos), serão depositados em conta judicial aberta por ordem do Juízo de homologação do presente Acordo, especificamente para tal finalidade, o qual será destinado para o ressarcimento de eventuais danos sofridos pela empresa Petróleo Brasileiro S/A (Petrobras),, assim como para os fins do art. 7º, §1º, da Lei 9.613/98, com a redação dada pela Lei 12.683/12.

Cláusula 9ª. O **COLABORADOR** autorizará em Anexos próprios o Ministério Público Federal ou outros órgãos, nacionais ou estrangeiros indicados pelo Ministério Público, a acessarem todos os dados de sua movimentação financeira no exterior, mesmo que as contas não estejam em seu nome (p. ex., em nome de *offshores* ou interpostas pessoas, inclusive familiares), o que inclui, exemplificativamente, todos os documentos cadastrais, extratos, cartões de assinaturas, procurações, dados relativos a cartões de crédito, aplicações e identificação de depositantes e beneficiários de transações financeiras, assinando, desde logo, termo anexo nesse sentido.

Cláusula 10ª. Nos termos da cláusula 6ª retro, e também como parâmetro para a avaliação dos resultados deste acordo, nos termos da cláusula 5ª, o **COLABORADOR** se obriga, sem malícia ou reservas mentais, a:

a) falar a verdade, incondicionalmente e sob compromisso, em todas as investigações - inclusive nos inquéritos policiais, inquéritos civis e ações cíveis e processos administrativos disciplinares e tributários – e ações penais, em que doravante venha a ser chamado a depor na condição de testemunha ou interrogado, nos limites deste acordo;

b) indicar pessoas que possam prestar depoimento sobre os fatos em

8/16

Ministério Público Federal

Procuradoria da República no Paraná
Força Tarefa "Operação Lava Jato"

investigação, nos limites deste acordo, propiciando as informações necessárias à localização de tais depoentes;

c) cooperar sempre que solicitado, mediante comparecimento pessoal a qualquer das sedes do MPF, da Polícia Federal ou da Receita Federal, para analisar documentos e provas, reconhecer pessoas, prestar depoimentos e auxiliar peritos na análise pericial;

d) entregar todos os documentos, papéis, escritos, fotografias, bancos de dados, arquivos eletrônicos etc., de que disponha, estejam em seu poder ou sob a guarda de terceiros, e que possam contribuir, a juízo do MPF, para a elucidação dos crimes, inclusive e especialmente, os apontamentos contábeis de suas transações financeiras, de pessoas jurídicas interpostas, e de terceiros sob as suas ordens;

e) em caso de recusa do fornecimento de provas pelos terceiros referidos na alínea anterior o **COLABORADOR** indicará ao Ministério Público a forma de obtê-los;

f) cooperar com o MPF e com outras autoridades públicas por este apontadas para detalhar os crimes de corrupção, peculato, lavagem de capitais, sonegação fiscal, crimes econômicos, evasão de divisas e outros delitos correlatos a estes;

g) colaborar amplamente com o MPF e com outras autoridades públicas por este apontadas em tudo mais que diga respeito ao caso e aos fatos que o **COLABORADOR** se compromete a elucidar, inclusive conexos;

h) não impugnar, por qualquer meio, o acordo de colaboração, em qualquer dos inquéritos policiais ou ações penais nos quais esteja envolvido, no Brasil ou no exterior, salvo por fato superveniente à homologação judicial, em função de descumprimento do acordo pelo MPF ou pelo Juízo de homologação ou ainda com o objetivo de dar efetividade à colaboração;

i) afastar-se de suas atividades criminosas, especificamente não vindo a contribuir, de qualquer forma, com as atividades da organização criminosa investigada;

j) comunicar imediatamente o MPF caso seja contatado por qualquer pessoa envolvido nos crimes objeto deste acordos, por qualquer meio; e

k) a não impugnar sob qualquer hipótese, salvo o descumprimento do acordo pelo MPF ou pelo Juízo, qualquer das sentenças condenatórias mencionadas na cláusula 5ª, I, deste acordo, sob pena de não lhe serem aplicados os benefícios previstos neste acordo;

9/16

Ministério Público Federal

Procuradoria da República no Paraná
Força Tarefa "Operação Lava Jato"

§1º. A enumeração de casos específicos nos quais se reclama a colaboração do acusado não tem caráter exaustivo, tendo ele o dever genérico de cooperar com o MPF e com outras autoridades públicas por este apontadas, para o esclarecimento de quaisquer fatos relacionados ao objeto deste acordo;

§2º. Considerando a relevância da colaboração o Ministério Público Federal poderá requerer ao juiz pela concessão de benefício não presente neste acordo, nos termos do art. 4º, §2º, da Lei 11.850/2013.

V – Validade da Prova

Cláusula 11. A prova obtida mediante a presente avença de colaboração premiada, após devidamente homologada, será utilizada validamente para a instrução de inquéritos policiais, procedimentos administrativos criminais, ações penais, ações cíveis e de improbidade administrativa e inquéritos civis, podendo ser emprestada também ao Ministério Público dos Estados, à Receita Federal, à Procuradoria da Fazenda Nacional, ao Banco Central do Brasil e a outros órgãos, inclusive de países e entidades estrangeiras, para a instrução de procedimentos e ações fiscais, cíveis, administrativas (inclusive disciplinares), de responsabilidade bem como qualquer outro procedimento público de apuração dos fatos, mesmo que rescindido este acordo, salvo se essa rescisão se der por descumprimento desta avença por exclusiva responsabilidade do Ministério Público Federal.

VI – Renúncia à garantia contra a autoincriminação e ao direito ao silêncio

Cláusula 12. Ao assinar o acordo de colaboração premiada, o **COLABORADOR**, na presença de sua advogada, está ciente do direito constitucional ao silêncio e da garantia contra a autoincriminação, cujo exercício, nos termos do art. 4º, §14, da Lei 12.850/2013, o **COLABORADOR** **RENUNCIA**, nos depoimentos em que prestar, estando sujeito ao compromisso legal de dizer a verdade.

VII – Imprescindibilidade da Defesa Técnica

10/16

295

Ministério Público Federal

PROCURADORIA DA REPÚBLICA NO PARANÁ

FORÇA TAREFA "OPERAÇÃO LAVA JATO"

Cláusula 13. Este acordo de colaboração somente terá validade se aceito, integralmente, sem ressalvas, no momento da assinatura, pelo **COLABORADOR**, assistido por sua defensora Dra. BEATRIZ LESSA DA FONSECA CATTA PRETA (OAB nº 153879/SP), que o acompanhou em todas as fases de negociação do Acordo, cuja iniciativa partiu do **COLABORADOR** no dia 04/11/2014.

Parágrafo único. Nos termos do art. 4º, §15, da Lei 12.850/2013, em todos os atos de confirmação e execução da presente colaboração, o **COLABORADOR** deverá estar assistido por defensor.

VIII – Cláusula de Sigilo

Cláusula 14. Nos termos do art. 7º, §3º, da Lei 12.850/2013, as partes comprometem-se a preservar o sigilo sobre o presente acordo, seus anexos, depoimentos e provas obtidas durante a sua execução, o qual será levantado por ocasião da(s) denúncia(s) e exclusivamente em relação aos fatos nela contemplados.

§1º. O **COLABORADOR** e seu(s) defensor(es) comprometem-se a preservar o sigilo perante qualquer autoridade distinta do Ministério Público, Poder Judiciário e Polícia Federal responsáveis pela administração do acordo de colaboração, enquanto o Ministério Público entender que a publicidade prejudicará a efetividade das investigações.

§2º. Após o recebimento da denúncia, eventuais acusados incriminados em virtude da cooperação de **COLABORADOR** poderão ter vista deste termo, mediante autorização judicial, sem prejuízo dos direitos assegurados ao **COLABORADOR**, nos termos do art. 5º da Lei 12.850/2013, bem como do respectivo anexo e depoimento que tenha embasado a investigação que ensejou a denúncia.

§3º. Os demais Anexos, não relacionados ao feito, serão mantidos em sigilo enquanto for necessário para a preservação do sigilo das investigações, nos termos da Súmula Vinculante 14 do STF.

§4º. Dentre os defensores do **COLABORADOR** somente terão acesso ao presente acordo e às informações dele decorrentes a advogada signatária ou os que forem por esta substabelecidos com esta específica finalidade.

11/16

Ministério Público Federal
Procuradoria da República no Paraná
Força Tarefa "Operação Lava Jato"

Parte IX – Anuência do Procurador-Geral da República

Cláusula 15. O Procurador-Geral da República está ciente e concorda com os termos do acordo, firmando este termo por intermédio do Procurador Regional da República Douglas Fischer, Coordenador da assessoria criminal do Gabinete do Procurador-Geral.

Parte X – Homologação Judicial

Cláusula 16. Para ter eficácia, o presente termo de colaboração será levado ao conhecimento do Juízo competente para a apreciação dos fatos relatados em função do acordo, juntamente com as declarações do **COLABORADOR**, nos termos do art. 4°, §7°, da Lei 12.850/2013, para homologação.

Cláusula 17. O Juízo de execução deste acordo será o Juízo de homologação, ou eventualmente outro por este designado ou deprecado.

Parte XI – Rescisão

Cláusula 18. O acordo perderá efeito, considerando-se rescindido:

a) se o **COLABORADOR** descumprir, sem justificativa, qualquer das cláusulas, sub-cláusulas, alíneas ou itens em relação aos quais se obrigou;

b) se o **COLABORADOR** sonegar a verdade, ou mentir em relação a fatos em apuração, em relação aos quais se obrigou a cooperar, ou omitir fatos que deveria declarar, inclusive se deixar de incluir no anexo qualquer fato criminoso relacionado a este acordo ou conexo com fatos apurados na "Operação Lava Jato", de que tenha conhecimento ou tenha participado;

c) se o **COLABORADOR**, ressalvada a hipótese prevista na cláusula 13, vier a recusar-se a prestar qualquer informação de que tenha conhecimento;

d) se o **COLABORADOR** recusar-se a entregar documento ou prova que tenha em seu poder ou sob a guarda de pessoa de suas relações ou sujeito a

12/16

Ministério Público Federal
PROCURADORIA DA REPÚBLICA NO PARANÁ
FORÇA TAREFA "OPERAÇÃO LAVA JATO"

sua autoridade ou influência, sendo que, diante da eventual impossibilidade de obtenção direta de tais documentos ou provas, o **COLABORADOR** indicará ao Ministério Público a pessoa que o guarda e o local onde poderá ser obtido, para a adoção das providências cabíveis;

e) se ficar provado que, após a celebração do acordo, o **COLABORADOR** sonegou, adulterou, destruiu ou suprimiu provas que tinha em seu poder ou sob sua disponibilidade;

f) se o **COLABORADOR** vier a praticar qualquer outro crime doloso, após a homologação judicial da avença;

g) se o **COLABORADOR** fugir ou tentar furtar-se à ação da Justiça Criminal;

h) se o MPF não pleitear em favor do **COLABORADOR** os benefícios legais aqui acordados;

i) se o sigilo a respeito deste acordo for quebrado por parte do **COLABORADOR** ou da Defesa;

j) se o **COLABORADOR**, direta ou indiretamente, impugnar os termos deste acordo ou as sentenças que forem exaradas nos limites deste acordo, inclusive para se atingir o montante de pena previsto na cláusula 5ª; e

k) se o **COLABORADOR** não pagar a multa compensatória prevista neste acordo (cláusula 7ª); e

l) se o **COLABORADOR**, ou qualquer outra pessoa em seu favor, impugnar, por qualquer forma, o pagamento da multa compensatória prevista neste acordo (cláusula 7ª)

m) se houver a rescisão do acordo previsto na cláusula 4ª por culpa exclusiva do **COLABORADOR**.

n) se o **COLABORADOR** possuir outros recursos no exterior além dos que foram objeto de renúncia na cláusula 8º, a menos que tenham sido objeto de renúncia em Acordo perante a Procuradoria da República no Rio do Janeiro conforme previsto na cláusula 4º;

§1º. A rescisão do acordo será decidida pelo juízo competente, mediante a prévia distribuição de procedimento próprio, notificação das partes e realização de audiência de justificação.

§2º. Da decisão que rejeitar ou determinar a rescisão do acordo caberá recurso.

13/16

Ministério Público Federal
PROCURADORIA DA REPÚBLICA NO PARANÁ
FORÇA TAREFA "OPERAÇÃO LAVA JATO"

Cláusula 19. Em caso de rescisão do acordo por responsabilidade do **COLABORADOR**, este perderá automaticamente direito aos benefícios que lhe forem concedidos em virtude da cooperação com o Ministério Público Federal.

§1º. Se a rescisão for imputável ao MPF ou ao Juízo Federal, o **COLABORADOR** poderá, a seu critério, cessar a cooperação, com a manutenção dos benefícios já concedidos e provas já produzidas.

§2º. Se a rescisão for imputável ao **COLABORADOR**, este perderá todos os benefícios concedidos, permanecendo hígidas e válidas todas as provas produzidas, inclusive depoimentos que houver prestado e documentos que houver apresentado.

§3º. O **COLABORADOR** fica ciente de que, caso venha a imputar falsamente, sob pretexto de colaboração com a justiça, a prática de infração penal a pessoa que sabe inocente, ou revelar informações sobre a estrutura de organização criminosa que sabe inverídicas, poderá ser responsabilizado pelo crime previsto no art. 19 da Lei 12.850/2013, cuja pena é de reclusão, de 1 (um) a 4 (quatro) anos de prisão, e multa, além da rescisão deste acordo.

XII – Duração Temporal

Cláusula 20. O presente acordo valerá, caso não haja rescisão, até o trânsito em julgado da(s) sentença(s) condenatória(s) relacionadas aos fatos que forem revelados em decorrência deste acordo, já investigados ou a investigar em virtude da colaboração, inclusive em relação aos processos de terceiros que forem atingidos.

XIII- Da participação da Polícia Federal

Cláusula 21. A Polícia Federal, representada pelos Delegados de Polícia Federal da Força-Tarefa da Operação Lava Jato abaixo-assinados, declara ter acompanhado as tratativas que resultaram no presente acordo e está ciente e de acordo com suas repercussões nos inquéritos policiais federais vinculados à Operação Lava Jato.

XIV– Declaração de Aceitação

14/16

Ministério Público Federal
PROCURADORIA DA REPÚBLICA NO PARANÁ
FORÇA TAREFA "OPERAÇÃO LAVA JATO"

Cláusula 22. Nos termos do art. 6°, inc. III, da Lei 12.850/2013, o **COLABORADOR**, assistido por seu(s) defensor(es), declaram a aceitação ao presente acordo de livre e espontânea vontade e, por estarem concordes, firmam as partes o presente acordo de colaboração premiada.

Curitiba, 19 de novembro de 2014.

Pedro José Barusco Filho
COLABORADOR

Beatriz Lessa da Fonseca Catta Preta
Advogada (OAB-SP n° 153879)

Douglas Fischer	**Deltan Martinazzo Dallagnol**
Procurador Regional da República	Procurador República
Carlos Fernando dos Santos Lima	**Orlando Martello**
Procurador Regional da República	Procurador Regional da República
Roberson Henrique Pozzobon	**Diogo Castor de Mattos**
Procurador da República	Procurador da República
Antônio Carlos Welter	**Athayde Ribeiro Costa**
Procurador Regional da República	Procurador da República

Paulo Roberto Galvão de Carvalho
Procurador da República

Felipe Eduardo Hideo Hayashi	**Márcio Adriano Anselmo**
Delegado de Polícia Federal	Delegado de Polícia Federal

15/16

Ministério Público Federal
PROCURADORIA DA REPÚBLICA NO PARANÁ
FORÇA TAREFA "OPERAÇÃO LAVA JATO"

Érika Mialik Marena
Delegada de Polícia Federal

Eduardo Mauat da Silva
Delegado de Polícia Federal

Igor Romário de Paula
Delegado de Polícia Federal

Luciana Adriano Franco
Interveniente

16/16

301